本书受
福建省交通运输科技计划项目（202044）；
教育部人文社会科学研究青年基金项目（24YJC630169）；
国家自然科学基金面上项目（72474095、71871113、72101055、72301132）
资助出版

现代工程管理探索与实践
—— 高速公路建设管理福建范式

《现代工程管理探索与实践 —— 高速公路建设管理福建范式》
编委会 著

南京大学出版社

《现代工程管理探索与实践 —— 高速公路建设管理福建范式》
编委会

主　编：林志平
副主编：许　晟　邱聿旻
编　委：（以汉语拼音为序）
　　　　陈明友　程书萍　陈　信
　　　　姜雪亮　时茜茜　陶　莎
　　　　余　腾　燕　雪　朱建波

前　言

　　党的十八大以来，福建省高速公路建设在交通强国战略以及现代工程管理方针指引下，紧紧围绕习近平总书记亲自擘画的新福建建设蓝图，牢牢把握交通"先行官"定位，不仅着力构建了安全、便捷、高效、绿色、经济的现代化综合交通体系，也改变了福建省高速公路的原有格局与水平，整体性跃迁至时代性的新高度。在积极践行"创新、协调、绿色、开放、共享"五大发展理念，深化现代工程管理范式，办好人民满意交通等方面取得了显著成绩。

　　福建省高速公路建设的宝贵经验与理论创新，对于全面、深刻理解新时代我国交通行业高质量发展的内涵，奋力推进交通强国建设实践，全面做好"十四五"高速公路建设各项工作具有积极的现实意义。

　　基于此，四年前，福建省高速公路建设总指挥部与南京大学工程管理学院专家学者联合组成研究团队，克服了疫情等多方面的困难，投入充足的研究资源，系统性地梳理了自党的十八大以来福建高速公路建设管理的发展历程，全面总结现代工程管理新的经验与理论思考。本书即为这一研究成果的结晶。

　　本书研究突破现代工程管理"五化"静态理念，反映了福建省高速公路建设管理者对现代工程管理与时俱进的时代性与时代化认知；深入思考并提炼出福建省高速公路现代工程管理宏观全景与微观专题相结合的经验、范式与理念。

　　本书的出版是对福建高速公路建设一个系统回顾和凝练，期待在既有成就基础上，高速公路建设能有更丰富的发展实践。同时，也希望高速公路建设管理的福建范式能为交通基础设施建设同行提供参考借鉴。

　　由于本书编者水平有限，书中难免有所纰漏和不尽完善之处，敬请读者批评指正。

本书编委会

目 录

前言 ·· 1

第1章 新时代交通建设管理的全局视野与科学谋划 ························· 1
1.1 新时代交通发展主题 ·· 1
1.1.1 新发展理念 ·· 1
1.1.2 交通高质量发展要求 ·· 4
1.1.3 交通强国建设战略 ··· 7
1.2 公路建设管理新使命引领 ·· 8
1.2.1 新时代公路建设管理的新使命 ··· 8
1.2.2 新使命下的行业政策完善 ·· 9
1.2.3 新使命下的路网规划统筹 ·· 11
1.2.4 新使命下的现代工程管理理念革新 ·· 12

第2章 新时代福建高速公路工程管理新征程 ······························ 16
2.1 建设成就概述 ·· 16
2.2 建设管理发展主要标志 ··· 20
2.2.1 党建文化建设领航 ··· 20
2.2.2 建设管理模式统筹 ··· 21
2.2.3 制度法规建设保障 ··· 21
2.2.4 决策治理体系顶层设计 ·· 22
2.2.5 全生命周期投资控制 ··· 22
2.2.6 一体化信息平台管控 ··· 23
2.2.7 标准化向均质化跃升 ··· 24
2.2.8 生态文明建设高质量发展 ··· 24
2.3 工程管理发展基本经验 ··· 25
2.3.1 现代工程管理理念的时代性与时代化认知 ······························ 25
2.3.2 国家战略引领与本土化落地相融合 ·· 28
2.3.3 决策治理体系与建设管理综合集成创新 ································· 31

2.4 高速公路建设工程管理发展理论思考 ················· 32
　2.4.1 高速公路"政府—市场"二元作用 ············· 32
　2.4.2 高速公路建设"工程—环境"复合系统 ·········· 34
　2.4.3 复杂系统管理思维原则 ······················ 35
　2.4.4 复杂系统管理基本范式 ······················ 36
　2.4.5 技术与高速公路建设工程管理的共享共治 ······ 38

第3章 高速公路建设的省域治理理论与治理体系构建 ········ 40
3.1 高速公路建设的省域治理理论 ······················ 40
　3.1.1 福建省高速公路建设政府式委托代理关系 ······ 41
　3.1.2 福建省高速公路建设的省域治理体系 ·········· 43
3.2 福建省高速公路建设的管理模式 ···················· 44
　3.2.1 管理模式概述 ······························ 45
　3.2.2 管理模式的特点与优势 ······················ 47
　3.2.3 集约化管控平台建设实践 ···················· 49
3.3 福建省高速公路建设的党建文化 ···················· 51
　3.3.1 党建指导思想 ······························ 51
　3.3.2 党建模式创新 ······························ 52
　3.3.3 党建重点工作 ······························ 56
　3.3.4 党建典型案例 ······························ 59
3.4 福建省高速公路工程制度规范建设 ·················· 62
　3.4.1 高速公路建设与制度规范建设的关系 ·········· 62
　3.4.2 福建省高速公路制度规范建设实施路径 ········ 62
　3.4.3 福建省高速公路建设制度规范建设的典型案例 ·· 65

第4章 高速公路工程战略决策管理 ······················· 70
4.1 高速公路工程战略决策 ···························· 70
4.2 高速公路工程投融资决策 ·························· 76
　4.2.1 高速公路工程投融资政策改革路径 ············ 76
　4.2.2 福建省高速公路工程投融资模式典型案例 ······ 78
　4.2.3 福建省高速公路工程投融资模式的情境适应性 ·· 80
4.3 福建省高速公路工程决策能力现代化 ················ 81
　4.3.1 福建省高速公路工程决策概述 ················ 81
　4.3.2 福建省高速公路工程决策复杂性分析 ·········· 82

  4.3.3 福建省高速公路工程决策的科学化 ………………………… 89
  4.3.4 福建省高速公路工程决策能力现代化 ……………………… 93

第5章 高速公路工程全生命周期投资控制 …………………………… 109
 5.1 高速公路投资控制背景与原则 ………………………………… 109
  5.1.1 高速公路投资控制背景 ……………………………………… 109
  5.1.2 高速公路投资控制原则 ……………………………………… 112
 5.2 高速公路建设资金的筹措与保障 ……………………………… 113
  5.2.1 资金筹措 ……………………………………………………… 113
  5.2.2 资金保障 ……………………………………………………… 116
 5.3 高速公路工程投资控制体系 …………………………………… 118
  5.3.1 前期对概预算的控制 ………………………………………… 118
  5.3.2 中期对合同与变更的控制 …………………………………… 119
  5.3.3 后期通过审计、竣工决算等对整个投资的控制 …………… 121
 5.4 福建省高速公路投资控制对策 ………………………………… 123
  5.4.1 制定年度投资计划 …………………………………………… 123
  5.4.2 规范合同管理 ………………………………………………… 124
  5.4.3 严格执行工程变更 …………………………………………… 125
  5.4.4 执行全过程跟踪审计 ………………………………………… 126
 5.5 福建省高速公路投资控制经验总结 …………………………… 128
  5.5.1 项目法人制的组织保障 ……………………………………… 128
  5.5.2 全生命周期的投资控制 ……………………………………… 129
  5.5.3 将投资控制与进度控制相关联 ……………………………… 129
  5.5.4 投资计划的动态控制 ………………………………………… 130
  5.5.5 加强过程各阶段跟踪审计 …………………………………… 130

第6章 高速公路科技创新与信息化建设 …………………………………… 131
 6.1 高速公路科技创新 ……………………………………………… 131
  6.1.1 福建省高速公路建设科技创新的背景 ……………………… 131
  6.1.2 福建省高速公路工程科技创新发展与成就 ………………… 135
  6.1.3 福建省高速公路工程科技创新的组织体系与制度建设
     …………………………………………………………………… 137
  6.1.4 福建省高速公路科技创新建设的实施路径 ………………… 142
  6.1.5 福建省高速公路工程的科技创新成果与典型案例 ………… 149

6.2 高速公路信息化建设 ·· 153
　　6.2.1 福建省高速公路工程信息化管理的十年演进 ·············· 154
　　6.2.2 福建省高速公路工程建设监管一体化平台 ················ 157
　　6.2.3 福建省高速公路工程信息化管理应用案例 ················ 162

第7章 福建省高速公路建设标准化管理 ································ 166
7.1 理论思考 ·· 167
　　7.1.1 标准化管理的"先行" ···································· 167
　　7.1.2 标准化管理的系统思维 ·································· 168
7.2 标准化管理"高质量"范式 ······································ 169
　　7.2.1 标准化管理的思维范式转移 ······························ 169
　　7.2.2 标准化管理的高质量范式 ································ 171
7.3 标准化管理发展历程 ·· 175
　　7.3.1 "345"标准化管理体系 ·································· 175
　　7.3.2 均质化管控跃升 ·· 179
7.4 标准化管理典型案例 ·· 183

第8章 福建省高速公路生态文明建设管理 ···························· 188
8.1 生态文明发展理论思考 ·· 189
　　8.1.1 从工程建设到系统协调的系统性发展 ······················ 189
　　8.1.2 从环境保护到生态文明的动态性发展 ······················ 190
　　8.1.3 从施工现场到区域协同的协同性发展 ······················ 192
8.2 生态文明发展高质量范式 ······································ 193
　　8.2.1 生态文明发展思维范式：系统性思维 ······················ 193
　　8.2.2 生态文明发展组织范式：党建引领 ························ 194
　　8.2.3 生态文明发展行为范式：协同创新 ························ 195
8.3 厦门第二东海上生态环境保护典型案例 ·························· 201
　　8.3.1 厦门第二东通道工程项目概况 ···························· 201
　　8.3.2 建设项目与保护区关系分析 ······························ 202
　　8.3.3 建设项目保护及补偿海上生态环境措施 ···················· 203

参考文献 ··· 210

后　记 ··· 215

第1章 新时代交通建设管理的全局视野与科学谋划

纵观中国高速公路建设历程,在相当长的一段时间内,我国始终围绕"完善国家高速公路网"的目标开展交通建设。我国公路交通运输事业在党的十八大期间正式步入全面深化改革与全面规范发展的新时期。十年来,我国交通建设管理相继产生以"五大发展理念、交通高质量发展业态、交通强国建设战略"为核心的时代主题,这三大主题赋予我国交通建设管理新的时代使命,引领我国交通行业完善行业政策,布局路网规划,并革新现代工程管理理念(图1-1)。实践证明,在交通行业全局视野与科学谋划下,我国高速公路建设取得了辉煌成就。截至2022年,我国高速公路总里程达17.73万公里,国家高速公路网主线基本建成,覆盖约99%的城镇人口20万以上城市及地级行政中心。

1.1 新时代交通发展主题

以党的十八届五中全会提出的"创新、协调、绿色、开放、共享"五大发展理念为指引,推动交通运输高质量发展,实现由交通大国向交通强国跃升,是党的十八大以来我国交通建设管理的新时代主题,更是建设现代化强国的战略任务之一。

1.1.1 新发展理念

五大发展理念是我国经济社会发展的产物,是我们党对经济社会发展规律深刻洞察和把握的结果,是习近平新时代中国特色社会主义思想的重要组成部分,是新时代坚持和发展中国特色社会主义的基本方略之一。2015年10月26日,党的十八届五中全会上,以习近平总书记为核心的党中央提出"创新、协调、绿色、开放、共享"的发展理念,是党提出的对新常态下发展中遇到的

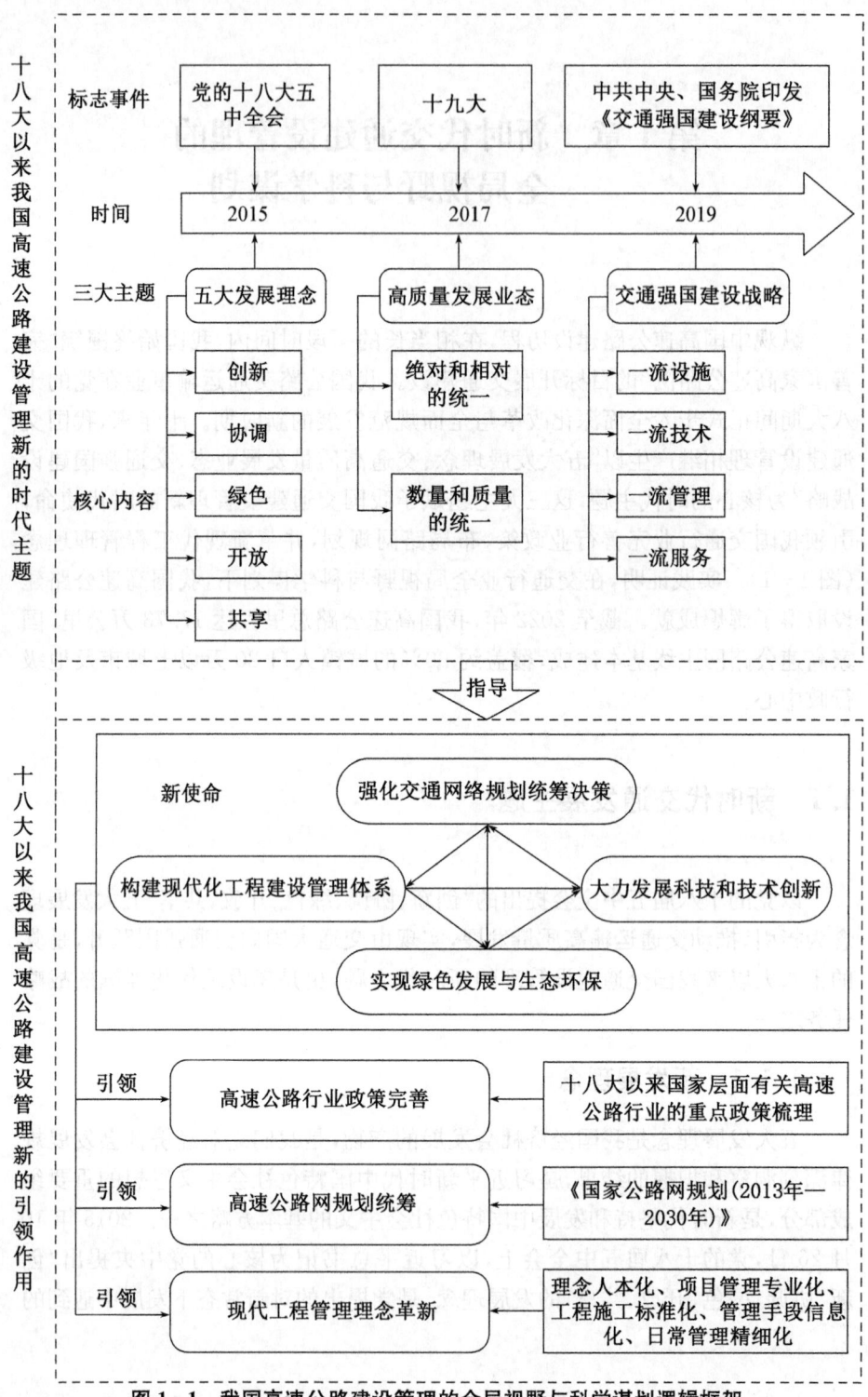

图1-1 我国高速公路建设管理的全局视野与科学谋划逻辑框架

问题的解决措施,是治国理政方略中具有创造性的一环①。2016年1月18日,习近平在省部级主要领导干部学习贯彻党的十八届五中全会精神专题研讨班的讲话中,用"新发展理念"一词概括"五大发展理念",在发展理念上实现了深刻的变革。2017年10月18日,党的十九大将坚持新发展理念作为坚持和发展中国特色社会主义思想的基本方略之一②。

新发展理念"是管全局、管根本、管长远的导向"③。它不仅不否定各个方面的独立性,反而彰显了每一个发展理念的地位和作用。

创新发展解决的是社会发展的动力问题。当前,我国创新能力后劲不足、科技水平有待提高、科技无法支撑社会经济发展,科技水平远远落后于发达国家。在日益激烈的国际科技竞争下,不实现科技的创新就无法实现发展动力转换,也无法在全球竞争中处于上风。

协调发展解决的是发展的平衡问题。协调发展针对经济总量的增长和不平衡间的矛盾,侧重社会发展的协调性。当前,市场经济中经济发展能力与资源本身的禀赋存在严重差异,导致在经济发展中的差异和分化,中国经济三十多年高速发展的同时面临着结构上不协调、不平衡、不可持续与地区、城乡发展不平衡等问题。同时在快速发展的基础上注重发展的协调,否则会加剧社会矛盾。

绿色发展体现了发展的永续性。绿色发展是当今世界经济中产业变革的指向,是具有发展前景的一方面,中国在绿色发展方面颇具潜力,但当前我国的生态环境面临粗放型模式和资源环境间存在的矛盾,而绿色发展侧重于经济发展和生态保护的双赢。绿色发展不仅是经济发展的要求,同时也符合人民对于良好环境的渴望。

开放发展侧重于解决内外联动问题。随着目前世界经济竞争激烈,全球经济急需大幅度调整,相比过去,对外开放的广度深度、对外开放的风险、对外开放的安全压力都显著提高,对外开放的质量成为普遍关注的问题。然而,中国的对外开放水平较低,应用国际资源的能力、解决国际贸易冲突的能力较弱,经济话语权不高。因此,亟待提升开放发展水平。

---

① 中共中央文献研究室.十八大以来重要文献选编(中)[M].中央文献出版社,2016:793.

② 习近平.决胜全面建成小康社会,夺取新时代中国特色社会主义伟大胜利[N].人民日报,2017-10-19.

③ 中共中央宣传部.以新发展理念引领发展——关于树立创新、协调、绿色、开放、共享的发展理念[M].人民出版社,2016:127.

共享发展旨在解决社会的公平正义问题,是中国特色社会主义发展的本质要求。体现社会主义制度的优越性,彰显我们党全心全意为人民服务的宗旨与共产党推进社会公平正义的坚定决心。当前,我国正处于社会主义初级阶段,面临收入分配不公、城乡发展不平衡、收入差距加大等问题,只有共享发展,才能调动人民积极性,实现国家发展。

高速公路作为交通行业的重要组成部分,也是我国等级最高的公路,高速公路的发展需要深度契合五大发展理念,即创新、协调、绿色、开放、共享。实践中,体现为以下六个方面。

(1) 强化高速公路建设的资源配置效率。高速公路建设的要素配置和利用效率高,要素配置的扭曲程度较小。人民群众的出行需求增长与高速公路的建设决策能够动态、持续的相对平衡,高速公路建设没有大起大落,没有严重的建设里程短缺和过度建设的现象。

(2) 提高高速公路建设质量和服务质量。高速公路建设越来越安全可靠,质量不断提升,符合国家标准;高速公路的运行服务质量持续提升,能够高质量地满足人民群众日益旺盛的出行需求。

(3) 升级高速公路技术水平。高速公路在建设过程和运营过程中,运用的技术要达到同期世界主流水平,所采用的工艺工法、装备、材料与信息化技术等,要在关键领域达到世界技术前沿,能够参与国际竞争并具备一定的竞争优势。

(4) 补齐高速公路制约人民群众出行的短板。重视因政策不到位和跨区域统筹困难而导致的高速公路建设短板,结合现行工程建设技术能力以及政策统筹协调解决。

(5) 高速公路建设的均衡发展和公平分享。高速公路的建设在发达区域与不发达区域、沿海和内陆、平原与山地等不同区域之间实现合理的分布,高速公路的建设与其资源环境承载能力与实际需求大体上相匹配,使得全体人民都能相对公平参与并享受到高速公路建设发展带来的便捷交通体验。

(6) 高速公路的绿色可持续发展。在高速公路的全寿命周期内实现更加和谐的人与自然关系,形成绿色低碳的设计、施工与运维。

1.1.2 交通高质量发展要求

2017年10月,习近平总书记在党的十九大报告中明确提出,我国经济已由高速增长阶段转向高质量发展阶段。同年召开的中央经济工作会议,首次提出习近平新时代中国特色社会主义经济思想,指出"中国特色社会主义进入了新时代,我国经济发展也进入了新时代,基本特征就是我国经济已由高速增长阶段转向高质量发展阶段"。高质量发展既是对我国经济各行各业的总体指导，也是对于我国高速公路现代工程管理的最新要求。

高质量发展的本质内涵，是以满足人民日益增长的美好生活需要为目标的高效率、公平和绿色可持续的发展。高质量发展是经济建设、政治建设、文化建设、社会建设、生态文明建设五位一体的协调发展。提高发展质量，最基本的要求是提高产品和服务的质量和标准。但更重要的是促进经济、政治、社会和生态环境全方位的、协调的发展。以其他方面的停滞为代价换取某一个或某一些方面的高质量，并不可持续。交通建设忽视工程建设所在地周边生态环境，而盲目追求快速、高效地完成建设以求迅速带动经济发展是不可取的，会带来生态环境不可逆的破坏。同样，一味强调保护生态环境而严控工程建设，也是不可取的，容易造成区域经济发展的不平衡，也难以满足人民群众出行需求。

以高速公路建设为例，高速公路的建设本质上也是践行高质量发展的一种重要方式，自1932年世界上第一条高速公路在德国通车以来，由于其车辆通行速度、容量、安全、成本与资源消耗等方面具备显著优势从而得到各国的普通重视，得以快速发展（见图1-1）。我国的高速公路起步较晚，于1988年建设了第一条高速公路——沪嘉高速，全长约20公里，完成了我国大陆高速公路里程0的突破。虽然我国的高速公路建设起步较晚，但增长迅速，至2013年底，通车总里程达到10.44万公里，跃升至全世界通车总里程第一，各省市的高速公路虽然存在着发展不平衡的现象，但总体上都能基本满足当地经济发展的需要（见表1-1）。过去十年我国经历了高速公路的快速建设期，实现了交通运输领域基础设施的完善，为高质量发展奠定了坚实的物质基础。

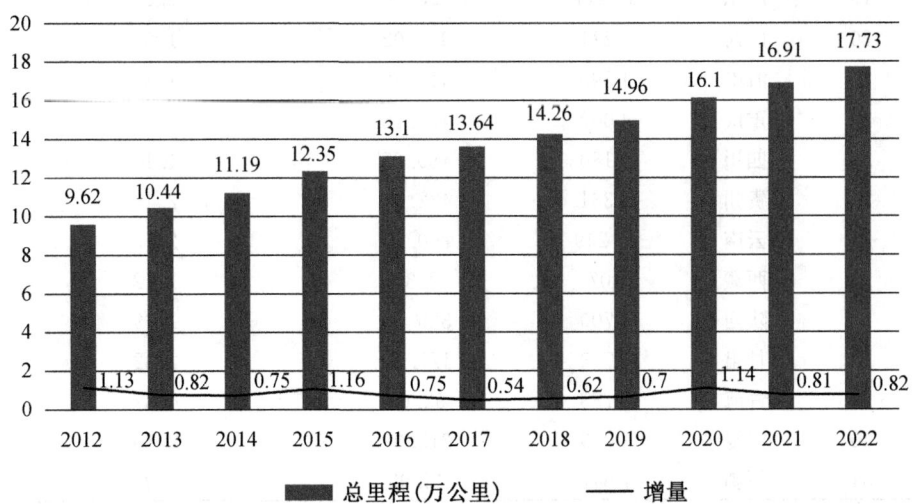

图1-2 中国高速建设累计里程与增量

数据来源：中国统计年鉴2020.

表 1-1　2022 年底各地区高速公路分布情况

序号	省份	里程	路网密度（公里/万平方公里）	人均里程（公里/万人）
1	北京	1 196	712.08	0.55
2	天津	1 358	1 201.95	1.00
3	河北	8 326	438.20	1.12
4	山西	5 859	375.55	1.68
5	内蒙古	7 694	65.04	3.20
6	辽宁	4 348	298.40	1.04
7	吉林	4 395	234.52	1.87
8	黑龙江	4 659	98.50	1.50
9	上海	851	1 342.23	0.34
10	江苏	5 087	495.82	0.60
11	浙江	5 290	519.60	0.80
12	安徽	5 477	392.34	0.89
13	福建	5 951	490.22	1.42
14	江西	6 728	403.13	1.49
15	山东	8 048	512.60	0.79
16	河南	8 009	479.61	0.81
17	湖北	7 598	408.72	1.30
18	湖南	7 331	346.13	1.11
19	广东	11 211	623.50	0.89
20	广西	8 271	350.02	1.64
21	海南	1 399	412.40	1.36
22	重庆	4 002	482.16	1.25
23	四川	9 180	189.27	1.10
24	贵州	8 331	472.84	2.16
25	云南	10 249	260.13	2.18
26	西藏	407	3.32	1.12
27	陕西	6 700	325.56	1.69
28	甘肃	5 783	127.10	2.32
29	青海	3 788	52.61	6.37
30	宁夏	2 079	313.09	2.86
31	新疆	7 647	45.93	2.96

数据来源：中国统计年鉴 2023.

从高速公路建设出发,高质量发展是绝对和相对的统一,也是质量与数量的统一。首先,高速公路建设高质量发展是绝对和相对的统一。一方面,高速公路建设的发展必须达到一定标准,也就是高速公路的建设产业在技术水平、生态效应、能源资源消耗强度、国际价值链中的地位等应该达到一定的门槛水平,否则就谈不上高质量发展。但另一方面也要认识到,高质量发展的标准又是相对的,并且是与发展阶段相适应的,超越发展阶段提出过高要求反而会带来各种扭曲,不能起到引领发展的作用。同时,如果我国的高速公路建设对标发达国家的生态环境质量标准、社会保障水平、科技水平等,则难以达到,如果罔顾客观条件,在一些方面追求过高标准,则会因为违背规律而对全局带来难以承受的负面影响。其次,高速公路建设高质量发展是质量与数量的统一。质量和数量从来不是对立的,量变是质变的基础,质变是量变累积的结果。高速公路的高质量发展是以一定的数量为基础,离开了数量,质量也就成了无源之水、无本之木。比如,高速公路的建设量不足,带来大量出行拥堵和道路超载,就难以满足人民群众出行和货物通达需求,因此高速公路的高质量发展的一方面就是提升数量,提升高速公路对于公众服务的可及性。另一方面,质量的提升也为数量的可持续增长提供更好条件。如通过现代化的工程管理方法,实现工程建设资源利用的提升,意味着今后可以用同样甚至更少的资源能源带来更多的产出,这也有利于高速公路未来建设的高速发展。

1.1.3 交通强国建设战略

建设交通强国是以习近平同志为核心的党中央立足国情、着眼全局、面向未来作出的重大战略决策,是建设现代化经济体系的先行领域,是全面建成社会主义现代化强国的重要支撑,是新时代做好交通工作的总抓手。

2019年9月,中共中央、国务院正式印发了《交通强国建设纲要》,交通强国建设纲要包括"总体要求""基础设施布局完善、立体互联""交通装备先进适用、完备可控""运输服务便捷舒适、经济高效""科技创新富有活力、智慧引领""安全保障完善可靠、反应快速""绿色发展节约集约、低碳环保""开放合作面向全球、互利共赢""人才队伍精良专业、创新奉献""完善治理体系,提升治理能力""保障措施"这十一个方面。

交通强国建设纲要为高速公路建设提出了要求,也指明了方向。纲要要求,推动交通发展由追求速度规模向更加注重质量效益转变,由各种交通方式相对独立发展向更加注重一体化融合发展转变,由依靠传统要素驱动向更加注重创新驱动转变,构建安全、便捷、高效、绿色、经济的现代化综合交通体系,打造一流设施、一流技术、一流管理、一流服务,建成人民满意、保障有力、世界前列的交通强国。

1.2 公路建设管理新使命引领

党的十八大以来,在习近平新时代中国特色社会主义思想指引下,我国公路发展取得历史性成就、发生历史性变革,迈入高质量发展的新阶段,正在加快向交通强国迈进。

1.2.1 新时代公路建设管理的新使命

我国公路立足新发展阶段,完整、准确、全面贯彻新发展理念,服务构建新发展格局,在发展中加快解决不平衡不充分问题,努力实现更高质量、更有效率、更加公平、更可持续、更为安全的发展。与此同时,以"五大发展理念、交通高质量发展业态、交通强国建设战略"为核心的新时代主题也赋予公路建设管理新的时代使命,具体分为如下几个方面:

1. 强化交通网络规划统筹决策

构建以多中心、网络化为主形态,完善多层次网络布局,优化存量资源配置,扩大优质增量供给,实现立体互联,增强系统弹性。强化西部地区补短板,推进东北地区提质改造,推动中部地区大通道大枢纽建设,加速东部地区优化升级,形成区域交通协调发展新格局。

2. 大力发展科技和技术创新

大力发展智慧高速公路,推动大数据、互联网、人工智能、区块链、超级计算等新技术与高速公路行业的深度融合。推进数据资源赋能高速公路发展,加速高速公路基础设施网、运输服务网、能源网与信息网络融合发展,构建先进的高速公路信息基础设施。构建综合大数据中心体系,深化高速公路公共服务和电子政务发展。推进北斗卫星导航系统应用。同时,完善科技创新机制。建立以企业为主体、产学研用深度融合的技术创新机制,鼓励高速公路行业各类创新主体建立创新联盟,建立关键核心技术攻关机制。

3. 构建现代化工程建设管理体系

构建现代化工程建设质量管理体系,推进精品建造和精细管理。强化高速公路基础设施养护,加强基础设施运行监测检测,提高养护专业化、信息化水平,增强设施耐久性和可靠性。强化载运工具质量治理,保障运输装备安全。同时,完善高速公路安全生产体系。完善依法治理体系,健全安全生产法规制度和标准规范。完善安全责任体系,强化企业主体责任,明确部门监管责任。完善预防控制体系,有效防控系统性风险,建立高速公路装备、工程第三方认证制度。强化安全生产事故调查评估。完善网络安全保障体系,增强科技兴安能力,加强高速公路信息基础设施安全保护。优化营商环境,健全市场治理规则,深入推进简政放权,破除区域壁垒,防止市场垄断。全面实施市场准入负面清单制度,构建以信用为基础的新型监管机制。

4. 实现绿色发展与生态环保

促进资源节约集约利用。加强老旧设施更新利用,推广施工材料、废旧材料再生和综合利用,提高资源再利用和循环利用水平,推进资源循环利用产业发展;强化节能减排和污染防治,强化生态环境保护修复;严守生态保护红线,严格落实生态保护和水土保持措施,严格实施生态修复、地质环境治理恢复与土地复垦,将生态环保理念贯穿公路基础设施规划、建设、运营和养护全过程;推进生态选线选址,强化生态环保设计,避让耕地、林地、湿地等具有重要生态功能的国土空间。

1.2.2 新使命下的行业政策完善

党的十八大以来,我国交通进入加快现代化综合交通运输体系建设的新阶段。以新发展理念为指导,深化交通运输供给侧结构性改革,加大投资力度,完善交通基础设施网络,推进多种运输方式有效衔接,加快构建安全、便捷、高效、绿色、经济的现代化综合交通体系。在国家层面,我国先后出台《国家公路网规划(2013—2030年)》《"十三五"现代综合交通运输体系发展规划》等规划,推动公路高质量发展。2017年,党的十九大提出建设交通强国。2019年和2021年,中共中央、国务院先后印发《交通强国建设纲要》和《国家综合立体交通网规划纲要》,提出到2035年,基本建成交通强国,到21世纪中叶,全面建成人民满意、保障有力、世界前列的交通强国的奋斗目标,我国开启了加快建设交通强国的新征程。2022年7月,国家发展改革委和交通运输部印发《国家公路网规划》,到2035年,基本建成覆盖广泛、功能完备、集约高效、绿色智能、安全可靠的现代化高质量国家公路网,形成多中心网络化路网格局,实现国际省际互联互通、城市群间多路连通、城市群城际便捷畅通、地级城市高速畅达、县级节点全面覆盖、沿边沿海公路连续贯通。

具体见表1-2:

表1-2　十八大以来国家层面有关高速公路行业的重点政策梳理

发布时间	发布部门	政策名称	重点内容解读
2013年6月	交通运输部	《国家公路网规划（2013—2030年)》	到2030年建成总规模约40万公里的国家公路网
2015年4月	交通运输部	《关于深化公路建设管理体制改革的若干意见》	完善公路建设管理四项制度、创新项目建设管理模式、逐步推行设计施工总承包方式、建立健全统一开放的公路建设市场体系、强化政府监管等要求
2016年7月	交通运输部	《交通运输信息化"十三五"发展规划》	"2020年建成适应运输发展需要的标准化体系"的发展目标，构建了标准化体系框架
2017年2月	国务院	《"十三五"现代综合交通运输体系发展规划》	明确国家"十三五"时期高速公路建设具体发展方向
2018年6月	交通运输部	《交通运输服务决胜全面建成小康社会开启全面建设社会主义现代化国家新征程三年行动计划（2018—2020年)》	到2020年高速公路总里程达到15万公里基本覆盖城镇人口20万以上城市及地级行政中心
2019年9月	国务院	《交通强国建设纲要》	从2021年到21世纪中叶，分两个阶段推进交通强国建设：到2035年，基本建成交通强国
2021年2月	国务院	《国家综合立体交通网规划纲要》	规划到2035年，国家综合立体交通网实体线网总规模合计70万公里左右
2021年11月	交通运输部	《公路"十四五"发展规划》	到2025年，安全、便捷、高效、绿色、经济的现代化公路交通运输体系建设取得重大进展
2022年1月	国务院	《"十四五"现代综合交通运输体系发展规划》	到2025年，综合交通运输基本实现一体化融合发展，智能化、绿色化取得实质性突破，7条首都放射线、11条北南纵线、18条东西横线，以及地区环线、并行线、联络线等组成的国家高速公路网的主线基本贯通

(续表)

发布时间	发布部门	政策名称	重点内容解读
2022年1月	交通运输部 科学技术部	《交通领域科技创新中长期发展规划纲要（2021—2035年）》	从交通基础设施、交通装备、运输服务、智慧交通、平安交通、绿色交通等维度布局了重点研发任务
2022年4月	交通运输部 科学技术部	《"十四五"交通领域科技创新规划》	从基础设施、交通装备、运输服务三个要素维度和智慧、安全、绿色三个价值维度，布局了六大领域18个重点研发方向
2022年7月	国家发展改革委交通运输部	《国家公路网规划》	到2035年，基本建成覆盖广泛、功能完备、集约高效、绿色智能、安全可靠的现代化高质量国家公路网，形成多中心网络化路网格局，实现国际省际互联互通、城市群间多路连通、城市群城际便捷畅通、地级城市高速畅达、县级节点全面覆盖、沿边沿海公路连续贯通

1.2.3 新使命下的路网规划统筹

2013年，《国家公路网规划（2013—2030年）》获国务院批准，这标志着我国公路发展掀开新篇章。国家公路网规划总规模40.1万公里，由普通国道和国家高速公路两个路网层次构成。其中，国家高速公路网的规划为：由7条首都放射线、11条北南纵线、18条东西横线，以及地区环线、并行线、联络线等组成，约11.8万公里，另规划远期展望线约1.8万公里。按照"实现有效连接、提升通道能力、强化区际联系、优化路网衔接"的思路，补充完善国家高速公路网：保持原国家高速公路网规划总体框架基本不变，补充连接新增20万以上城镇人口城市、地级行政中心、重要港口和重要国际运输通道；在运输繁忙的通道上布设平行路线；增设区际、省际通道和重要城际通道；适当增加有效提高路网运输效率的联络线。

到2022年底，全国公路总里程达到535.48万公里，其中高速公路总里程达到17.73万公里。此外，党的十八大以来，国家公路网不断补"断头"、填"空白"、畅"动脉"，2004年规划的"7918网"（7条首都放射线、9条南北纵向线和18条东西横向线）国家高速公路网基本建成，国省干线公路连接了全国县级及以上行政区。

1.2.4 新使命下的现代工程管理理念革新

2010年8月17日至19日,全国公路建设座谈会在福建厦门召开。时任交通运输部副部长冯正霖指出,尽管公路建设取得了巨大成就,但现代工程管理已不仅是传统的以成本、工期、质量为主要内容的"铁三角"式管理,而是将原有的以技术管理活动为主要内容转变为经济与社会的综合管理,要用现代工程的管理理念、管理技术和管理方法,以"五化"——"发展理念人本化、项目管理专业化、工程施工标准化、管理手段信息化、日常管理精细化"为重要抓手,加快推进现代工程管理,不断转变公路发展方式,全面提高公路建设管理水平。

党的十八大以来,交通运输部、国家标准化委员会等部门出台了一系列文件,使得以"五化"为核心的现代工程管理思想迅速发展,具体发展历程见图1-3所示:

1. 现代工程管理思想快速发展阶段

在由"五化"构成的现代工程管理体系中,人本化是核心,专业化是前提,标准化是主线。在"十二五"开局之初,交通运输部印发《高速公路施工标准化活动实施方案》,要求从2011年起,在全国高速公路建设中开展施工标准化活动。同时,将《福建省高速公路施工标准化管理指南》作为附件向全国发布,交通运输部以福建为蓝本向全国推行标准化。

2011年4月,交通运输部发布《公路水路交通运输信息化"十二五"发展规划》,提出"实施交通运输行业信息化重大工程"。2013年4月,交通运输部进一步发布《交通运输信息化标准体系表》,确定了交通运输信息化标准体系框架,形成了公路建设与管理、水路建设与管理、运输及物流、安全应急、综合事务共五个领域的信息基础设施、信息应用、信息资源、信息安全和信息工程的标准。2014年9月交通运输部发布了《公路水路交通运输主要技术政策》,在信息化方面,明确了在基础设施运行监测、运输组织与管理、收费与支付、车(船)联网和主动安全、信息服务、大数据技术应用、网络与信息安全等七大重点领域的应用方向。

为贯彻落实《国民经济和社会发展第十二个五年规划纲要》对环境保护工作的要求,2012年1月13日,交通运输部正式印发了《公路水路交通运输环境保护"十二五"发展规划》,其作为《交通运输"十二五"发展规划》的重要组成部分,以建设绿色交通运输体系目标为引领,以可持续发展理念为先导,以交通运输行业加快调整结构、转变发展方式为契机,包含了行业污染治理、生态保护、资源节约和集约利用、行业环境保护管理体系的完善、行业环保科技支撑能力的提升等方面内容,体现了交通运输业发展的时代要求,是指导"十二

第1章 新时代交通建设管理的全局视野与科学谋划

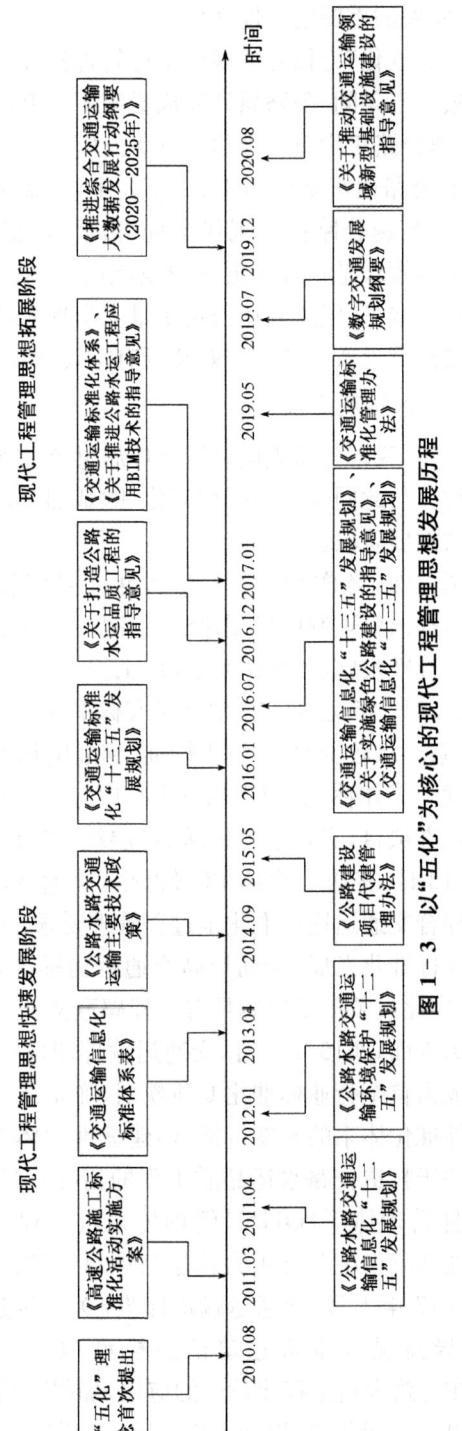

图1-3 以"五化"为核心的现代工程思想发展历程

五"时期交通运输绿色发展的重要纲领性文件。

"十二五"期间,在以"五化"为核心的现代工程管理指导下,全国高速公路建设取得历史性新突破。五年间,公路累计完成投资7.1万亿元,是"十一五"期的1.74倍。全国高速公路年均新增里程9 900公里,是"十一五"期的1.5倍。到2015年底,高速公路通车里程达12.4万公里,覆盖全国97.6%的城镇人口20万以上城市。高速公路推行现代工程管理成功经验告诉我们,以"五化"为核心的现代工程管理是指导交通建设发展的基本要求,不仅能够全面提升高速公路建设管理水平,促进高速公路质量安全提升,同时对实现以人为本、规范市场秩序、提高管理效率和成本效益具有重要的现实意义。

2. 现代工程管理思想拓展阶段

在"十三五"开局之年,我国公路规模总量已位居世界前列,其中高速公路里程已稳居世界第一位。与此同时,在深化"五化"的基础上,我国现代工程管理进入了"全面规范"的发展阶段。

在深化标准化改革方面,交通运输部于2016年1月印发《交通运输标准化"十三五"发展规划》,提出管理制度机制建设、强制性标准制修订、推荐性标准制修订、标准国际化、标准实施、计量体系建设、工程产品和服务质量监督和标准化基础能力建设。2017年交通运输部与国家标准化管理委员会联合印发《交通运输标准化体系》,从政策制度、技术标准、标准国际化、实施监督和支撑保障五个方面建立健全工作体系,梳理出6 489项综合交通运输、铁路、公路、水路、民航和邮政标准项目,实现了各领域、各层级、各环节标准化工作的全覆盖。2019年5月13日,交通运输部12号部令《交通运输标准化管理办法》正式颁布,确立了综合交通运输标准化全过程管理要求,为统筹推进铁路、公路、水路、民航和邮政标准化发展、全面提高交通运输标准化管理水平筑牢了制度根基,对促进标准化改革创新发展具有里程碑意义。

在深化信息化改革方面,2016年7月,交通运输部印发《交通运输信息化"十三五"发展规划》,成为首个行业标准化专项规划,确立到2020年建成适应交通运输发展需要的标准化体系的发展目标,构建标准化体系框架。同年12月,交通运输部印发《关于打造公路水运品质工程的指导意见》,提出质量、健康、安全、环境四位一体管理体系(QHSE管理体系)、工程建设的产业化发展、探索"互联网+交通基础设施",推进大数据与项目管理系统深度融合、推行"智慧工地"建设。2017年1月,交通运输部印发《关于推进公路水运工程应用BIM技术的指导意见》,推进建筑信息模型(Building-Information-Modeling,BIM)技术在公路水运工程建设中的应用,加强项目信息整合,实现工程全寿命期管理信息的畅通传递,提升工程品质和投资效益,探索传统基础设施建设与新基建融合发展。2019年7月25日,交通运输部印发了《数字交通发展规划纲要》,旨在贯彻落实党中央、国务院关于促进数字经济发展的决策部署,促进先进信息技术与交通运输深度融合,从而构建数字化的采集体系、网络化的传输体系和智能化的应用体系,加快交通运输信息化向数字化、网络化、智能化发展,为交通强国建设提供支撑。2020年8月6日,交通运输部印发《关于推动交通运输领域新型基础设施建设的指导意见》,围绕加快建设交通强国总体目标,推动交通基础设施数字转型、智能升级,建设便捷顺畅、经济高效、绿色集约、智能先进、安全可靠的交通运输领域新型基础设施。2021年5月,交通运输部出台了《数字交通"十四五"发展规划》,提出了"一脑、五网、两体系"的主要任务。

在深化项目管理专业化改革方面,2015年5月交通运输部颁布《公路建设项目代建管理办法》,提出了建设主体专业化改革方案,同年7月交通运输部颁布《公路工程设计施工总承包管理办法》,提出了承保模式专业化改革方案。2016年12月交通运输部为贯彻落实国务院《质量发展纲要(2011—2020)》印发《关于打造公路水运工程品质工程的指导意见》,提出打造公路水运品质工程的专业化建设方案。2021年8月,交通运输部修订《公路工程施工分包管理办法》,鼓励公路工程施工进行专业化分包。

在发展理念人本化方面,2016年7月,交通运输部印发《关于实施绿色公路建设的指导意见》,明确提出建设以质量优良为前提,以资源节约、生态环保、节能高效、服务提升为主要特征的绿色公路,提出了五大建设任务,决定开展五个专项行动,推动实现公路建设健康可持续发展。先后确定了延崇高速公路等33个试点工程项目,编制《绿色公路建设技术指南》《绿色公路建设发展报告》等,初步形成一批可推广、可复制的绿色公路建设经验成果。

推进以"五化"为核心的现代工程管理使得我国交通运输建设在"十二五"期间实现了快速、科学、规范、安全、有序和创新的发展。"十三五"时期是我国全面建成小康社会的攻坚时期,大力有效推进以深化"五化"为抓手的现代工程管理,有利推进了高速公路发展步入全面深化改革与规范发展的新时期。2021年3月11日,十三届全国人大四次会议表决通过了关于国民经济和社会发展第十四个五年规划。在"十四五"规划中,国家明确提出加快建设交通强国。因此,以深化"人本化、专业化、标准化、信息化、精细化"为抓手,推进新时代现代工程管理,不断转变交通事业发展方式,才能有效推动交通发展由追求速度规模向更加注重质量效益转变。

第 2 章　新时代福建高速公路工程管理新征程

古人言,"蜀道难,难于上青天",而过去的福建交通基础设施落后,有"闽道更比蜀道难"之说。长期以来,出行难是阻碍福建经济社会发展的"瓶颈",要发展、先修路。2002 年前后,福建省规划高速公路"一纵两横"骨架。2005年,《海峡西岸经济区高速公路网规划》出炉,规划构筑"三纵四横"高速公路骨架网。2008 年,根据发展新形势,对规划进行修编,要求建设"三纵八横"高速公路主骨架,并建设福州、厦门、泉州三大中心城市环线及 33 条连线。2011年 6 月,福建省又出台《高速公路"十二五"专项规划》。2013 年,在宏观经济形势严峻复杂的情况下,福建高速公路建设完成投资 420 亿元,建成 14 个项目 560 公里,续建、建成项目数量均创历史之最。

党的十八大以来,在宏观全局视野与科学谋划下,福建省高速公路完成了从"一纵两横"到"六纵十横"的路网规划跨越,截至 2020 年,福建省高速公路通车总里程突破 6 000 公里。此外,福建省在高速公路管理方面也取得了一系列发展,如建设管理模式统筹、施工标准化管理等。基于丰富实践,福建省总结了新时代现代高速公路管理若干经验,如现代工程管理理念的时代性与时代化认知等。此外,福建省积极进行现代工程管理基本理念、基本规律与基本范式的原理性研究(见图 2-1)。

2.1　建设成就概述

随着泉厦高速公路 1997 年 12 月建成通车,实现福建高速公路零的突破,长期制约福建发展的交通"瓶颈"被不断延伸的高速公路破解。截至 2020 年,福建省高速公路通车里程突破 6 000 公里,省内 84 个县(市、区,不含金门县)全部实现 15 分钟上高速,为全国第 4 个实现"县县通高速"的省份;高速公路路网密度达到 4.1 千米/百平方千米,居全国各省第 2 位,达到发达国家水平;"三纵八横"高速公路主骨架基本建成,与周边省份进出口通道达到 16 个,实现全面对接;电子不停车收费与全国 29 个省(市、自治区)实现联网,闽通卡客户保有量超过 138 万户,ETC 使用率超过 39%,非现金支付率超过 41%,客

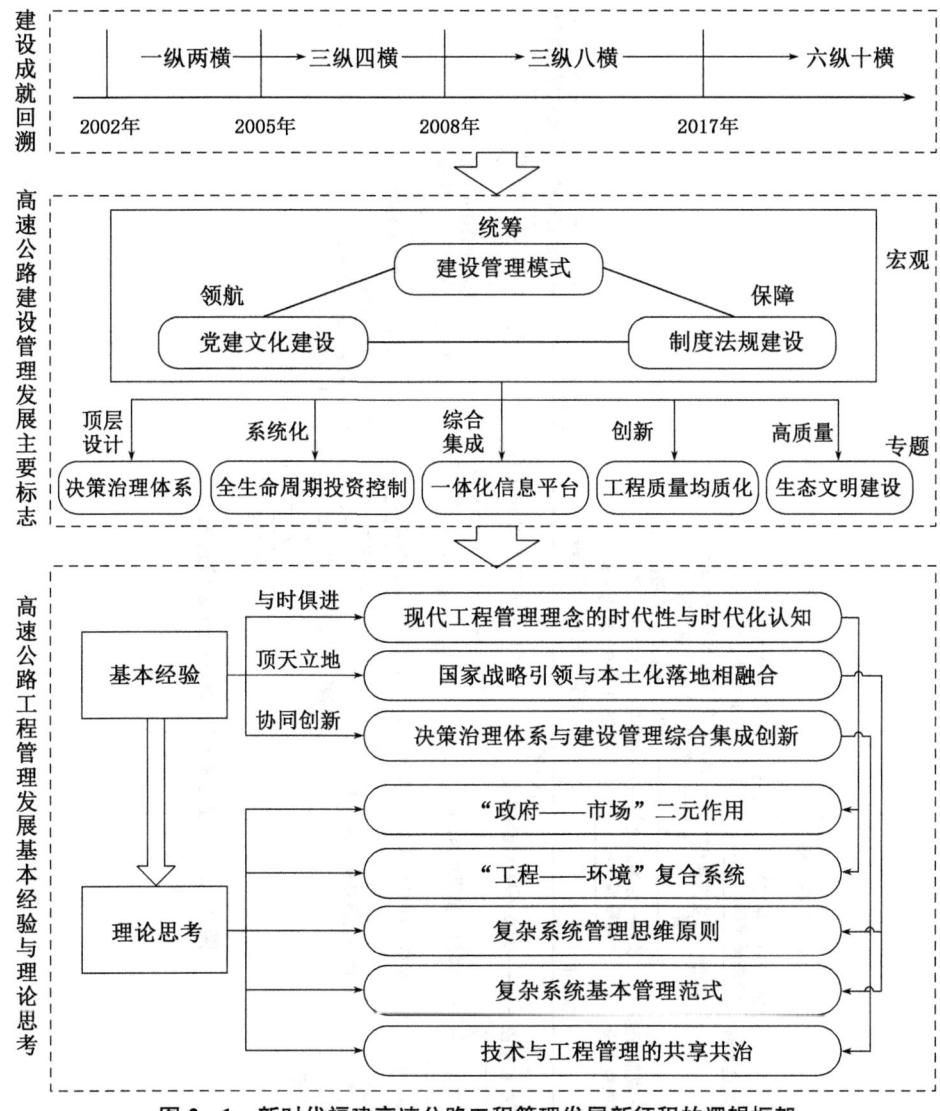

图 2-1 新时代福建高速公路工程管理发展新征程的逻辑框架

车ETC使用率和非现金支付率居全国前列；建设标准化管理实现全覆盖，被交通运输部在全国推广。

自2002年以来，福建高速公路规划完成了从"一纵两横"到"六纵十横"的路网规划跨越，具体如图2-2所示：

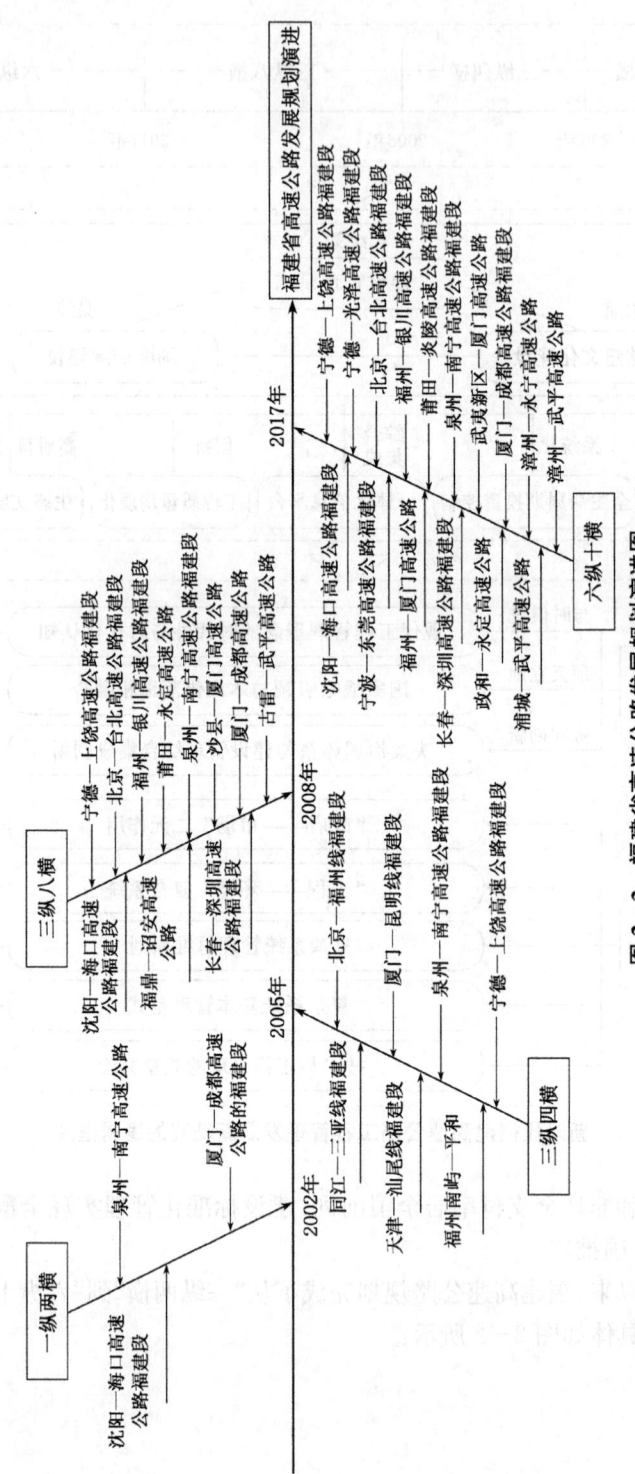

图 2-2 福建省高速公路发展规划演进图

1. 一纵两横

2002年前后，福建省规划高速公路一纵两横骨架。一纵为《国道主干线系统规划》(1993年)中的同江—三亚线福建段(2005年1月以后为沈阳—海口高速公路福建段)；两横为《国家重点干线公路规划》(1993年)中的泉州—毕节线、厦门—昆明线的福建段(2005年1月以后为泉州—南宁高速公路、厦门—成都高速公路的福建段)。

2005年底，"一纵二横"骨架基本形成。

2. 三纵四横

2004年底，福建省更新规划，布局为"三纵四横"。具体线路名单为："一纵"，国道主干线同江—三亚线福建段；"二纵"，国家重要干线公路天津—汕尾线福建段；"三纵"，福泉厦漳沼高速公路复线(福州南屿—平和)；"一横"，国道主干线北京—福州线福建段；"二横"，国家重要干线公路厦门—昆明线福建段；"三横"，国家重要干线公路泉州—毕节线福建段；"四横"，宁德沿海辐射南平山区的骨架公路(宁德福安—武夷山闽赣交界处)。

2005年1月13日，交通部发布《中国高速公路网规划》，使"三纵四横"全部列入国家网，其中北京—台北高速公路在国家路网中有特殊地位，对建设海峡西岸经济区有着积极的意义。同年，福建省发布《海峡西岸经济区高速公路网规划》。

3. 三纵八横

2008年底，根据发展新形势，对《海峡西岸经济区高速公路网规划》进行修编，要求建设"三纵八横"高速公路主骨架，并建设福州、厦门、泉州三大中心城市环线及33条连线。修编后的《规划》布局为"三纵八横三环三十三联"。三纵依次分别为：国高"沈(阳)海(口)线"福鼎(分水关)至诏安(分水关)段(沈阳—海口高速公路福建段)、"沈海复线"福鼎(沙埕)至诏安(霞葛)段(福鼎—诏安高速公路)、国高"长(春)深(圳)线"松溪至武平段(长春—深圳高速公路福建段)；八横依次分别为：国高"宁(德)上(饶)线"宁德至武夷山段(宁德—上饶高速公路福建段)、国高"北(京)台(北)线"浦城至福州段(北京—台北高速公路福建段)、国高"福(州)银(川)线"福州至邵武段(福州—银川高速公路福建段)、海西网莆田至永定高速公路(莆田—永定高速公路)、国高"泉(州)南(宁)线"泉州至宁化段(泉州—南宁高速公路福建段)、海西网厦门至沙县高速公路、国高"厦(门)成(都)线"厦门至长汀段(厦门—成都高速公路)、海西网古雷至武平高速公路；三十三联包括县市联络线12条、交通枢纽联络线12条、区域联络线9条。

2020年1月23日，永定—上杭高速公路通车。10月1日，北京—台北高速公路福建段构成路段长乐—平潭高速公路二期工程暨平潭海峡公铁大桥公路面通车。至此，除被调减的古武高速公路平永段外，"三纵八横"主骨架全部建设完成。

4. 六纵十横

2017年2月20日，福建省交通运输厅联合福建省发展和改革委员会发布《福建省高速公路网规划》(2016—2030年)，修编后的福建省高速公路网格局为"六纵十横"，拟建设总规模6 984千米(包含支线)，其中六纵实际里程3 774千米(其中纵线2 911千米，支线863千米)，十横实际里程3 210千米(其中横线3 057千米，支线153千米)；按行政等级分，国家高速公路4 138千米，福建省省级高速公路2 846千米。六纵依次为：沈阳—海口高速公路福建段、宁波—东莞高速公路福建段(原福鼎—诏安高速公路)、福州—厦门高速公路、长春—深圳高速公路福建段、政和—永定高速公路、浦城—武平高速公路；十横依次为：宁德—上饶高速公路福建段、宁德—光泽高速公路、北京—台北高速公路福建段、福州—银川高速公路福建段、莆田—炎陵高速公路福建段、泉州—南宁高速公路福建段、武夷新区—厦门高速公路、厦门—成都高速公路福建段、漳州—永安高速公路、漳州—武平高速公路。截至2022年，"六纵十横"建设工作处于持续进行中。

2.2 建设管理发展主要标志

近十年来，国家政策在快速调整，交通战线也紧跟国家大政方针步伐，时代主题经历了由"五大发展理念"到"高质量发展"再到"交通强国"的重要跃迁。从国家和交通运输部制定的高速公路发展战略出发，福建省在落实高速建设实践中取得了一系列建设管理的标志性成就。从宏观上看，福建省高速公路建设完成了领航(党建文化建设)、统筹(管理模式建设)与保障(制度法规建设)的相互作用(详见第3章)，并动态适应福建省的实际，在微观层面，形成高速公路工程建设的专题标志，如决策治理体系顶层设计、全生命周期投资控制、一体化信息平台管控、工程质量均质化跃升及生态文明建设高质量发展。

2.2.1 党建文化建设领航

近十年来，福建省高速公路建设总指挥部(以下简称"福建省高指")牢牢跟随党的十八大、十九大会议精神的指导思想,积极开展对党的最新指导思想的学习、吸收与掌握,并以此指导全省高速公路建设工地党建工作的开展。福建高速公路建设的党建活动中,结合福建的实际情况和长期积累的管理经验,特别是吸收了福建标准化管理创建的经验,做了一些党建的模式创新,如"6432"工地党建模式创新,形成了独具特色的党建标准化,具备很强的可操作性和可复制性,获得了交通运输部的高度肯定(见第3章)。

2.2.2 建设管理模式统筹

福建高速公路在长期实践中探索形成了"省市共建、建设以市为主、运营全省统一"的管理体制。"建设以市为主",即无论省、市双方所占股比多少,各路段在建设期间均以地市为主管理,由地市组建建设公司,实施工程的建设管理。"运营全省统一",即高速公路建成后,无论省、市所占股比多少、无论采取何种投资模式,均由省高速集团统一负责运营管理,以便于全省统一调度、指挥,以及重大突发事件的应急处置。该体制有利于充分调动省市各方的积极性、主动性,实现全省路网"一盘棋"统筹规划和建设,促进山区和沿海协调发展公共服务均等化,特别是投资效益差的山区路网建设可以得到最大力度的扶持和发展;也有助于充分发挥地市政府在政策引导、土地、征迁、民事协调等方面的管理优势,形成合力,共同推动高速公路建设发展。

其中,福建省交通运输厅主管全省高速公路建设工作,依法对高速公路建设实施监督管理。福建省高指作为省政府的专设机构,代表省交通运输厅行使全省高速公路建设行业管理职责,履行"监督、指导、协调、服务"职责,对工程进度、质量、安全等负行业监督管理责任。

2.2.3 制度法规建设保障

对于高速公路建设,国家和省、部制定了大量的法律、规定及管理办法、行业标准、技术规范等(详见1.2.2),这些构成了福建省高速公路建设制度法规的基础。在遵循这些制度法规的基础之上,福建省在国家最新思想和战略的指导下,根据本省高速公路多山靠海的实际情况,将相关制度法规进一步延伸和细化,在不与国家、部省属等上位制度法规相违背的情况下,根据省情社情,将制度法规进一步健全与完善,具体包括对省情社情的调研、问题分析、方案起草、意见征询、修改定稿、落实执行等多个步骤,详细分析并总结上述过程中的福建方案与考虑。与此同时,福建省交通运输厅和福建省高指在制度法规建设上也取得了丰富经验,如制度法规设计合理具备可操作性、制度法规具备坚强的执行保障以及制度法规具备灵活的文化杠杆(详见第3章)。

2.2.4 决策治理体系顶层设计

高速公路决策治理体系一般能够分解为治理环境、治理主体、治理组织、治理理念与目标、治理法规与制度、治理方式与方法等子体系，并在这些子体系之间形成稳定的层次与结构和在整体层面上实现引导、规范和保障高速公路决策事务的预期功能，"做到科学决策、民主决策、依法决策，避免发生重大失误甚至颠覆性错误"。

1. 以多主体协同为主导的前期决策治理机制。福建省高速公路前期各项重大决策方案的形成与确定是以政府决策为主导，关注多方的需求和利益的协同决策。由于高速公路前期决策所涉及的政府主体本身呈现多元化特征，包括相关政府行政职能部门、项目所属领域的主管部门以及项目所在地的地方政府等，这使得高速公路决策主体呈现出"政府式"委托代理关系。

2. 以"省市共建、以市为主"为核心的建设期决策治理机制。这一机制，落实了福建省高指的行业管理职能作用，全省"一盘棋"，加强了对全省高速公路路网规划建设的管理，使全省高速公路尤其是山区高速公路得到统筹、协调发展；以市为主，调动和发挥了地方政府的作用和积极性，有效解决了征迁、民事协调等企业难以解决的问题；省市共建，分级管理，福建省高指可从全省范围内调集、调配技术力量加强管理，地方政府则从本地各部门调配充实高速公路建设技术、管理力量，通过长期的建设，培养和锻炼了一批建设经验丰富的队伍，从而保证了建设人才的需求。

3. 以专家智力支撑的辅助决策机制。从复杂性决策的本质出发，决策主体不可能具备所有的预期决策资源，但它要具有整合和提升所需决策资源的能力。为了更加有效地进行科学决策，福建省综合不同科学领域、不同学科、不同方法、不同工具、不同层次以及不同时空分布的群体信息、知识与智慧，根据工程面临的具体决策问题构建不同决策群体，而建立群决策平台、设计群决策机制（详见第4章）。

2.2.5 全生命周期投资控制

工程投资控制作为工程建设管理的核心要素之一，是指在工程决策阶段、设计阶段和实施阶段，力求实现项目实际投资不超过计划投资而开展的管理活动，即把投资的发生控制在批准的投资限额内，随时纠正发生的偏差，保证工程投资目标的实现，以取得良好的投资效益和社会效益。投资控制主要工作内容包括编制投资估算、审核设计概预算、编制并控制资金使用计划、控制工程付款，以及监理合同中委托的有关投资控制等工作。高速公路工程建设是一个长生命周期、建设情景复杂、多主体参与、数量庞大的工程活动,其自然环境、社会环境、技术标准、设备材料价格、汇率等都是影响高速公路建设投资重要因素,面对这些不确定性因素,高速公路工程的投资控制是一个动态调整的过程,需要在战略前瞻性、科学系统性上进行全面平衡的系统考虑。

福建省高速公路工程投资控制具有特定的功能,即在高速公路建设工程中,保证建设资金流的安全顺畅,为高速公路建设其他目标如进度、质量等的实现提供支撑。基于工程从虚体到实体的建设过程,福建省高速公路工程的投资控制体系可以分为前期、中期与后期三个阶段。前期阶段主要通过项目可行性研究、费用估算概算、费用预算建立项目费用控制的总体目标和框架;中期建设阶段建立以合同控制为中心的、层次化的投资控制体系,通过合同控制、建立不同层次的资金使用计划控制等对项目费用的支出进行适时而有效的控制;后期运营阶段通过维修保养计划、贷款还款计划的制定等手段来控制费用(详见第5章)。

2.2.6 一体化信息平台管控

福建省高速公路建设在全面推行现代工程管理、创建绿色公路品质工程等进程中,面临着要求标准高、工作量增大、技术人员短缺、信息化建设分散、时效性要求强等困难,同时,为避免重复建设、节约费用、节省时间,确保建设过程形成的数据能为今后运营管养提供基础支撑,在积累了比较丰富经验的情况下,利用互联网技术与高速公路建设行业有机结合,进行信息化和智能化的构建,开发应用福建省高速公路建设监管一体化平台(以下简称"一体化平台"),将现场工程建设、监督管理中的一些关键内容集中从线下转移到线上,形成一个统一、规范、高效、共享、协调的管理信息系统,促进各主体协同,提升整体性地管理成效。全省高速公路建设项目统一推广使用一体化平台,成为福建省高速公路建设项目管理有力的辅助手段。

福建省高指按照整体规划、分步实施;同步部署、各方共享;分级管理、数据溯源等目标,采用"1个平台＋N个子系统＋N个单位"的建设模式。一体化平台执行统一数据标准和接口规范、开放共享,现已接入建设管理系统、远程视频监控系统、工地试验室数据监管系统、混凝土拌和站监控系统、沥青拌和站监控系统、预应力张拉数据监管系统、构件二维码存储系统、工地党建系统等八个专业化子系统,并预留后续扩展空间。一体化平台承载了工程进度、质量、安全、投资、环境、验收等多级多维工程建设应用,解决工程建设过程中快速计算、优化处理、云端存储、信息共享等技术瓶颈,为各参建单位提供数据资源、专业管理和技术应用服务,实现基础设施即服务、平台即服务、应用即服务。

从功能角度看，一体化平台的专业化子系统可以体现福建省高指在工程建设过程的三个重要维度的信息化建设，分别是：工程保障类信息化建设、工程控制类信息化建设、管理类信息化建设。该一体化平台自2017年运行以来，已全面覆盖福建省所有已建成和在建高速公路项目，在提高管理效率、保障工程质量、节约项目投资上取得了很好的应用成效（详见第6章）。

2.2.7 标准化向均质化跃升

福建高速公路积极探索管理创新，在行业内率先推行施工标准化管理，编写了《福建省高速公路施工标准化管理指南》，有效提升了建设质量和效率，实现传统粗放式管理至现代工程精细化管理的升级，具有里程碑式的意义，相继在全省、全国推广。在新时代高质量发展理念下，在交通强国的建设要求下，福建省高速公路立足于已有的标准化管理成效，在超越标准化的思维范畴下，提出了"均质化"的发展概念，均质化是新时代下对标准化的重新思考，是高质量发展理念下对标准化的重新定义，是建设适应高质量发展的标准化管理体系的有效补充。所谓均质化是指针对不同的工程主体，标准化管理体系的供给是充足的，其为了实施标准化管理体系所付出的资源是相对均衡的，其实施标准化管理体系的最终成效是差距不大的，最终的工程质量是水平较高的。"均质化"更加注重标准化管理体系的实施效能，以及标准化治理能力的提升。均质化管理内涵由"三集中、两准入"向"三准入、四集中、五提升"转变，致力于打造一批省级典型示范项目，争创部级品质工程，实现"省级有示范、市级有重点、项目有特色、标段有亮点"（详见第7章）。

2.2.8 生态文明建设高质量发展

生态文明是经济社会发展理念、道路和模式的重大进步，指引着高速公路建设方式、管理方式、价值观念等多方面的变革，是践行高速公路高质量发展的全新选择。从广义角度看，生态文明是人类社会继原始文明、农业文明、工业文明之后的新型文明形态，是以人与自然协调发展作为基本准则，通过建立新型的技术、经济、社会、法制和生态机制，实现经济、社会与自然环境的可持续发展；对高速公路的建设管理来说，生态文明更加强调的是从技术、制度和文化等方面对传统施工工艺、管理办法等方面进行调整和变革。从狭义的角度来看，生态文明是与物质文明、政治文明以及精神文明相并列的文明形式之一，其强调的是人类在处理与自然的关系问题时所要遵循的基本准则，对高速公路的建设管理来说，重要的是如何实现绿色公路与区域可持续发展。不论是广义角度，还是狭义角度，生态文明的建设都离不开人与自然的和谐共生，不管是理念层面、制度层面,还是技术层面,对高速公路生态文明的构建也离不开这三个层面。

福建省高速公路生态文明建设始终遵循理念引领,在"人与自然和谐共生"的核心观念下开展生态文明的构建工作。所谓"人与自然和谐共生"是建立在人类社会经济系统是自然生态的子系统认知基础之上的,而高速公路系统正是人类社会经济发展的重要组成,即高速公路系统是"人造系统",是人类社会经济系统的子系统,是自然生态系统的"孙"系统,生态系统若被破坏,则高速公路系统就失去了存在的意义。因此,在高速公路的建设管理过程中,要尊重生命、尊重自然界,在发展的过程中强化对生态的认知,谋求人造系统与自然生态系统的全面协调统一,即"以人为本"与"以生态文本"的统一。

回顾福建省高速公路的建设管理历程,始终紧跟党和国家对于生态文明发展的重要指示,从环境保护、可持续发展,到生态文明,始终坚持人与自然的协调发展,注重高速公路体系构建的同时,强调高速公路的建设管理要服从生态规律,在一次次思想碰撞与具体实践中探索形成"统筹资源、科学规划、系统设计、绿色品质"的生态发展理念,形成从理念到行动方案,到制度,再到标准的福建省高速公路建设管理的"高质量生态文明范式"(详见第8章)。

2.3 工程管理发展基本经验

2.3.1 现代工程管理理念的时代性与时代化认知

1. 管理理念的时代性

所谓时代是人类政治、经济、科技、文化等领域各自发展状况及相互影响而形成的具有一定特质与时空边界的历史阶段。时代对所处该时代的人类、实践、活动、行为、文化、思维有着强烈的制约与催化作用。马克思、恩格斯在谈到理论体系时说过:"一切划时代的体系的真正内容都是由于产生这些体系的那个时期的需要而形成起来的"。这样,管理理论,特别是作为人类管理实践活动规律全局性、整体性提炼与论述的一类重要的管理基本理论,必然会反映那个时代管理实践的典型特征,必然要深切关注那个时代重大管理问题的内容与解决方案,也必然会使自身带有那个时代的烙印,这就是管理理论时代性的基本内涵。这一点,当世界正处于重大发展与变革的时代时尤其鲜明,而当前正处于这样的时代.

正因为任何管理理论都是那个时代的理论,因此管理理论都具有时代性,即时代性是管理理论的生命表征。比较而言,有些管理理论有着对管理现实更深透的洞察力、对时代性重要管理问题更敏锐的捕捉与追踪能力,这类理论可谓具有优质的时代性品格。反之,一些管理理论由于缺乏现实洞察力而导致其面对的问题只能是历史的而非现实的,理论的实际作用也很难与现实需求对接,难以有效解决现实问题,这就是一类时代性品格较低的管理理论。

2. 管理理念的时代化

理论的时代化是指理论能够根据时代的发展、需求的变化进行自我审视并通过自修正及自组织过程来满足因时代发展而产生的新需求的能力。显然,时代化首先源于时代对理论需求的变化,其次是理论自身的与时俱进的能力。因此,理论的时代化集中体现了理论自身强大的生命力以及对理论生态环境与理论问题变动的适应性与创新性。管理理论只有自身具备了这种时代化的"秉性",才能在固有的思维原则与逻辑关联的"刚性"基础上,持续回应管理问题因时、因地、因情景的变化,保持理论的鲜活度。

简言之,管理理论的时代化是指理论能够运用自身的自适应和自组织能力根据时代的发展变化而不断修正、发展和完善自己,做到理论在与时代相互作用中与时俱进。就管理理论而言,时代性是它的基本禀赋,即任何管理理论都具有时代性。但是,只有当它表现出内容与形式的与时俱进的能力时,它才有了时代化的品格。

时代性是管理理论的基本生命表征,而时代化则是管理理论生命的鲜活度。

3. 现代工程管理理念的时代性与时代化

现代工程管理理念的时代性与时代化在很大程度上表征为一个新的领域,是传统以"五化"为核心的管理理念在高质量发展指引下的思想跃迁,是理论对现代工程管理的时代特征和重大问题的深度关切与回应,更是现代工程管理理论随时代发展而与时俱进的能力属性。具体表现为:

(1)新时代现代工程管理需要向"统筹管理"转变。其中,"统":意为总括、总起来、一揽子,还是整体性意思。而"筹",本义为可反复使用的竹制计数器具,现意为筹划、策划与算计,因此,"统筹"就说通盘筹划、在总揽全局的前提下科学筹划、兼顾各方统一筹划等等。显然,在整体性思维下,统筹的重点与难点在于"如何筹",即要有"筹"的谋略与抓手。

具体地说,要在工程管理中体现统筹原理,首先要对工程造物的完整性与全过程进行结构、阶段、要素关联及整体功能进行界定,这主要体现了"统",然后根据工程造物的基本特征、环境背景、管理资源、主体能力等对工程造物全部活动与过程进行分解,这体现了由"统"而"筹",分解后要尽可能通过结构化系统模型降低管理问题的非结构成分,同时尽可能准确地根据结构化模型的机理与输入/输出关系描述管理行为和特征以及寻找管理方案,实现对被管理对象的现场控制,这一技术路线在相当程度上反映了"还原论"的思想方法,是对造物管理系统的分析与分解,属于"筹"。再进一步,在分解基础上再集成管理活动的整体功能与驾驭能力,尤其对被管理对象要有系统性驾驭能力,这在相当程度上反映了"整体论"的思维方式,体现了"整合",属于"统"。

以上两方面的工作集中到一点,就是通过对被工程造物管理系统性的分析与分解,既"统"又"筹",统筹管理目标、统筹要素关联、统筹工程与环境等,使"统"、"筹"两者"合二为一",实现"还原论"与"整体论"的统一、分析与综合的统一、分解与重构的统一、最终实现在整体层面上对工程造物系统性的管理与控制。

(2) 新时代现代工程管理需要向"决策治理"转变。在工程决策过程中,代表社会公众的政府这一概念完全具体化转换为政府(包括政府职能部门内)的工作人员,即抽象的政府概念与逻辑关系在这里变成了活生生、具体化的社会人的行为,这是现实的、重要的、也将造成许多新问题的转换,也正是这一转换,引发出关于工程决策治理的理论与一系列实际问题。

如上所述,工程决策主体群主要由政府及相关主管部门、投资主体、重要建设与施工单位、供应商及专业咨询及其他利益相关者及相关部门共同组成,这必然形成了"政府——市场"共同作用下的决策平台与环境,从理论上讲,在"政府——市场"共同作用中,政府主要代表社会公众对高速公路工程的公共产品性质、社会公众利益及国家与社会整体性长远性利益进行代言和维护,并在所有决策主体群中正确地行使把握方向定位的引导和主导作用,而市场则主要发挥提高效率与效益的科学资源配置作用,但事实上,个别政府工作人员在工程决策中有可能出现违背公众代理人立场的异化行为,这些情形在当前我国工程决策因为政府主导作用过度以及市场经济体制尚不完善的大环境下表现尤为突出。

还须指出,由于工程决策过程相对漫长,行政性、经验性、专业性相互交织,决策过程中信息相对封闭,缺少社会公开监督及问责制度,因此,更为"制造"这类异化行为提供了条件,不能仅仅把这一突出而复杂的社会现象归结为决策过程中政府人员个人品德问题,而要从社会大环境、决策全过程、主体行为机理与演化规律等方面,即从工程决策治理的高度开展深入研究。因为从决策治理高度整治这一类行为异化将有效保证工程决策过程质量,而决策过程质量又深刻影响着决策方案质量。没有规范、正确的工程决策过程质量保证,就不可能有科学、高质量的决策方案质量。

(3)新时代现代工程管理需要向"绿色发展"转变。这是指在工程管理过程中加入绿色发展思想,谋求工程项目建设同自然与社会的和谐发展,最大限度地节约资源、保护环境、减少污染的思想观念。具体来讲,新时代现代工程管理中的绿色发展内涵主要有以下四点:一是,以生态目标为导向。工程绿色发展的核心内容就是以可持续发展观为引导,追求人与自然相和谐的生态目标。工程绿色发展理念能够在充分认知生态系统运行规律的基础上,对工程项目进行调整,从而最大限度减少人为因素对生态环境造成的不良影响,维护生态平衡。二是,追求社会目标、环境目标与经济目标并重。工程绿色发展理念认为工程活动同自然和社会紧密相连,设计者、建设者不能片面追求工程的经济价值,忽略社会和自然的需要,要将社会目标、环境目标、经济目标放在同等重要的地位,实现三者之间的友好、协调、可持续发展。三是,全寿命周期管理。工程绿色发展理念能够在项目构思、批准立项、施工建设、交付使用以及拆除等工程项目的全寿命周期中严格把握其对资源的利用和对环境的影响,坚持"四节一环保"原则。四是,更为可靠的成本、质量、工期、安全控制。工程绿色发展理念能够充分利用各项先进技术,对质量、成本、工期以及安全进行有效控制,具有很高的科学性。工程绿色发展理念是基于传统发展观的一种有益尝试,同时也是未来工程管理的发展趋势。

2.3.2 国家战略引领与本土化落地相融合

福建省高速公路工程管理理论研究不仅坚持国家战略引领,还要以解决省内高速公路建设管理的现实问题和指导具体管理实践为主旨,最终推动工程管理本土化的实现。从福建的省域视角下来看,福建省交通运输厅和福建省高指对于全省高速公路规划的落地是在国家战略指导下做出的方向性指引。高速公路建设必须服务于国家战略要求,发挥支撑大区域乃至国家经济建设和社会发展的重要历史地位和作用,近十年来高速公路建设是"十二五"和"十三五"中国家大通道的重要组成部分,而党的十八大和十九大最新思想对于高速公路建设的理念有了全局性的要求,贯彻落实国家意志是实现福建省高速公路建设高质量发展的必由路径。在国家战略引领下,福建省结合工程实践,对国家战略进行了本土化落地:

1.《福建省交通强国先行区建设实施方案》

时任交通运输部部长李小鹏在福建调研时强调,要以实际行动加快推进交通运输高质量发展,努力打造交通强国建设先行区。建设交通强国先行区是福建交通运输的新使命与新方向,是福建省全方位推动高质量发展超越的必然要求。"十三五"时期,福建省综合交通运输跨越发展,夯实了福建省建设交通强国先行区的基础。

2019年12月,交通运输部公布福建省交通运输厅为交通强国建设试点单位之一,并于2020年10月印发《交通运输部关于福建省开展苏区老区"四好农村路"高质量发展等交通强国建设试点工作的意见》。为深入贯彻推进《交通强国建设纲要》《国家综合立体交通网规划纲要》和交通运输部关于福建省试点工作意见等重要部署,落实福建省委、省政府关于全方位推动高质量发展超越的决定,加快推动交通强国先行区建设,福建省交通运输厅和福建省发展和改革委在深入研究论证、广泛征求意见、不断修改完善的基础之上,编制形成了《福建省交通强国先行区建设实施方案》(以下简称《实施方案》)。

作为福建综合交通运输未来发展的指导性文件,《实施方案》分总体目标、重点任务、保障措施三个部分,提出以"一核三支"为战略引领(海上丝绸之路核心枢纽、国家区域经济联动发展战略支点、海峡两岸融合发展战略支柱、两大协同发展区高质量发展战略支撑),打造"三纵六横两联"综合立体交通主骨架,构建福建"211"交通圈(各设区市间2小时通达,福州、厦漳泉两大都市圈1小时通勤,设区市至所辖县、各县至所辖乡镇1小时基本覆盖)。

2. 福建省"十四五"公路建设规划

福建省"十四五"规划中针对公路交通领域提出:实施高速公路"三扩二提一融"工程,畅通高速公路主通道,完善高速公路出入口布局,到2025年,力争通车里程达6300公里。实施乡镇便捷通高速工程,85%以上陆域乡镇30分钟上高速。

在高速公路工程建设的具体规划中提出,推进高速公路沿海扩容、山区扩面、路网扩能、提升道路服务水平、提升科技创新能力、新型基础设施建设融合发展"三扩二提一融"工程。续建国高网宁上高速公路宁德霞浦至福安段、泉南线永春互通至汤城枢纽扩容工程和省高网厦蓉高速公路、龙岩东联络线(龙岩高速公路东环线)等项目;新建国高网沈海高速公路扩容工程(宁德段、福州至泉州段、漳州段)、福银并行线宁德至古田高速公路、福银联络线沙县至南平高速公路、福银高速闽侯至长乐机场段、沈海联络线泉梅高速公路泉州至永春段和省高网上饶至浦城高速公路福建段、福州滨海新城高速公路、莆炎高速公路埭头至湄洲港段等项目。

3. 《福建省"十四五"现代综合交通运输体系专项规划》

为贯彻落实党中央、国务院关于"十四五"时期经济社会发展的战略部署,更好应对新挑战、完成新使命,积极融入以国内大循环为主体、国内国际双循环互相促进的新发展格局,加快创建交通强国福建先行区,全面提升综合交通运输现代化水平,依据《福建省国民经济和社会发展第十四个五年规划和二〇三五年远景目标纲要》,福建省政府办公厅印发了《福建省"十四五"现代综合交通运输体系专项规划》,明确"十四五"福建省综合交通运输发展的目标和任务。在公路网方面,力争高速公路建设规模达1 600公里;普通国省干线新改建3 000公里,路面改造1 500公里;农村公路新改建5 000公里,实施生命防护工程5 000公里,改造危桥500座(见表2-1)。

表2-1 福建省"十四五"综合交通运输发展规划指标

类别	序号	指标名称	单位	2020	2025
规模结构 (9个)	1	铁路营业里程	公里	3 884	5 000
	2	高快速铁路营业里程	公里	1 906	2 592
	3	城市(城际、市域)轨道交通运营及在建里程	公里	465	960
	4	公路通车里程	万公里	11	11.3
	5	高速公路通车里程	公里	6 003	6 500
	6	普通国省干线公路二级及以上比例	%	75	80
	7	内河高等级航道通航里程	公里	278	332
	8	沿海港口吞吐量	亿吨	6.21	6.8
	9	集装箱吞吐量	万TEU	1 720	2 070
通达通畅 (2个)	10	陆域乡镇30分钟内便捷通高速比例	%	80	85
	11	乡镇通三级及以上公路比例	%	97	98
便捷高效 (4个)	12	"丝路海运"命名航线覆盖国家/港口数	/	13/24	22/48
	13	沿海重点港区铁路进港率	%	60	70
	14	枢纽机场轨道交通接入率	%	0	100
	15	社会物流费用占GDP比率	%	13.6	13
绿色安全 (5个)	16	集装箱铁水联运量年均增长率	%	—	15
	17	城区常住人口100万以上城市绿色出行比例	%	—	70
	18	交通运输CO_2排放强度下降率	%	—	3
	19	邮件快件绿色包装规范化率	%	—	95
	20	较大以上等级道路运输行车事故万车死亡人数下降率	%	—	20

2.3.3 决策治理体系与建设管理综合集成创新

高速公路工程决策治理是国家治理体系中的一个组成部分，其自身也是一个完整的体系。高速公路工程决策是一项公共事务，政府以公权力（治权）成为决策的核心主体，但由于高速公路工程决策事务涉及政府、社会、市场、公众等众多干系人，因此，政府必须在决策过程中处理和协调好与社会、市场与公众的各种关系，激发各方热情、化解各类矛盾、分担共担责任，同时还要在上位法的制约下，规范各主体及主体之间行为，这就要求制定高速公路工程决策活动必须遵循的国家相关法律法规和设计专门性的制度、规则与程序。这样，高速公路工程决策治理活动必然有着明确的治理主体、治理理念、治理目标、治理法规、治理制度、治理资源、治理方式与治理方法等，即由治道（方针）、治权（权力）、治制（制度）、治能（能力）、治具（措施）、治术（方法）等要素组成，所有这些要素综合在一起形成一个以稳定、有序和有效开展高速公路工程决策事务为基本功能的完整的治理体系。

福建省高速公路决策治理体系的构建，包括各种信息库、知识库、经验库、数据库、专家库、方法库等支持系统的构建，即通过信息、知识、经验、数据的定性集成来为治理主体提供智力支持与资源保障，进一步地，通过对复杂问题的分析、分解和降解，充分运用定量方法对定性结论进行验证、论证或修正，最终形成对复杂问题解决方案的统筹与协调，形成新的共识。由此，可以发现，福建省高速公路决策治理体系实质上由专家体系、方法体系和知识体系三个方面构成，充分发挥以人为主的专家体系的作用，并结合现代信息技术的优势，进而构成新的"人—机"系统来解决福建省高速公路决策治理面临的复杂问题。这种新的"人—机"系统，也可称为人机结合，其本质上也是一种定性、定量相结合的方法，通过将专家的智慧与器的智能紧密结合起来有效降解复杂性，为定性、定量相结合提供了现实的工具支撑，保证了定性、定量相结合方法的可操作性。

福建省高速公路决策治理体系需要解决的问题多种多样，涉及不同领域的知识、经验，包括结构化和非结构化的复杂问题，单纯依靠数据分析、信息整合或数学模型很难解决这些问题，单纯依靠一个或几个人也不能完全解决问题，需要依靠群体的经验、知识和智慧来解决问题，即福建省高速公路决策治理体系需要群决策方法来补充和完善综合集成方法子系统。在一定意义下，福建省高速公路决策治理体系的核心就是更好、更优、更规范地进行决策，涉及治理复杂性的决策尤为困难，对决策主体的决策资源和决策能力的要求非常高，光靠决策主体往往很难全面兼顾各项决策事项，因此需要通过群决策的方法,构建决策主体群,设计决策机制,从而综合不同领域(如:社会、经济、政治、文化)、不同学科(如:自然、社会、人文)、不同数据信息、知识经验、不同方法(如:定性、定量)、不同工具(如:计算机、大数据、人工智能),以及不同时空分布的群体、国内外领导、专家的信息、知识与智慧来逐步完成决策事项。

2.4 高速公路建设工程管理发展理论思考

2.4.1 高速公路"政府—市场"二元作用

经济学原理认为,在市场经济条件下,人们消费的产品可以划分为私人产品、纯公共产品、准公共产品三种类型,这里不再就这三种产品具有的判断标准进行讨论,仅按照三种产品的判断标准对高速公路具有的"公共属性+经济属性"的二重属性进行说明:

1. 高速公路具有公共属性

高速公路通行服务具有公共产品的特征。主要表现:高速公路提供的通行服务在一定范围内具有非竞争性,即在高速公路经营者提供通行容量范围内,增加一个用户对高速公路的使用不会影响或减少原有使用者对高速公路消费,或者说增加或减少一个使用者并不会导致高速公路经营者生产经营成本增减,因此,高速公路的使用具有非竞争性。

高速公路提供的通行服务还具有较强的外部性。其表现在:第一,降低运输成本;第二,节约通行时间;第三,降低通行事故发生率。

2. 高速公路具有经济属性

高速公路通行服务具有私人产品特征。主要表现在:首先,高速公路借助封闭性的道路向使用者提供通行服务,在技术上完全可以通过设置必要进出口设施,并通过收费来排除他人进入高速公路,或者说在制度上能够实现"谁交费,谁消费,不交费则不能享用"的规则。其次,高速公路通行具有的非竞争性是有限度的,任何一条高速公路的通行容量都是有限度的,当高速公路使用者增加或者进入高速公路的车辆增加,其规模超过高速公路的设定的通行容量时,多增加一个使用者或多增加一个车辆,将会减少原来其使用者的效用,产生"拥挤"问题。因此通过合理收费可以减少"拥挤"现象。这也使其具有了私人产品的属性。

高速公路具有所有权和经营权分离的独特经济属性。由于高速公路资产是依托于土地而形成的,土地的所有权属于国家,因此高速公路资产所有权属于国家,是国有资产。国内外的实践证明,高速公路的建设营运管理既可以完全由政府出资,也可以由政府授予特许权让私人生产者供给,当然也可以由政府和私人生产者共同投资供给,因而具有准公共物品的特征。同时,由于高速公路具有较强的公共性,社会效益显著,完全竞争的市场制度会导致路线的重复平行,造成社会资源的浪费,必须由政府颁布特许权加以限制,因而具有自然垄断特点。高速公路的自然垄断的准公共物品属性,决定了政府可以通过特许权经营的方式,将高速公路一定时期的经营权转让。也就是说,目前投资高速公路的外资、社会资金获得的仅仅是高速公路资产一定时期的经营权,高速公路资产的所有权属国家所有,特许经营期满后,整个高速公路资产应无偿交回政府。

高速公路的二重属性("公共属性+经济属性")决定了其建设与管理必须受到政府与市场的二元作用。具体如下:

(1) 政府作用。高速公路工程的特殊地位决定了政府在项目发起和实施阶段的决策过程中扮演着不可或缺的主导性角色,政府往往是项目发起的直接参与方,会对高速公路工程实施和运营产生重大影响。

(2) 市场作用。实践证明,市场机制在资源配置中具有更高的效率,有助于实现资源配置的效益最大化和效率最优化。在工程建设领域,市场的介入对通过竞争或者市场管控来确保责任大有裨益,并在技术方案选择和创新、专业化、风险管理等方面具有明显的优势,如合同制、招投标制、承发包模式创新等市场化改革。但是,市场化远非是解决高速公路工程风险与责任问题的灵丹妙药,市场的逐利性可能引发公共利益的损害以及局部领域过度投入,不利于高速公路的可持续发展,这就需要政府宏观调控和制定合理的制度框架来进行有效治理。

(3) "政府—市场"二元协调作用。基于政府和市场作用的局限性,高速公路工程决策需要充分考虑"政府——市场"的二元协调治理和共同作用关系。正如习近平总书记所强调,在政府作用和市场作用的问题上,要讲辩证法、两点论,"看不见的手"和"看得见的手"都要用好。对工程建设而言,政府作用和市场作用不是简单的"二选一"问题,否则项目的责任和绩效会"在两把椅子之间落下"。由于高速公路战略意义大、复杂性较高,在一个地区、一段时间内市场资源能力可能不足,"集中力量办大事"在我国仍然具有较大制度"红利"和广阔作用空间。这里的"集中力量"就是借助政府和市场的双重力量,整合综合资源,"大事"则指国之重器,是对全局具有影响的"关键领域、卡脖子的地方",而"办"则集中体现了事情的难度、实现目标的决心以及二元治理下的高效能。

2.4.2 高速公路建设"工程—环境"复合系统

20世纪,"系统科学"诞生,钱学森指出系统科学的出现是一场科学革命,是人类认识客观世界的飞跃。钱学森还认为系统科学是一个独立于自然科学、社会科学等科学的独立门类。如果自然科学、社会科学等等是按照研究对象领域的纵向性来划分,系统科学则不论它们所研究的具体领域和具体问题的特质性,仅仅把它们当作抽象的"系统"来看待和研究。这一特点决定了系统科学具有横断科学的属性,即它是一门运用系统的思想和视角来研究其他各纵向科学所涉及领域的各门类问题,并在系统意义上形成这些问题共同的基本属性和规律、建立相应的理论与技术体系。因此,可以认为,在现代人类科学技术体系中,系统科学体系中的许多思想、概念、原理等等对各纵向学科、当然也包括对人类工程活动与工程学科有着更高层次和更具深刻性的概括与解释性。例如,工程造物活动的整体性和功能性这两个最基本品质与系统整体性和功能性这两个基本属性之间的一致性为我们在学理上提供了认知工程本质属性的理论逻辑。现在,我们根据系统科学的思想,特别是系统的概念来揭示工程的基本属性(特征)。

首先,任何工程实体都是由多种物质资源如土地、资金、材料、装备等在自然规律与技术原理支配下相互关联、组合而成的整体。工程具有明确的物质性硬结构,并形成基本的物理功能,而这些物质资源就是构成工程整体的物理要素。因此,任何工程在整体层面上都表现为一个完整的实体系统形态,即任何工程都是系统。一般称工程实体系统为工程硬系统。工程建成后其实体硬系统与周边的社会经济环境系统整合在一起,又形成了一个新的整体性的"工程——环境复合系统"。

其次,工程活动最核心的实践是造物,是通过工程理念的形成、设计和施工把工程硬资源成功整合为工程硬系统的整体性活动过程。因此,任何工程实践都是系统的实践。同时,任何工程实践自身也构成了以各种实践要素为基础的完整有序的活动整体,包括各个实践部分的功能、实践之间的关联、次序与接口以及实践最终的系统整体性形态。也就是说,工程实践活动自身也充分体现出系统的基本属性与形态,这样,任何工程实践又都是实践的系统。

总结以上各点,基于系统的概念,我们对工程属性形成如下的重要认知:任何工程造物都是系统的实践,也是实践的系统,因此,"系统性"是一般工程的本质属性。

对于高速公路而言,公路工程建成后,由于工程规模大、影响巨大而深远,释放出的预期功能对周边环境的影响很难预期,即新的工程—环境复合系统一方面除了可能实现工程设计时所预期的功能,也可能没有完全实现设计时所预期的功能,甚至反倒出现了完全没有预料到的甚至不希望出现的功能。因此,新时期的现代工程管理要具备"工程—环境复合系统"的管理理念。

公路工程实体的建成,对于原来的工程周边区域来说,相当于在原来的环境系统内增加了工程实体这个新的系统要素。这样,原来的环境系统与新建的公路工程在总体上又形成了一个新的人造系统。该系统是在原来的环境系统基础上增添了工程这一新的系统要素。这样,该新系统的要素构成、要素之间的关联、系统的结构和功能等都将发生新的变化。其次,因为该系统是在原系统基础上又新增了人造工程系统,呈现出"系统的系统"的复合型形态。

2.4.3 复杂系统管理思维原则

任何一个具体的复杂系统管理实践,都是个别的、实在的、独特的,甚至是独一无二的,最终都要形成一个完整、唯一的"完形"。这样,就一个具体管理而言,它既需要思维原则提供一般性道理作指导,还需要通过人的直观、直觉和各种非逻辑思维获得对该管理实践独特性、实在性的认识,并且在此基础上形成把一般性道理变成管理独特实体的意图、计划和方法。即要有从"虚体管理"的蓝图到完整的"实体管理"的筹划,包括具体的计划、流程、方法和技能等,只有在操作层次上把"筹划"一一落实了,复杂系统管理活动才有最终的实际意义。复杂系统管理中的这种以"筹划"为主要任务、旨在将"虚体管理"变成"实体管理"的思维方式称为"实践思维"。

复杂系统管理的实践思维主要内涵是:管理主体首先对管理活动中直觉感受到的一类难以表述清楚、分析透彻、预测准确,以至难以找出原因、做出决策、拿出办法、提出方案的管理问题进行梳理和分析;并主要从管理多主体在利益、偏好、价值观等方面的异质性,管理主体行为的自适应性,管理主体的自组织功能,管理活动要素之间的各类复杂关联,管理环境的深度不确定性、突变与演化等动态性,管理活动架构的层次性、层次之间的涌现或者隐没,管理过程中的信息不对称和不完全、不确知等方面进行分析、归纳,形成不仅仅运用还原论来完整认识管理问题的认知路径,此即为管理复杂性的认知的综合集成;进一步,主体在复杂管理活动虚体"可变性"思维基础上,通过多种适应性行为来"降解"这一复杂性,并且在管理活动实体阶段将复杂性"复原",实现复杂生产造物与管理实践的真实和完整。以上完整的思维简称复杂性思维,运用复杂性思维范式应对复杂性问题的管理活动,称为复杂性管理,复杂系统管理就是一类复杂性管理。复杂性管理是一类新的管理思维范式与形态,是传统管理思维与形态面对当今复杂整体性而与时俱进出现的适应性和时代化产物。

由此可见,在实践中,复杂系统管理不能仅仅考虑到问题与外部环境的相互作用与影响、问题内部要素之间的关联性、结构的完整性、功能的多目标等等,这些主要是问题一般系统性的反映;而复杂系统管理更要关注和破解问题的复杂整体性,复杂整体性既有各种形态的复杂性,又有复杂性基础上的"非可加"整体性,因此表现出如深度不确定性的复杂性、问题整体层面上的涌现性等,因此,对人们而言,解决问题的目标多元化甚至引发冲突、问题的前景难以预测、解决方案需要多次"试错"才能形成,还常常做不到"最优",有时只能够得到次优或者比较满意的方案,甚至只能从底线思维出发,考虑如何不致问题出现最坏的情况等等,所有这些,都是问题复杂整体性带给我们的挑战。

2.4.4 复杂系统管理基本范式

复杂系统管理是基于系统思维原则,在对复杂系统的认知范式、方法论及核心知识架构基础上,研究复杂系统中一类复杂整体性问题的管理现象与规律的学科领域。

1. 复杂系统管理的实践思维

上述理论思维原则告诉我们,在一般意义上研究复杂系统管理问题,应该首先和主要研究它们的复杂整体性这个"根",并从"根"上揭示问题的规律。但是,我们还要注意到,任何一个具体的复杂系统管理实践,都是个别的、实在的、独特的,甚至是独一无二的,最终都要形成一个完整、唯一的"完形"。这样,就一个具体管理而言,它既需要思维原则提供一般性道理作指导,还需要通过人的直观、直觉和各种非逻辑思维获得对该管理实践独特性、实在性的认识,并且在此基础上形成把一般性道理变成管理独特实体的意图、计划和方法。即要有从"虚体管理"的蓝图到完整的"实体管理"的筹划,包括具体的计划、流程、方法和技能等,只有在操作层次上把"筹划"——落实了,复杂系统管理活动才有最终的实际意义。复杂系统管理中的这种以"筹划"为主要任务、旨在将"虚体管理"变成"实体管理"的思维方式称为"实践思维",这是复杂系统管理活动中区别于理论思维原则之外的另一种重要的实践思维方式。

2. 复杂系统管理的基本模式

人的认识总是从具体到抽象、从感性到理性的。因此,人们首先是从直观上感受到复杂系统的物理复杂性,这往往是人们在复杂系统物质性资源组成的硬系统层面对系统物理复杂性形成感性、直观的认知;接着,人们将复杂硬系统的物理复杂性在系统科学思维层次上进行抽象,并运用系统科学话语体系进行表述,提炼出如复杂系统环境高度开放性、工程主体多元异质性、系统要素之间强关联、多约束、系统或者主体行为和功能具有演化和涌现等系统复杂性属性,由此可见,复杂系统的系统复杂性是其物理复杂性在复杂系统范畴内的提炼与抽象。也是复杂系统物理形态复杂性在复杂系统空间中的"映像";进一步地,人们再在管理科学范畴内,结合前述系统复杂性,并依据管理思维原则、基本原理、方法论等,进行管理复杂性的理论逻辑与话语体系的凝练,运用管理复杂性思维来认知、分析和解决问题。这就构成了复杂系统管理在管理过程中基本的物理复杂性—系统复杂性—管理复杂性学理链的完整性与融通性,可以把这一路线理解为复杂系统管理的基本模式。这符合钱学森提倡的"宜从研究各类具体的复杂系统入手,寻找解决具体复杂系统复杂性的机理问题,在不断积累的基础上,建立新的理论体系"的思想。

3. 复杂系统管理的方法论

钱学森于20世纪70年代在方法论层次上,创新性地将整体论与还原论统一在一起,提出了认识、分析和解决复杂系统组织管理的方法论。20世纪80年代初,钱学森在系统论的基础上明确提出了系统论方法。系统论方法的基本路线是从系统整体出发将系统进行分解,再综合集成到系统整体,最终从整体上研究和解决问题。由此可见,系统论方法吸收了还原论方法和整体论方法各自的长处,同时也弥补了各自的局限性,这对研究和解决复杂系统管理中的复杂整体性问题具有重要的指导意义。

在复杂系统管理实践中,需要建立一个管理主体群体组成的管理组织来操作、运用系统论方法。该管理组织将把管理活动的各个部分和各个问题作为整体性系统的管理活动的一个部分进行研究和解决,各个部分的目标和解决方案都要从实现整体管理系统来考虑;同时,该组织又要把复杂系统管理活动作为各个部分构成的整体来设计,而每个部分的目标都要从整体管理目标实现的角度来考虑,管理组织对管理过程中的各个部分和问题之间的冲突,也都要在遵循整体性目标的原则下解决。

运用系统论方法,对复杂系统管理活动进行组成要素选择、关联与结构设计、总体功能分析、该活动与环境及其他系统之间的协调等等,需要运用跨领域、多学科的手段与方法,包括自然科学、社会科学与人文科学的各种工具和方法,要对各类管理问题进行定性定量分析、系统建模、仿真、实验,在一定的科学程序下得到总体解决方案,并把这样的方案作为决策的依据或参考。

4. 复杂系统管理的方法体系

到了20世纪80年代,钱学森的系统论思想更加清晰。他认为,在分析、解决复杂系统管理问题时,需要从整体层面上研究和解决问题,为此需要运用多领域、多专业的知识;需要采用人与计算机相结合,但以人为主的方法;需要多领域专家的合作和智慧;还需要运用定性、定量及科学实验等方法。并在此基础上发展成为综合集成思想,并提出了将还原论方法与整体论方法辩证统一起来的综合集成方法体系。

综合集成方法体系是钱学森长期以复杂系统管理为背景,融合多学科、多领域的技术和方法提出的一种用来认识、分析和解决复杂系统复杂性管理问题的整体性方法。本质上,这类问题的复杂性主要来源于主体认知能力不足、客体本身及环境的深度不确定性等,而运用综合集成方法体系来处理这类问题时,具有以下优势:

(1) 管理主体可以通过集成各类管理资源和各种方法,来提高对复杂性管理问题的认知、分析与驾驭能力。

(2) 管理主体可以在实践中形成一个对复杂性管理问题认知与分析的过程。在这一过程中,将形成一个对问题相对无序、相对模糊、相对不准确,但不断完善的方案序列来逐步逼近最终解决复杂性管理问题的方案。

由此可见,综合集成方法体系与复杂系统管理复杂整体性问题的特点以及解决原则与路径是匹配的,与复杂系统管理理论思维原则也是一致的。

在指导复杂系统管理实际活动中,综合集成方法体系形成了一个具有分析、判断和解决复杂整体性管理问题功能的管理系统,这一系统包括以下部分:

(1) 对复杂系统管理的复杂整体性管理问题开展分析的认识系统;

(2) 对复杂系统管理活动进行运作的协调系统;

(3) 对复杂系统管理进行现场综合控制的执行系统。

这也是复杂系统管理体系的三大实际功能。

综上所述,综合集成方法体系是在系统论指导下对解决复杂系统管理复杂整体性问题方法体系的整体设计,并非针对某一个具体的复杂性管理问题所使用的具体方法的选择。但是,确立了上述综合集成方法体系的理念,既能够保证我们在系统论指导下确立方法论,保证方法论的科学性,又能够保证我们比一般方法论更结合管理问题的实际而选择恰当的方法,使系统论在复杂系统管理实践中发挥实在的可操作的作用。

2.4.5 技术与高速公路建设工程管理的共享共治

在当今高速公路工程建设中,以"人本化、标准化、精细化、工业化与信息化"为主要标志的高速公路工程建造模式正得到普遍推广。例如,工程物理世界与功能的可视化模型(BIM)发挥了重要作用;工程大批量材料、构件的工业化生产及自动化技术得到广泛应用；工程主要装备及工程硬系统运行状况的实时监控与健康诊断技术水平不断提高，以物联网、互联网、云计算为基础设施的大数据技术正在高速公路工程立项、设计、论证、决策等方面发挥着越来越大的作用。

所有这一切，正促使高速公路工程建造方式发生深刻变革：通过高速公路工程硬系统为核心的工程物理世界与工程信息模拟世界对接的技术思维不断释放和优化工程管理功能，并不断提高工程综合质量与管理效率，这种在高速公路工程建造中应用互联网技术的技术思维称为高速公路工程建造＋互联网。人们通过高速公路工程建造中的这一思维增强了信息与数据的链接与互通在高速公路工程建设中的作用，同时也提高了认识、分析和驾驭高速公路工程管理的能力。

但是，正如前面指出的，高速公路工程建设是一种复杂整体思维，技术思维只是这一思维模式中的一部分，高速公路工程建设除需技术思维外，还需要系统思维、人文思维与创新思维。

所以，在新的信息技术发展形势下，高速公路工程建设需要进一步在未来面对复杂性问题时：

（1）包容全生命周期内高速公路工程建设涉及的所有要素；

（2）整合和配置好高速公路工程建设的所有资源；

（3）在建设中全面和全程采用先进的信息与计算机技术；

（4）运用各种方法和手段形成更强的建设能力和新的价值。

这些思维体现了一种包含连接、互通、融合的哲学思维，也是所谓的"互联网＋"的思维。

在"互联网＋"的思维框架下，可以对高速公路工程建设所有要素实现人与人、人与物、物与物、人与服务、人与情景、人与活动、人与未来、现实与现实、现实与虚拟之间的全景式连接、重构、挖掘与耕耘，从而实现新的、更强大、全过程、全方位的建设价值的涌现。这是当前高速公路工程建设实践已经初步显现并在迅速扩展的重要端倪，对未来高速公路工程建设有着深刻的变革意义与影响力，可以称此为"互联网＋高速公路工程建设"思维。形成这一思维的主要基础有以下两点：

（1）现代信息与计算机技术为我们应对高速公路工程建设复杂性的挑战提供了新的强有力的手段与工具。

（2）当今的互联网时代已经为实现"互联网＋高速公路工程建设"思维提供了云（云计算、大数据）、网（互联网、物联网）与端（终端、APP）为核心的互联网基础设施，形成了"互联网＋高速公路工程建设"的生态环境与平台。

第 3 章 高速公路建设的省域治理理论与治理体系构建

近十年来,国家政策在快速调整,交通战线也紧跟国家大政方针步伐,指导思想经历了由"现代工程管理"到"品质工程"再到"交通强国"的重要跃迁。与此同时,福建省高速公路在近十年来也取得了骄人的建设成就,一方面在硬系统建设层面表现为福建省的高速公路里程呈现快速增长态势,另一方面在软系统建设层面表现在福建省形成了独具特色的高速公路建设省域治理模式。在"大变局"时代,基于我国独具特色的政府式委托代理结构下,以福建为例,研究福建省如何结合福建的省情社情,因地制宜化国家和交通运输部的大政方针意义重大,可为其他省份高速公路建设的省域治理体系构建提供参考借鉴。

本章研究逻辑如图 3-1 所示。

3.1 高速公路建设的省域治理理论

近十年来,国家的政策导向、交通战线的建设管理水平、高速公路建设的基本面和社会民生都在发生着巨大变化。高速公路建设领域有代表性的重要指导思想,经历了由"现代工程管理"到"品质工程"再到"交通强国"的重要跃迁。福建省高速公路近十年来的建设成就是在福建省交通运输厅和福建省高指的领导下,对全省的高速公路进行通盘考虑和全局谋划的结果。从国家和交通运输部制定高速公路的发展战略,到福建省政府落实至福建省的高速公路建设实践中,呈现出典型的政府式委托代理结构,福建省交通运输厅和福建省高指在其中扮演了重要的"桥梁"作用。

高速公路建设的治理模式是高速公路建设管理组织中主体构成、管理事权配置、管理流程、组织结构、管理支持、组织行为形成机制等组成的系统形态。福建省高速公路建设工程管理组织是一种递阶式的组织管理模式,即公众—政府—政府部门—工程管理者—专业机构顺次呈现委托人与代理人关系,且遵循一定机制与约束的网络架构,称之为递阶式委托代理关系模式。其

第3章 高速公路建设的省域治理理论与治理体系构建

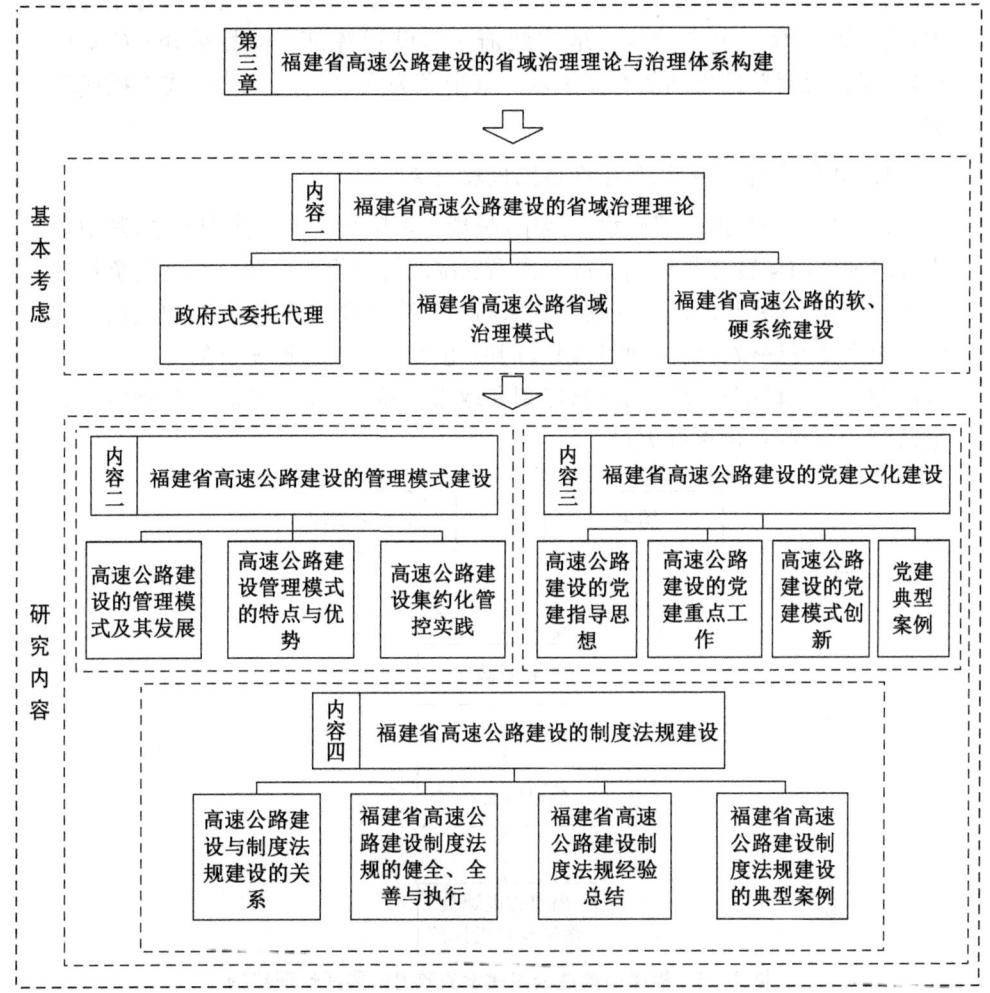

图3-1 福建省高速公路建设省域治理理论与治理体系构建的逻辑框架

中由于政府在决策过程中发挥了重要的主导作用,既作为代理人又作为委托人,故又称之为"政府式"委托代理关系模式。福建省高速公路工程管理主体遵循了递阶式委托代理原理,随着高速公路工程建设的不断推进,工程所有权与决策权、管理权、建设权、经营权逐渐分离,并逐渐产生了工程主体之间的递阶式委托代理关系。

3.1.1 福建省高速公路建设政府式委托代理关系

福建省高速公路的所有权、决策权、管理权与建设权等相互分离,这种多层次,并在实践中形成了一个完整的高速公路建设管理组织递阶式委托代理关系链,即公众—中央政府—地方政府—建设指挥部—项目公司(专家单位)—建设运营单位之间的有序关联。其中尤为突出的又是政府式委托代理关系。

1. 中央政府与地方政府的委托代理关系

在福建省的高速公路建设实践中,呈现了多层级的委托代理关系,其中中央政府和交通运输部是最高层次和次高层次的管理组织机构。福建省负责省一级的高速公路建设,既是在落实国家高速公路建设的整体规划,也是从一省的区域平衡发展做一省的建设谋划,同时还涉及部分跨省项目的协调。中央政府和交通运输部对交通的战略谋划和政策扶持,可以更好地帮助福建省有效协调各方利益,把握好大局。

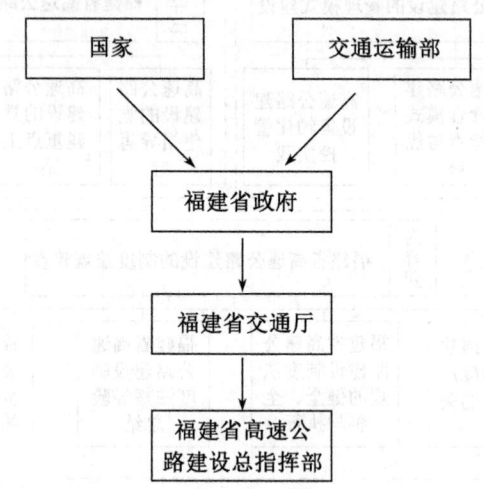

图3-2　福建省高速公路建设的政府式委托代理结构

2. 福建省政府与项目管理者之间的委托代理关系

我国已经在过去几十年对重大工程的项目管理方式进行了从传统的基建办公室和工程指挥部到代建制模式的改革。在前期决策阶段、建设期和运营期又出现了差异化的工程组织形态,项目管理者针对不同阶段管理需求的不同,形成组织的动态适应性变化过程,即高速公路工程管理委托代理关系的递进。政府与工程管理者的关系,随着工程的进展愈加复杂,细致与深入,从而为福建省高速公路工程能顺利开展提供了一个结构稳定且灵活的委托代理链。

综上,福建省高速公路建设的政府式委托代理链的不同层次不同阶级之间存在不同的委托代理关系,其运行机理即为递阶式委托代理原理,为福建省高速公路建设管理现代工程治理目标的实现筑起理论基石。

3.1.2 福建省高速公路建设的省域治理体系

福建省交通运输厅和福建省高指在高速公路建设实践中,处于高速公路建设政府式委托代理关系中的核心层次,一方面,需要贯彻落实国家和交通运输部的大政方针;另一方面,需要结合福建的省情社情,因地制宜地进行落实,同时要对全省高速工程建设具备全局性的把控能力。因此,对于这样的"桥梁"作用与能力建设,福建省交通运输厅和福建省高指通过领航(党建文化建设)、统筹(管理模式建设)和保障(制度规范建设)构建了稳健的高速公路现代工程治理体系,从而形成了高速公路建设管理的有力抓手。高速公路工程建设管理是一项公共事务,政府以公权力(治权)成为核心主体,但由于高速公路工程管理事务涉及政府、社会、市场、公众等众多干系人,因此,福建省必须在管理过程中处理和协调好与社会、市场与公众的各种关系,激发各方热情、化解各类矛盾、分担共担责任,从而协调省与市、市与市、政府与市场之间的需求与资源冲突,解决省内各区域之间的平衡发展,同时还要在上位法的制约下,规范各主体及主体之间行为,这就要制定高速公路工程决策活动必须遵循的国家相关法律法规和设计专门性的制度、规则与程序。这样,高速公路工程省域治理活动必然有着明确的治理主体、治理理念、治理目标、治理法规、治理制度、治理资源、治理方式与治理方法等,即由治道(方针)、治权(权力)、治制(制度)、治能(能力)、治具(措施)、治术(方法)等要素组成,各治理要素又综合起来形成党建领航、管理模式、制度规范这三个具备中国特色的治理支撑点,从而形成一个以稳定、有序和有效开展高速公路工程建设管理为基本功能的完整的治理体系。尤其近十年来,我国处于高速发展和社会进步,福建省高速公路建设的领航、统筹与保障体系在不断地发展、演进,并动态适应福建省的实际,加深对于福建省高速公路建设现代工程治理体系的认知有重要帮助,并且可以为其他省份提供参考。

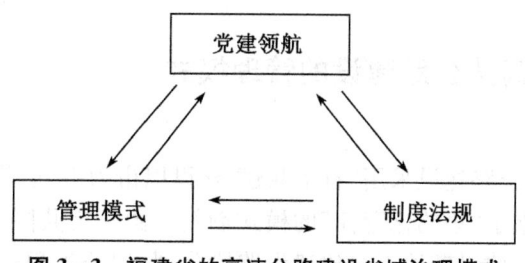

图3-3 福建省的高速公路建设省域治理模式

从福建的省域视角下来看，福建省交通运输厅和福建省高指对于全省高速公路的领航是在国家战略指导下做出的方向性指引，高速公路建设必须服务于国家战略要求，发挥支撑大区域乃至国家经济建设和社会发展的重要历史地位和作用，近十年来高速公路建设是"十二五"和"十三五"中国家大通道的重要组成部分，而党的十八大和十九大最新思想对于高速公路建设的理念有了全局性的要求，贯彻落实国家意志是实现高速公路建设高质量发展的必由路径。其次，福建省高速公路建设管理的统筹又是一个系统自组织过程，一方面是在国家战略指引下，有序地组织多方面资源，构成高速公路工程的硬系统；又有一系列工程软系统的生成过程，也就是福建省根据自身省情社情开展的自组织过程，形成适应自身发展要求的管理与协调机制。最后，无论是工程硬系统的生成，还是工程软系统的生成，在这一过程中，涉及到的相关事项均需要有对应的成熟完善的管理模式、技术标准、规章制度可以作为标准和依据，这是高速公路建设的重要基础和必备前提，福建省交通运输厅和福建省高指的重要任务之一，就是制定法律法规和国家标准在高速公路建设落地的具体路径，并结合福建实际做相应的补充和完善，从而有效保障全省建设和管理的各项工作。同时福建省高速重视标准化思想的运用，为推行治理体系的落实，提供了有力的抓手。

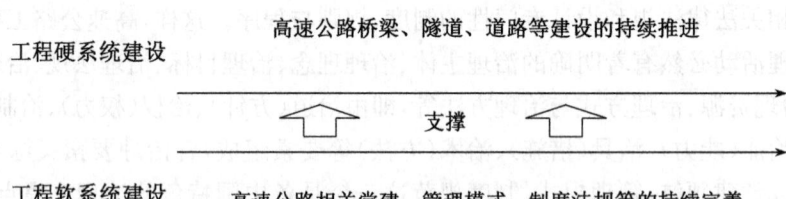

图3-4 福建省高速公路的软、硬系统建设

不同于后续具体专题针对的是具体的管理对象或方法，本章节的研究是站在福建省的省域视角对全省高速公路建设的治理体系进行全局性和基础性的思考。

3.2 福建省高速公路建设的管理模式

福建省高速公路建设采用"省市共建、建设以市为主、运营全省统一"的管理模式，并且探索了"集约化管控"的模式创新。由省市共同出资并分别成立指挥部参与监督，建设期地市组建建设路段公司，实施工程建设管理，工程建成后,福建省高速集团统一负责运营管理,即福建高速公路项目采用了两阶段管理模式:在建设期,采用的是倒金字塔的政府与市场二元治理模式,将重大决策事项上移,福建省交通运输厅与福建省高指作为政府决策机构,同时引入市场机制,由项目公司在政府监督下,实行施工现场管理,保证工程质量、安全、进度、投资、环保等目标的实现。在运营期,福建高速则采用运营管理型集团管控模式,协调内部资源,统一调配,对山区和沿海的公共服务均等化,实现共同发展、共同富裕,充分体现了新时代国家共同富裕和解决不均衡等问题的思想。

3.2.1 管理模式概述

福建高速公路在长期实践中探索形成了"四统三分"(即统一规划、统一设计、统一质量、统一运营和分段筹资、分段建设、分段收益的筹资)和"省市共建、建设以地市为主、运营全省统一"的高速公路建设运营管理体制。"建设以市为主",即无论省、市双方所占股比多少,各路段在建设期间均以地市为主管理,由地市为主组建项目建设单位(项目业主公司),实施工程的建设管理。"运营全省统一",即高速公路建成后,无论省、市所占股比多少、无论采取何种投资模式,均由福建省高速公路集团统一负责运营管理,以便于全省统一调度、指挥,以及重大突发事件的应急处置。该体制有利于充分调动省市各方的积极性、主动性,实现全省路网"一盘棋"统筹规划和建设,促进山区和沿海协调发展和公共服务均等化,特别是投资效益差的山区路网建设可以得到最大力度的扶持和发展;也有助于充分发挥地市政府在政策引导、土地、征迁、民事协调等方面的管理优势,形成合力,共同推动高速公路建设发展。

1. 省市共建

具体而言,通过综合考虑省内各市的财政实力结合高速公路建设的紧迫程度,采取一定的原则协商投资比例。并且在省级以及市级均形成高速公路建设指挥部的组织结构,但省高指和市高指之间的存在职能和工作重点的划分,省与市、市与市之间构建了行之有效的协调机制。

(1) 省市共建的权责划分

具体而言,省级以福建省高速公路集团为投资主体,代表省、部级投资方,与市级投资主体共同出资组建项目业主公司,省、市高速公路投资主体负责项目建设资本金筹措,资金来源主要有中央、省、市级财政投入及股东出资等筹措;项目业主公司负责项目贷款资金筹措。在建设期内,无论市级投资股比多少,均由各地市为主负责并组织实施工程项目的建设;福建省高速公路集团作为股东代表,参与重大事项的决策。建成通车后高速公路由福建省高速公路集团统一运营管理。一方面,建设以地市为主,有利于调动地方政府建设高速公路的积极性,省市合力推动工程进展,有利于整合资源和管控;另一方面,实行运营"一市一管理公司"管理,便于资金集中调度和"统贷统还",大大节约了运营成本。近年来也积极采取BOT、BT等方式吸引社会资金投资建设高速公路。

(2) 省市共建的管理职能

福建省交通运输厅主管全省高速公路建设工作,依法对高速公路建设实施监督管理。福建省高指作为省政府的专设机构,代表省交通运输厅行使全省高速公路建设行业管理职责,履行"监督、指导、协调、服务"职责,对工程质量负行业监督管理责任。厅直有关单位、部门依据职责行使高速公路管理职能。

市一级的高速公路建设指挥部由设区市政府设立,领导、协调、组织实施本市境内高速公路项目前期、招投标、征迁安置、建设环境协调,监督高速公路项目的实施,检查落实项目质量、安全、造价、环保、工期、廉政等建设目标;协调地市相关单位提供优质服务,为项目建设提供良好的、"无障碍"施工环境。市高指对本市高速公路建设管理负主体责任,对工程质量负直接监督管理责任。市交通运输主管部门依据市政府确定的职能行使本市高速公路建设行业管理职责,参与市高指组织的监管等工作。

2. 建设以市为主

在建设期内,福建省构建了以市为"主"的具体实现方式,在项目业主公司的组成上大多由地市一级负责组建,项目业主公司履行建设期法人职责,并直接负责建设期内的具体工作内容。而市高指则是在市政府领导下设立,并且领导、协调、组织实施本市境内高速公路建设。

项目业主公司由地市依法组建,作为项目法人全面履行招投标、资金筹措、工程质量、安全、进度、投资、环保控制等职责,并负直接管理责任。及时申请施工许可,依照有关公路工程建设的法律、法规、规章、技术标准、规范和合同文件,组织进行设计、施工和监理,抓好工程质量、安全、进度、投资、环保控制;及时组织交工验收,并作好竣工验收的各项准备工作。

在各市组建项目业主公司的过程中,应履行建设管理职责,具备相应的管理能力和建设经验,按规定组建机构、配备人员,制定完善工程管理各项规章制度。按照交通运输部项目法人资格条件标准要求,配足配齐配强专业管理力量,并实行核备制度。

同时,为了协调全省项目业主公司的管理,福建省交通运输厅和福建省高指为各项目在以下八个方面制定了统一的行为规范:(1) 执行国家基本建设程序;(2)严格合同管理;(3)细化目标管理与责任;(4)加强质量安全管理;(5)认真做好缺陷责任期内的管理;(6)推进信息化管理;(7)维护公众利益;(8)加强廉政建设。

3. 一市一公司的发展与改革

福建省的高速公路管理模式,也是不断地与时俱进,在2010年提出推进路段公司改革。一方面,加快"一市一公司"整合、资产重组,深化"一市一结算主体"改革,建立管理职责明晰、幅度合理、保障有效的内部梯级管理机构;推行效益好的路段运营公司筹融资建设新项目方式。另一方面,积极探索建设管理模式创新。探索研究小项目的集中管理,由市运营公司作为项目业主,各小项目派出工作小组,降低管理成本;探索福建省高速公路集团直管(包含运营路段公司作为项目业主)、省市共建、市县合作、BOT招商、企业自建等多种高速公路建设管理模式。到2012年形成"一市一公司"的管理体制,即运营管理以各设区市为单位,统一由各区域管理分公司管辖;建设管理以路段为单位,实行"一路段一公司"的管理体制,每个路段公司均为独立法人。推进省市合作建设项目建设单位管理费包干试点改革,委托具有经验和资源优势的市高指或相应机构代建管理区域内高速公路项目建设,提高效率,降低成本。

2015年底福建省开始大力推进"一市一公司"改革,主张各设区市分别成立具有法人主体资格的高速公路有限公司,负责本区域内高速公路的建设、运营及管理工作。其中,漳州作为福建地区"一市一公司"的试点地区,根据省政府要求于2017年12月完成第一阶段国高网的整合。"一市一公司"的改革为弥补现有的"一市一公司"即管理分公司为非法人实体的不足,打造大融资平台,"一市一实体公司"整合工作是必由之路。通过资产重组和产业整合,做大做强区域实体公司,有利于提升资本市场运作及与各贷款银行的议价能力,盘活存量优质资产,推进项目投资融资,强化国有资本运营和提高国有资本收益。如漳州市项目效益较好,市政府配合支持积极性高,条件成熟,率先开展试点,在总结漳州公司试点经验的基础上稳步推开,探索多种模式的整合路径。

3.2.2 管理模式的特点与优势

福建省高速公路在建设期实行"省市共建、建设以地市为主、运营全省统一"的管理模式,是福建省在不均衡的区域发展导致各地市经济条件存在差异、建设条件恶劣导致工程质量、工期和成本难以控制的情况下,适应福建省情社情做出的自然选择。在这样的模式下结合福建的实践,可以总结如下特点和优势:

1. 政府集权式管理

省市共建的形式能有效地利用行政资源，为高速公路建设提供良好的建设支持和保障环境，并且能通过集约化管控平台对全省多个在建工程实现强有力的监督与保障。

福建省积极探索政府部门对于行政资源的高效利用，以提升建设管理效能。通过将指挥前移，落实省、市高指领导分片挂点联系制度和处级干部驻点攻坚项目制度，及时协调解决项目建设过程中的主要矛盾和突出问题。通过省市之间强化领导挂钩责任，逐个项目倒排细化节点目标，挂图作战，交叉推进，在较短的时间内实现工可批复、设计审查、招投标工作，实现"超常规、不违规"地快速推进工程建设。同时从多个维度强化政府监管与领导，包括：在高速公路建设进度上按照既定的目标任务倒排计划，设定攻坚时限，落实具体责任，确保每个攻坚工程、每个阶段目标任务全面完成。完善工程设计变更、进度控制、财务支付、合同管理等办法，缩短计量支付等工作周期。同时，优化施工组织，抓好工序衔接，统筹协调交叉施工，确保按时通车。严格考核，强化问责，对重大议定事项和重点项目建设完成情况进行常态化督查，将考核结果与奖惩直接挂钩，增强执行能力，建立起权责明确、指挥灵敏、行动迅速的工作责任体系和落实机制，确保工程顺利推进。

2. 政府职能有效分层

在福建省交通运输厅及福建省高指这一层级能为高速公路建设提供全方面的指导与制度保障，如建立健全招投标制度、关键技术把关与重大变更审查等，而市政府和市高指在政策引导、土地、征迁、民事协调等方面具有优势，省级和市级政府与机构之间的职能有效合理地进行分层，形成合力，共同推动高速公路建设发展；

福建省在高速公路建设中着力推进政府职能的有效划分，从而进一步提升效益、优化结构、增强后劲。首先，通过推进路段公司改革，尤其加快"一市一公司"整合、资产重组，深化"一市一结算主体"改革，建立管理职责明晰、幅度合理、保障有效的内部梯级管理机构，另外继续推行效益好的路段运营公司筹融资建设新项目方式，在此种模式下，将投资与结算等方式的改革，将省与市职能的清晰化。其次，积极发挥体制机制优势，完善省与市在项目监管上的分级分类挂钩负责、督查组分片区督查、重点攻坚项目专人现场蹲点督导、"一月一通报、一季一检查"等工作制度，细化节点控制，倒逼施工进度。此外，积极发挥地市一级在征地拆迁上的优势，高速公路涉及大量的土地征用，项目征迁及民事协调难度相当大，这样将直接导致高速公路的建设难以全面铺开的局面,通过强化市级主要领导及各地市分管领导多次深入一线,及时解决征迁问题。

3. 全省一盘棋的系统性

该模式有利于充分调动省市各方的积极性、主动性,实现全省路网"一盘棋"统筹规划和建设,促进山区和沿海协调发展和公共服务均等化,以解决区域发展不均衡的问题,结合投资效益差的山区(苏区、老区)的高速公路路网建设的具体案例,对这种系统性的筹划与安排进行说明。

首先,通过精心且科学地编制福建省高速公路建设的发展规划,尽力争取更多高速公路纳入规划建设,在全省形成"储备一批、开工一批、在建一批、完工一批"的滚动发展格局。同时,贯彻落实省政府"乡镇便捷通高速"的部署要求,积极开展高速公路新增出入口、既有高速公路互通及接线改造等工程研究,强化了高速公路对周边县镇的辐射作用。其次,针对项目涉地、涉林、涉海、涉铁等困难和地材涨价、供应紧张问题,发挥全省一盘棋的系统协调作用,省发改委、重点办多次召开会议帮助协调落实,省财政厅、自然资源厅、生态环境厅、审计厅、林业厅、海洋渔业厅等省直有关部门主动服务,给予财政资金补助、补充耕地指标倾斜等多种政策支持,为高速公路的建设任务和投资计划的完成提供了有力保障。

3.2.3 集约化管控平台建设实践

福建省高指是实现集约化管控的重要载体,通过主动、提前、集约化的管控平台的建设,避免各地市以及项目各自为政的局面,实现全局性的工程监管平台和创新平台建设与优化。

1. 省域一体化监管平台建设

2017年,福建省高指在全国率先在省级层面开发建成福建省高速公路建设监管一体化平台,实行统一门户入口、统一信息资源、统一基础条件、统一标准规范、统一安全防控,实行省市行业部门、各参建单位分级监管、共享协同,对主要区域、重点部位、关键数据全天候、多元化远程监管,实时采集、分析、预警、调度、处置等,提升工程建设监管的针对性、有效性和即时性。

(1)统一用户认证。实现远程视频监控、试验室数据监控、混凝土拌和站数据监控等应用系统的统一用户管理、统一身份认证及单点登录。

(2)基础数据管理。实现各建设路段基础数据统一管理维护,各业务系统的基础数据规范统一,并为交工后运营管理提供基础数据依据。

(3)项目进度管理。实现工程投资、形象、征迁等整体进展的形象展示,提供统一的模板进行项目进度月报的填写。

（4）综合查询统计。根据日常业务监管需求，可按日期、工程名称等参数查询各专业化子系统的数据，可生成实时性的产能、报警盘统计等相关统计图表。

（5）智能预警应用。实现对混凝土拌和站、沥青拌和站、梁片张拉等不合格数据的实时预警，支持短信、微信推送等方式通知提醒。

（6）异常统计分析。实时采集工地试验室、混凝土拌和站、沥青拌和站、梁片应力张拉等业务数据，统计出各种质量统计图表以及跨子系统的综合监管统计图表。

（7）GIS集成应用。结合建设项目基础数据、进度与质量数据，实现基于GIS的快速可视化浏览查询，并达到可视化显示要求。

（8）移动综合应用。通过微信、APP等移动应用，使得跨层级、跨部门、跨业务的协同更加高效，让系统使用的价值得到很大提升。

2. 科技创新平台建设

福建省高速公路积极发挥创新平台的集成作用，持续发挥创新平台集聚效应，逐步构建福建高速科技创新生态圈。利用现有自动化作业技术交通运输行业研发中心、坝道工程医院福建交通分院、福建省高速公路企业工程技术研究中心、福建省高速公路工程重点实验室、福建省新型研发机构、高新技术企业等创新平台和企业，形成了具备福建特色并服务于福建高速建设的"1＋4＋N"科技协同创新体系。其中主要的高速公路创新平台包括：

自动化作业技术交通运输行业研发中心（福建省高速公路集团有限公司）于2020年11月获得交通运输部认定，联合一流高校、科研院所、高新企业等12个单位，建立了跨行业、跨领域、多学科组成的产学研用合作模式，立足福建、服务东南、辐射全国，成立了由中国工程院院士担任主任及顾问的技术委员会，重点开展交通基础设施自动化作业技术与装备研发，为工程化、产业化提供成熟和配套的技术、标准、工艺、装备和新产品，培养聚集高层次人才队伍，力争建成国家一流研发机构。

坝道工程医院福建交通分院依托福建高速公路集团有限公司，并与福建交通科技发展集团有限责任公司、福州地铁集团有限公司、福州市规划设计研究院集团有限公司共建。福建交通分院依托总院，汇聚国内外高端专家团队、特色工程技术、专业施工队伍、典型工程案例等资源，诊断处治福建省公路、市政、地铁等工程建设、养护、运营过程中的"疑难急险"病害，探索创新政产学研用协同合作模式机制，开展科技创新、成果转化、产业培育、人才培养、技术培训、科普教育等方面工作，打造沿海山区交通基础设施"体检—诊断—修复—

抢险"的综合服务体系。

福建省高速公路企业工程技术研究中心主要开展高速公路结构材料、养护技术、养护决策规划等方面科研攻关，形成了跨学科、跨专业的核心技术人才队伍，提高了福建高速公路建设与养护水平，创新能力处于福建省行业领先水平。

福建省高速公路工程重点实验室整合行业人才队伍、技术能力和试验设备等资源优势，集中力量开展交通基础设施重点实验研究，为福建省交通基础设施向技术型、智慧型发展奠定了良好的基础。当前实验室引进了道路、桥梁、隧道、高边坡等公路行业领域的大型先进设备和仪器，试验检测硬件条件处于国内先进水平。

3.3 福建省高速公路建设的党建文化

近十年来，随着党的十八大、十九大的召开，为福建高速公路党建工作指明了基本方向，具体内容和重点工作也随之出现了发展和变化。在具体落实党建文化建设的过程中，福建省交通运输厅和福建省高指结合福建的实际情况和长期积累的管理经验，做了一些党建的模式创新，如构建了工地党建标准化的创新模式，得到了交通运输部的肯定和推广。本章节通过研究近十年来福建省高速公路党建工作的内容、路径与演进，系统性地总结福建高速公路建设中发挥党总揽全局以及引领、协调、保障等方面工作的基本经验。

3.3.1 党建指导思想

近十年来，福建省交通运输厅和福建省高指牢牢跟随党的十八大、十九大会议精神的指导思想，积极开展对党的最新指导思想的学习、吸收与掌握，并以此指导全省高速公路党建工作的开展。

党的十八大是在2010年现代工程管理理念正式提出后两年召开，在此次会议中，正式将"生态文明建设"纳入，形成经济建设、政治建设、文化建设、社会建设、生态文明建设"五位一体"的总体布局，并将"科学发展观"确立为中国共产党长期坚持的指导思想。

在党的十九大中，明确了习近平新时代中国特色社会主义思想为我党的指导思想和行动指南，在"五位一体"的总体布局之上，进一步推动我国高质量发展，提出了"建立健全绿色低碳循环发展的经济体系"以及"创新、协调、绿色、开放、共享"五大发展理念，并且做出了"交通强国"的战略部署。党的十九大描绘了决胜全面建成小康社会、夺取新时代中国特色社会主义伟大胜利的宏伟蓝图,指明了党和国家事业的前进方向,是我们党进入新时代、踏上新征程、书写新篇章的政治宣言和行动纲领。

福建省高速公路在贯彻落实党的十八大精神的基础上,继续以党的十九大精神为引领,创新了"6432"工地党建工作模式,作为学习贯彻党的十九大精神的重要举措,是进一步强化工地基层党支部作用、构建和谐路地关系、推动工程建设的重要手段。福建高速公路全面落实、积极探索创新工地党建工作,努力打造以党建带动项目建设的特色亮点,真正使工地党建有效连接、凝聚参建各方的智慧和力量,有利于提高工程质量和安全,有利于促进与地方政府的紧密关系,共同推动项目建设。

3.3.2 党建模式创新

福建高速公路建设的党建活动中,结合福建的实际情况和长期积累的管理经验,做了一些党建的模式创新,特别是吸收了福建高速公路施工标准化管理创建的经验,创新了"6432"工地党建模式,形成了独具特色的党建标准化,具备很强的可操作性和可复制性,获得了交通运输部的高度肯定。

1. 工地党建的发展历程

(1)百家争鸣阶段

2017年3月以前,因高速公路建设投资规模大、施工工艺复杂、点多线长面广、参建单位多等特点,各项目部均按要求成立党支部(党工委)、配有党支部(党工委)书记,设立党员先锋岗、党员突击队、党员责任区、工人模范岗、青年文明岗等创建载体,开展相关活动,对促进工程建设发挥了一定作用,但工地党建工作基本按施工企业有关要求开展,创建方式不一、效果不尽相同。

(2)试点统一阶段

2017年3月起,福建省高指在总结各单位好的经验基础上,在行业内率先开展了"支部建在工地上、党旗飘在岗位上"工地党建主题实践,着眼于把党动员、组织群众的优良传统引入工程建设中,有效破解工程推进难题,并初步开展了"六有、四亮、三化、双融"(6432)工作创新,2017年6月,在武夷绕城项目向中央党校专家调研组做了专题汇报,得到高度肯定。

(3)全面推广阶段

2017年7月,在试点基础上,省高指邀请相关专家加强指导,印发《关于将高速公路建设工地党建工作纳入标准化管理体系的通知》,推出"6432"工地党建标准化创建体系;9月,建立"六项工作机制",并逐步明确了"三个有利"成效检验标准、"五个不"工作推进原则、"三个满意"评价标准等工作方法。交通运输部公路局对福建工地党建工作高度重视，11月底来福建调研工地党建创建情况，不断加强指导力度。

(4) 总结提升阶段

在边创新边实践基础上，在福建省委组织部的指导下，省高指联合省委党校等单位于2018年初开展了工地党建创新实践课题研究，从更高的层面探索适合工地党建的一系列制度、机制、方法，将全省好的经验做法进一步梳理总结，提炼形成了福建高速公路建设项目工地党建"6432"工作模式。2018年6月22日，由中央党校党部、中央党校学报、中组部党建研究所、交通运输部公路局、中国交通报社、交通运输部党校等单位的七位知名专家组成的评审专家组对工地党建课题给予高度评价，一致认为其填补了国内高流动性场域基层党建研究和实践的空白，对丰富高流动性场域基层党组织建设理论具有借鉴意义，对指导类似领域党建工作实践具有可操作、可复制、可推广的现实意义，有力助推高速公路建设的高质量发展。课题顺利通过验收后，省高指积极落实好国家、部、省领导相关指示批示精神，继续扎实开展好工地党建工作，在全省高速公路建设项目持续掀起工地党建工作高潮。

2. 工地党建标准化的主要做法

(1) 招标投标阶段

项目建设单位编制招标文件时，在招标文件中要明确要求路基土建、路面施工监理等投标人投标时需提交支持工地党建工作承诺书，承诺按照工地党建"6432"工作模式开展工作。评标时须对投标人提交的支持工地党建工作承诺书进行核查，确保符合工作要求，并作为约束条款纳入合同。

(2) 开工准备阶段

① 项目建设单位党组织负责对中标人进行工地党建标准化创建的交底，提出相关规划与要求，同时做好指导帮助、跟踪落实。

② 工地党支部与项目管理机构同步设置组建，同步配置党务工作人员，同步启动运转，及时开展"组织找党员、党员找组织"活动，做好党员特别是工地流动党员的动态管理。对安征迁工作、施工可能造成的社会与生态影响以及沿线的贫困党员、老党员、扶贫对象等进行调查分析，建立民生台账。

③ 项目部驻地和相关场站建设鼓励优先利用当地闲置的学校、村部、厂房等场所设施进行改造，其中属于公共场所的待工程完工后移交地方使用，并与当地签订相关协议，明确接管责任，助推当地经济、社会发展。按规定要求设置工地党建活动场所与宣传版面

(3) 工程实施阶段

① "学习"：工地党支部及时组织学习传达上级和项目建设单位有关工地

党建文件,制定工地党建年度工作计划或在支部年度计划中纳入工地党建内容。

②"六有":经上级党组织正式文件批复成立工地党组织,配备专职党务工作者,按有关要求设置活动场所,依照"6432"工作模式以及六项推进机制等细化、深化制定符合工地实际的制度,设立党员先锋岗、党员突击队、党员责任区、工人模范岗、青年文明岗等创建载体,按年度明确安排一定的工地党建工作经费。

③"四亮":共产党员在工程建设日常工作中须佩戴"共产党员"徽章,党员活动室、主要工点竖立公示牌,展示党组织机构、党员照片等。党员活动室等工作活动阵地应悬挂党旗。在党务公开栏、工点公示牌、工作挂牌等展示党支部、党支部书记、支委及党员的责任、分工、承诺等。通过展板、网站、微信群、板报、墙体标语等展示工地党建成果。

④"三化":通过相关活动,将工地流动党员及时纳入支部的教育管理;鼓励工地流动党员担任工地上的质量安全监督员、职工矛盾调解员等岗位,提升流动党员的话语权;对一线班组产业工人中积极追求入党的优秀青年和培养对象,可与其流出地党组织共同探索相关联合培养的机制与办法,鼓励结合工地实际创新方式发展和培养党员。项目工地党建与项目建设管理同规划、同部署、同检查、同考核;各工地党支部共同利用活动阵地,共同举办活动,开展联学共建。按要求将各自有关信息及时录入一体化平台的工地党建管理系统,并实时更新。

⑤"双融":工地党建融入标准化管理体系,围绕工程质量安全管理、标准化提升等工作,发挥好统领、支撑和保障作用;根据工地党建工作总体规划和方案,因地制宜、实事求是抓好涉及地方经济社会发展和治理相关工作实施,融入地方社会发展与治理体系。

⑥"评价":按照有利推进项目建设和提升标准化管理、有利构建文明和谐的施工环境、有利加强工地基层党组织建设的标准开展企业自评;根据不搞形式主义、不搞两张皮、不设硬性指标、不给群众过多承诺、不给企业增加负担的标准开展行业检评;按照党员满意、群众满意、社会满意开展社会测评,确保工地党建要求不折不扣落地,让工地基层组织、基本制度、基础队伍融为一体。

(4) 项目收尾阶段

①兑现承诺:对内,全面梳理开展工地党建的工作成效,对照检查是否完成相关合同承诺,形成工作总结;对外,逐条检查对当地相关部门、单位以及群众许下的承诺是否均已兑现,如场所移交、场地复原、便道硬化等工作,确保工程建设善始善终。

② 总结表彰：工地党支部积极走访周边长期支持帮助高速公路建设的部门、单位以及群众，虚心听取意见建议，采取适宜形式表达感谢；项目建设单位党组织对参建各方在工地党建中的成效进行回顾与表彰，对于表现突出的单位、个人在信用评价上、在评先评优上给予推荐。

③ 资料归档：工地党支部做好工地党建工作全过程资料的收集、整理归档，并向业主单位提交完整纸质资料以及电子档文件资料。

3. 工地党建标准化的成效

"6432"工地党建工作模式由于问题导向明确，工作措施契合工地实际，在实践中初步取得了组织满意、党员满意、群众满意的阶段成效，初步实现了政治账、经济账、民生账、安全账的共赢局面。

(1) 有力促进工地党建覆盖。在省高指的强力推动下，以及各路建单位和地方党委政府的协同配合下，目前已经基本实现了在建工地党建全覆盖。工地党建在工地各层面全覆盖、无盲区、无死角。

(2) 有力推进工程建设进度。工地党建有效地凝聚了参建各方的智慧和力量，增强狠抓落实、解决问题的本领，通过党建统领，对内凝聚人心，调动积极性，对外争取民心，营造无障碍施工环境，有效助推工程建设。

(3) 有力提升标准化管理水平。各参建单位、各工地党支部围绕绿色公路、品质工程，不断创新标准化施工理念，福建省高速公路标准化施工实现了"三准入、四集中、五提升"的新转变，有力地提振了党员干部职工精气神，增强了质量安全和廉政环保意识，高速公路工程质量安全水平得到全面提升。

(4) 有力促成路地关系和谐。开展工地党建使建设项目与地方、群众的联系更紧密，通过文明环保施工、集约利用土地等措施，树立起在群众中的好形象，如全省新开工项目强制配备砖砼分离设备，解决了废水废渣废料污染问题，赢得了群众的高度赞誉，有的工地党支部书记，树立起比当地村支书还高的威信。

(5) 有力融入地方社会治理。各个项目、标段主动融入当地社会治理，首先从内部抓起，了解党员和工人的实际困难与需求，做到工地宿舍冬天有热水、夏天有空调，推进"厕所革命"，保证党员和工人的生活质量，营造"离乡不离党、组织在身旁"的温馨、有序工作生活氛围。对外则加强联防联治、共创共建安定、和谐工地周边环境。

(6) 有力保障工地廉政建设。工地党建牵住主体责任这个"牛鼻子"，解决了责任虚化空转的问题，把党风廉政建设与业务工作紧密结合，通过层层签订廉政责任状等形式，把全面从严治党向项目工地延伸，营造了风清气正、干事创业的良好环境。近年来，未发生建设项目业主人员违法违纪案件，未发现党风廉政建设被追责问题,确保福建高速公路建设行业和谐发展、廉洁发展。

3.3.3 党建重点工作

在党的十八大、十九大精神的指导思想下,福建省交通运输厅和福建省高指全面指导福建省高速公路的党建工作,从每年的党建规划、组织保障、工作机制、党风廉政等方面开展了细致的工作,起到了党建领航和党总揽全局的作用。

1. 党建规划

党的十八大和十九大召开之后,福建省交通运输厅和福建省高指结合年度计划,对党建工作进行总体规划,总结分析将党的思想建设、组织建设、作风建设、制度建设等落到实处的计划实施步骤。

"坚持党对一切工作的领导",更加理直气壮、旗帜鲜明地推进工地党建工作。在现有工地党建工作机制基础上,进一步拓展工地党建内涵,形成系统化的工地党建评价体系,切实在做实做细做好上下功夫、抓落实、出成效;依托泉厦漳城市联盟路泉州段等项目开展工地党建制度课题研究,形成有价值的课题成果,使工地党建更好地统领、助推工程建设。积极探索创新工地党建工作模式,提炼形成一批可复制、可推广的党建工作经验做法,为更好推进交通行业党建工作贡献福建经验。

2. 党建工作机制

福建省高指认真贯彻落实党中央、福建省委等上级有关决策部署,指导全省高速公路建设项目工地党建工作开展,做好全省工地党建工作的制度制定、统筹协调、检查督促,并做好经验总结推广。

各设区市高指认真贯彻落实上级有关决策部署,做好辖区内高速公路建设项目工地党建工作的指导协调、检查督促和成效评价,及时收集汇总先进经验和典型事例,总结上报工地党建工作开展情况并组织好宣传报道工作。

项目建设单位是本项目工地党建工作统筹组织实施的责任主体,认真贯彻落实上级有关决策部署,做好项目工地党建工作;组织、协调、指导项目内各合同段工地党支部开展工地党建具体工作,抓好检查、督促、落实。

项目参建各方是工地党建工作具体实施的责任主体,认真贯彻落实上级有关决策部署,做好本合同段工地党建工作各项要求的具体落实,积极探索创新,充分发挥党组织战斗堡垒作用和党员先锋模范作用,为工程顺利推进和标准化提升提供组织保障。

3. 党建的工作要点

以习近平新时代中国特色社会主义思想为指导,深入学习贯彻党的十九大和十九届二中、三中、四中、五中全会精神,全面落实新时代党的建设总要求,坚持党建统领工程建设,持续落实"6432"工地党建工作模式,积极探索创新,适时总结提炼,不断丰富工地党建内容,不断拓展与运营党建"联学共建"模式,全力推动项目建设和标准化提升,大力推进科技创新,确保工程质量安全环保。

(1) 坚持党建统领

① 坚持和加强党的领导。各参建单位党组织始终坚持和加强党的领导,激发基层党组织的创造力、凝聚力、战斗力,全力推进工程建设。以开展党史学习教育为契机,结合"再学习、再调研、再落实"活动,教育、引导项目上的党员、干部坚定理想信念、筑牢初心使命,不断增强干事创业的能力,在高速公路建设中建功立业。

② 坚持党建统领工程建设。坚持党建统领工程建设,用好工地党建引擎,充分发挥基层党组织战斗堡垒作用和党员先锋模范作用,全力推进项目建设。通过切实抓好项目工程质量、安全、环保和党风廉政建设,确保完成年度目标任务。

(2) 持续落实"6432"工作模式

① 宣贯落实指南。认真宣贯《福建省高速公路工地党建标准化指南》,坚持要求不降,力度不减,常抓不懈,不断丰富工地党建内容,营造浓厚的工地党建氛围。

② 及时组织调研。加大开展"组织找党员、党员找组织"活动力度,重点将包括一线工人(含农民工)在内的工地流动党员及时纳入基层党组织的动态管理服务,建立党员(流动党员)台账。

③ 开展载体创建。在巩固"党员先锋岗""党员突击队""党员责任区"等载体基础上,积极探索创新,围绕工程建设推进、质量安全管控、技术攻关等方面开展特色载体创建,服务项目建设。

④ 扎实开展评价。各市高指和项目业主按照《建设项目工地党建工作评价办法》,按每半年度开展好工地党建工作评价,确保评价结果客观。

⑤ 持续协同融合。发挥工地党建统领作用,做好工程质量安全管控、标准化提升、技术攻关、"四新"应用等工作;积极协助地方适时开展扶贫济困、联防联治、路地共建、应急抢险等工作,融入地方社会发展与治理体系,取得实效。

⑥ 做好项目收尾。将工地党建工作贯穿始终,着重做好农民工工资管理、临时用地复垦恢复、地方道路修复移交、对当地群众承诺兑现等,扫尾阶段要全面梳理工地党建工作成效,开展工地党建工作总结,确保开好头也收好尾。

(3) 深化工地党建品牌内涵

① 深耕"联学共建"机制。鼓励全省建设项目党组织与所在地运营管理公司党组织开展"联学共建"活动。通过工地党建与运营党建有效融合,构建新的建设、运营对接交流渠道,既有利于在项目建设过程中充分考虑运营功能需求,也有助于项目通车准备、缺陷责任修复等工作的对接协调,避免因沟通不畅导致项目设计不完善等问题,促进项目建设全过程无缝对接。

② 汇编典型事例。总结、提炼各项目在工程建设进度、关键节点攻坚、质量安全管理、标准化提升、技术工艺创新、工地党建创建、路地联建共建、"联学共建"创建、结对帮扶济困、服务基层群众等方面的好经验做法,汇编形成《工地党建优秀典型事例》,讲好工地党建故事,充分展示工地党建新实践新成效新风貌。

4. 党风廉政建设

福建高速公路以建设"优质工程、安全工程、廉政工程"为目标,深入开展源头治腐和预防职务犯罪工作,大力推进"廉政阳光工程"建设,从体制、机制、制度上积极探索高速公路建设领域防治腐败的新途径并取得了较好效果,采取的具体举措包括:狠抓责任体系,严格责任落实;加强廉政教育,筑牢思想防线;注重源头治理,不断完善制度。

持续修订廉洁从业规定,在2014年颁布了《福建省高速公路建设项目廉政"九不准"》,在2020年对其进行了修正,发布《福建省高速公路工程领域管理人员廉洁从业"十不准"》。具体如下:一是不准违背初心使命,滥用职权,在与管理、服务对象以及施工班组和劳务队伍人员交往中徇私舞弊,背离亲清关系。二是不准违反决策原则和程序,违规决定工程承发包承包、资金拨付、账户开立、设备采购等涉及高速公路工程领域的重大事项。三是不准违反工作纪律,利用职权或职务上的影响违规干预和插手工程招投标、资金拨付、信用考核、材料采购等。不得泄露招标评标、信用考核以及其他应当保密的信息。四是不准利用本人或其他公职人员职权或职务上的影响为本人或特定关系人承接、投资、入股与高速公路工程领域相关的业务提供便利条件。五是不准违反公平公正原则,在工程招评标办法、工程项目检查、考核评价、工程变更等方面厚此薄彼,为本人或特定关系人谋取私利。不得利用职权或职务上的影响要挟、刁难管理和服务对象,借机吃、拿、卡、要。六是不准违反诚实守信原则,不履行合同义务,不维护合同权益,不得与管理和服务对象相互串通,弄虚作假或为特定关系人输送利益。七是不准违反中央八项规定及实施细则精神接受超标准接待,不得讲排场、搞攀比、奢侈铺张,不得餐饮浪费。八是不准利用职权或职务上的影响将应由个人支付的费用由本单位的关联企业、与本单位有业务关系的企业以及管理和服务对象支付、报销。九是不准收受本单位的关联企业、与本单位有业务关系的企业以及管理和服务对象的礼品、礼金、购物卡及其他有价证券,不得接受其安排的宴请、娱乐、健身、旅游等消费性活动。十是不准有其他违反廉洁自律规定的行为。

3.3.4 党建典型案例

福建省高速公路党建活动的开展以及完整体系的构建,有效地促进了党对工程建设的总揽和引领作用,在重大党建活动中有效的凝聚了人心促进了战斗力,在应对具体的事务和突发事件中体现了我国的制度和体制优势,本节中以福州莆炎项目和泉厦漳城市联盟路项目作为其中的代表性案例进行介绍。

1. 福州莆炎项目

福州莆炎项目坚持党建统领,积极落实福建高速"6432"工地党建工作模式,将支部建在工地上、党旗飘在岗位上,通过对内凝聚人心,调动积极性,对外争取民心,营造无障碍施工环境,有效助推工程建设。

(1) 典型事例:从"你我"变成了"我们"

福州莆炎高速公路 A3 标项目所在地附近的一位村民,曾几何时,对于征拆,他的态度一直很抵触,而如今他却成为协调拆迁的带头人。

"角色"的转变,正是共产党员"为人民服务"的精神感动了他。福州莆炎高速 A3 标项目党支部书记了解到抵触征迁的村民家中有个 80 多岁的老母亲,有一天暴雨下得很大,考虑到他家简陋的房屋可能撑不住暴雨的侵蚀,项目党支部书记来到他家,背起老阿婆回到了项目部,并安排好吃住。暴雨结束,当这位村民看到这情形,他的态度发生了转变并且积极帮助项目党支部书记四处协调征迁。

建设者和沿线群众,原本相对独立的群体因为党建活动的延伸,从"你我"的关系变成了"我们"的关系。

(2) 典型事例:找到了组织就是找到了家

"作为一名共产党员,找到了组织就是找到了家"莆炎高速福州段 A4 标机械操作手老何激动地说。2011 年从部队转业后,作为流动党员的他参建了很多项目,发现工地上基本没有将流动党员纳入党支部日常管理。直到 2018 年来到莆炎福州段后,他对福建高速践行"6432"工地党建工作模式开展的"组织找党员,党员找组织"活动非常激动,于是第一时间向党支部"报到",重新回到了党组织的怀抱。

党员身份的重塑,让众多像老何一样的农民工流动党员热情高涨,不管工作遇到什么困难,都主动解决;有些人还主动加入了项目党员义务巡逻队、党员应急抢险队,积极参加地方社会治理和抢险保通,相关工作得到了地方政府部门和群众的一致肯定。

2018年3月由于家中子孙需要照顾,老何不得不回到老家,2018年8月,农民工党员老何发来一份"家信",收到这样一封满载浓浓"亲情"的党员来信在项目党支部引起热烈反响,信中党员老何那情真意切的文字饱含着对党支部的不舍之情,温暖着项目党支部每一位党员同志的心。

(3) 典型事例:深山里的采购站

福州莆炎高速公路A6标项目部位于永泰县盖洋乡珠峰村,这里山势险峻,交通不便,当地村民主要依靠种植蔬菜和养殖家畜为生。在得知多数村民存在农副产品滞销的问题后,项目部党支部第一时间与盖洋乡政府沟通,由项目党支部的党员同志们成立了蔬菜及农副产品收购站。

收购站揭牌后,为当地村民提供了不少便利,家住永泰县盖洋乡珠峰村的一个二级残疾困难户,由于老两口腿脚不方便,以前家里种的萝卜、白菜吃不完都烂地里。有了收购站,他们再也不用发愁菜会烂掉,还能换购贴补家用。自收购站成立以来,已收购各类瓜果蔬菜农副产品6 000余斤。收购站虽小,却在融洽路地关系方面发挥了大作用,搭建起了村企之间的友谊桥梁,村企联建添活力,精准扶贫共发展。

2. 泉厦漳城市联盟路项目

泉厦漳城市联盟路项目坚持落实福建高速"6432"工地党建工作模式,规范基层党组织设置,在项目上建立"党建联盟",整合区域内各类资源推进党建工作,通过路地共建形成良性互动关系,有效破解征迁阻工等难题。

(1) 典型事例:工地党建支部联席会模式

该模式以泉厦漳城市联盟路泉州段项目、福州莆炎项目为代表进行实践探索。是由项目业主党支部牵头组织,全线各施工标段、监理、试验单位党组织共同参与,把项目建设相关单位党建工作有机结合起来的基层党建协同机制。

通过在泉厦漳城市联盟路泉州段项目试点工地党建支部联席会模式,经过实际开展,效果显示,开展支部联席会确实有利于做好项目统筹兼顾、协调参建各方资源、理清工作思路、细化工作目标,使各项工作衔接紧凑,有效地推进了工地党建促工促建工作扎实开展,极大地提升了项目全线安全、标准化管理方面的提升,营造了和谐的施工环境。

(2) 典型事例:党建联盟共筑红色"朋友圈"

在项目建设中,泉厦漳城市联盟路项目党支部对外加强与地方党组织联系,通过党组织共建、走访老党员、建立"民生台账"爱心帮扶等活动,寻求多方支持,化解矛盾纠纷,打造和谐路地关系。对内加强工程安全质量管理,项目党支部聘用流动党员及先进分子为"双员"(党群安全监督员、安全教育辅导员),由"双员"带头使用项目自主开发的施工现场安全生产全员监控管理系统,采取奖励机制,鼓励全员全方位参与监督施工现场管理。

与此同时,为了进一步促进班组规范化管理,项目党支部依托党建辅导站主动对产业工人进行安全教育,通过流动党员监督班组考核全过程机制、党员先锋模范(预备)班组评选活动、创"双典型"及其义务巡逻队等活动树立标杆形象等措施,有效提升了班组管理水平,提高了班组的组织凝聚力。

(3) 典型事例:温度+速度,工地党建的征迁秘诀

泉厦漳城市联盟路项目 A3 标,一幢 8 层自建房约 6 000 平方的"拆迁困难户",任凭拆迁工作人员反复沟通,始终未得同意。后来,项目党支部着力工地党建,建立起良好的路地关系,当地老党员得知征迁难题,主动劝说、摆事实、讲道理、明得失,短短的一周内便拆除完毕……这只是联盟路项目工地党建工作的一个缩影。

为顺利有序推进工程建设创造条件,泉厦漳城市联盟路项目党支部以党建促征迁,进场初期便与当地村镇党组织共享党建资源,成立党员突击队,配合征迁指挥部开展征拆保障工作,主动上门入户宣讲;积极与地方开展共建,开展爱心帮扶、"蓝马甲"志愿服务、提供就业岗位、慰问老党员等扶贫济困举措,奠定了扎实的群众基础,树立了良好的建设形象,许多征迁难题便迎刃而解。受到项目党支部帮扶的群众及其老党员,主动出面帮忙宣传征迁政策及修路益处,仅用 2 个多月便完成了近八成的征迁任务。

(4) 典型事例:属地化管理联合培养党员

为更好地培养青年才俊,不断壮大施工队伍中的流动党员队伍,泉厦漳城市联盟路项目公司党支部创新性推出了《探索流动人口中联动培养积极分子机制(试行)》。从做好入党积极分子的培养和考察工作着手,制定联动培养机制,择优推荐培养,基层调查、函电往来、当面商讨,期间考核鉴定,过程考核,积极探索工地基层党建新方法。

泉厦漳联盟路泉州段 A3 标拌和站里有一位管理员,他一直怀揣入党的梦想,早在 2012 年便向村党支部递交了入党申请书,可是由于一直在外打工,入党的程序就一而再地耽搁了。

来到泉厦漳联盟路项目后,这位管理员入党的意向依然坚定,再次向所在项目党支部表达了心愿。项目党支部经过多重筛选与考察,最终确定发展他作为项目联动共建培养积极分子的人选。项目部党支部相关负责人前后三次

前往入党申请人的老家江西省,与当地村支书及乡党群负责人沟通,达成联动培养意向。最终,这位同志于2018年6月顺利成为一名入党积极分子。

3.4 福建省高速公路工程制度规范建设

高速公路实体的建设和相关的制度规范建设二者不是平行的而是融为一体的关系。高速公路建设需要遵循相关的治理制度与法律法规,特别是在当前社会面临大变革形势下,国家与行业相关制度与规范是高速公路建设持续健康发展的保证,省级相关规范与标准更体现了省情社情,具有精准的针对性,因此,系统梳理福建高速公路建设如何遵循国家、省各级有关部门制度规范并有所创新的过程、分析福建省因地制宜将政策进行本土化的落地路径,对于进一步提高福建省高速公路建设的制度规范建设的自觉性、主动性与创新性具有重要意义。

3.4.1 高速公路建设与制度规范建设的关系

从省域视角出发,高速公路建设既包括实体化的公路建设,也包括虚体化的高速公路相关的制度规范建设,二者是相互促进相互融合的关系。一方面,高速公路实体的建设,依赖于一个高质量的制度规范来保证,如投融资的制度规范为高速公路建设提供了建设资金渠道以及投资回收的保障、征地拆迁与用地相关的制度规范提供了建设用地及用地成本的保障等,高速公路实体的建设不能依赖于建设单位的高度自觉,而需要依靠制度规范的合理完善提供基础支撑和保障合法权益;另一方面,制度规范需要适应高速公路实体建设的需要,更是依赖于建设单位的落实,如投融资的制度规范如果脱离了地方财政的能力上限,给社会资本介入设置了过高的准入门槛,就会制约高速公路实体建设的发展。因此,在这样的思维基础上,以近十年来福建高速公路的制度规范建设与高速公路实体建设为例,对两个"建设"之间的关系展开深入讨论。

3.4.2 福建省高速公路制度规范建设实施路径

福建省高速公路的制度规范建设,很大程度上是对国家大政方针以及交通运输部行业规范的指导下开展本土化的实践。本部分系统梳理福建高速公路建设如何遵循国家、省各级有关部门制度法规,在高速公路建设管理领域进行健全并完善,分析福建省因地制宜将政策进行本土化的落地路径,具体内容包括:

第3章 高速公路建设的省域治理理论与治理体系构建

1. 建设制度规范的健全与完善

对于高速公路建设,国家和省、部制定了大量的法律、规定及管理办法、行业标准、技术规范等,这些构成了福建省高速公路建设制度规范的基础。在遵循这些制度规范的基础之上,福建省在国家最新思想和战略的指导下,根据本省高速公路多山靠海的实际情况,将相关制度规范进一步延伸和细化,在不与国家、部省属等上位制度规范相违背的情况下,根据省情社情,将制度规范进一步健全与完善,具体包括对省情社情的调研、问题分析、健全与完善方案的起草、意见征询、修改以及定稿、执行等多个步骤,详细分析并总结上述过程中的福建方案与考虑。

福建高速的制度规范建设有着一套完整的流程,可概括为三大步:

(1) 制度规范产生

福建高速的制度规范按产生方式可划分为:行业的制度规范、移植的制度规范和原创规范的制度。对行业的制度福建高速可以拿来直接参照,如《公路桥涵设计通用规范》,需要注意的是,这些行业规范也是在不断完善之中,需要及时更新最新的规范标准。移植的制度中有的制度是完全引用,如引用其他省份成熟的管理制度,这样大大节约了制度建设的成本;而有的制度则需要根据福建高速的实际加以调整。原创的制度则是福建高速通过管理实践的摸索或者出于福建现实的需求,不断探索形成具备原创性的制度规范,如《福建省高速公路施工标准化管理指南》《福建高速公路工地党建标准化指南》等。

无论是移植的制度还是原创的制度都有一个建设过程,该过程包括以下六个步骤:

① 问题分析。为了保证福建高速公路总体目标的实现,因此在制度制定之前,要明确问题,分析问题产生的原因,特别是制度欠缺的原因。

② 调研起草。每项制度都由负责制定的部门安排专门人员起草。起草人员首先要调研所要制定制度的相关资料,包括相关的国家和省级法律法规、行业标准、同类型工程相关制度等,然后结合福建省高速公路建设实际起草。

③ 征求意见。制度方案起草完毕后,将初稿发到相关各部门征求意见,各部门讨论后形成修改意见。

④ 修改。根据各部门反馈的修改意见,起草人员对初稿进行修改形成讨论稿,将讨论稿再发至各处室,并标明哪些内容已修改、哪些未修改及其原因。

⑤ 讨论定稿。省高指为拟制定的制度召开专题办公会议。会上制订者阐述制度制订的目的、必要性和相关说明,会议进行审查,考虑其全面性、可操作性等,最后形成专题办公会议纪要,并提出意见。

⑥ 下文试行。将文稿正式印发到各市高指和项目业主公司,进入制度的

试行阶段。

制度的制定过程是一个同步—异步—同步的过程。在问题分析阶段,省高指发现问题后,认为需出台制度来解决问题,然后由专门人员收集制定制度的相关资料,在部门内针对要解决的问题进行无约束的讨论,形成一个制度草案,这是一个同步阶段。制度起草完毕后发到相关部门和单位,由各部门和单位从不同的角度对管理办法进行讨论分析,并形成修改意见,对制度进行修正、完善和补充,这是一个异步分析阶段。根据各部门和单位反馈的修改意见,起草人员对草稿进行修改后,在专题办公会上由领导审查,并从全省高速公路总体建设管理这一更高的层次去权衡综合,最终形成试运行的制度,这又是一个同步阶段。

例如,我国自实行市场经济以来,由于原来建设行业经营体制陈旧、法规不健全、市场不规范等方面的原因,施工、监理等单位在履行合同条款上存在不少问题。依据工程招标文件、合同文件以及国家有关规范、规程和标准,需要对施工、监理单位履行合同情况进行考核评价,督促其不断改进工作方法,提高工作标准,确保施工、监理单位认真履行合同责任,保质保量完成合同任务。因此,福建省高指以施工、监理行业在履约上存在的共性问题为切入点,创新工作思路,制定了《福建省高速公路建设项目土建施工、监理、试验检测单位及主要人员信用考核管理规定》《福建省高速公路建设项目法人年度考核办法》等,适时开展履约考核,及时纠正项目法人、施工、监理、试验检测单位各种不良行为,为福建高速公路建设总体目标的实现提供了保障。

2. 高速公路建设制度规范的执行

在形成了较为完善和健全的制度规范的基础上,就需要贯彻执行,如果制度规范不能很好地贯彻执行,就会沦为废纸一张,失去意义。首先,总结福建省高速公路建设的制度规范进行宣贯的经验,包括通过专门性的印发、举行会议、邀请座谈等多种方式;其次,总结福建省的对于制度规范的教育培训工作经验,包括组织相关人员和专家对各个地市级单位进行培训,指导项目开展教育培训工作,包括普及性和专门性等多种方式,做到相关人员全员培训到位并掌握;最后,总结福建省对制度规范的考核与监督经验,包括对各项目业主公司及项目部开展制度规范推行的考核行动,对违法违规行为进行强有力的监督。

制度制定出来了之后,就要贯彻执行。这一环节实施不好,一切工作都是枉然。对于一些重要的关键制度,福建高速特别注重对制度的学习,通过学习让人们全面的领会制度的精神,以此推动制度的顺利执行。

例如,为了让员工了解掌握安全生产的法律法规,也为了提高施工现场员工的安全意识和安全技能,福建省高指、各施工、监理单位针对各自情况详细制定了教育培训计划,开展了符合实际要求的全面持续的教育培训工作,以制度的形式确定施工、监理单位经营者、安全管理人员、特种作业人员的培训时间、内容和方式,并强制执行。具体主要包括以下五种形式:普及性培训,是对所有人员全面、常规性的培训;分层培训,对不同层次的人员进行分类培训,如领导级、部门级、作业队级和班组级等进行有区别的培训;特殊性培训,按国家规范要求的专业技术的培训,如对特种作业人员的培训;专题性培训,针对某一项工作需要进行的培训,如高空作业、防台培训;针对性培训,对特别岗位的人员,如安全管理人员、新员工的培训等。

3.4.3 福建省高速公路建设制度规范建设的典型案例

制度规范建设涉及高速公路建设的方方面面,既包括前期决策开始、可行性研究、招投标等直到竣工验收、交付运营的全生命周期,也包括投融资、质量、安全、环保等各个方面,这些制度规范共同构成了一个省高速公路建设的基础环境与刚性约束,在国家和交通的上位制度规范约束下,福建省根据自身特色在各个方面都不同程度做了深入和细化,本节中选择了其中较为突出的案例就是信用考核制度规范建设,具体内容如下:

福建省交通运输厅较早的在交通建设市场通过制度规范建设,建立了全国领先的信用体系,信用考核工作多次在全国、全省会议上进行典型经验交流;并被中央工程治理领导小组办公室列入《公共资源交易市场建设相关规章制度选编》。分析与总结近十年来福建省在《福建省交通建设市场信用考核管理办法》上不断修订和完善的过程,介绍信用信息管理实施细则印发、信用信息系统开发、省交通运输厅门户网站开辟专栏多种制度规范执行方式,以及信用考核结果应用的具体模式。以福建省交通建设市场信用体系建设为例,系统性的介绍信用考核制度规范建设在省级区域下如何形成、健全、完善与执行的全过程,总结制度规范建设对于福建省高速公路建设治理能力现代化的贡献。

1. 信用管理工作开展情况

(1) 信用考核工作主要做法

① 实现考核工作基本全覆盖。经逐年修订完善后,2022年开始福建省交通建设市场信用考核范围涵盖高速公路、普通国省干线公路、农村公路、水运工程、运输场站建设,考核对象包括项目法人(或项目建设管理单位)、勘察设计、设计咨询、施工、监理、试验检测、材料供应商等市场主体和从业人员;考核内容涵盖项目招投标、基建程序、前期工作、工程进度、质量、安全、资金管

理、后期服务、维稳和廉政建设等实施情况；参与信用评价的单位包括相关主管部门、质量监督部门、造价管理部门、建设单位、设计咨询单位、设计审查专家；实现信用考核工作基本覆盖交通建设项目所有参建单位、主管部门及项目实施全过程。

② 实行分类考核分类奖罚方式。综合考虑福建省交通建设管理体制现状和各工程专业特点，信用考核分为高速公路、普通国省干线公路、农村公路、水运工程、运输场站五大类，其中高速公路施工单位考核细分为路基土建工程（包括桥隧工程）、路面工程、机电工程三类；高速公路施工监理单位考核细分为土建工程、机电工程监理二类；普通国省干线公路施工、监理单位考核细分为建设、养护工程二类。采取分类考核、分类奖罚。即避免不同工程类别交叉考核，方便管理；又使具有多种从业资格的从业单位在信用等级使用上更有针对性，防止出现信用等级混乱使用的不合理现象。

③ 采取双重定级办法。对于不同的从业单位（人员），综合考虑其在建设市场中的重要性，以及考核工作本身的工作量、时效性和可操作性，分不同情况分别或同时采用两种定级方式。公路、水运、运输场站项目法人（或项目建设管理单位，以下同）及公路、水运项目设计、设计咨询、施工、监理、试验检测单位和其主要人员采取直接考核定级和综合评分定级相结合的双重考核方式；其他从业单位、从业人员仅采取直接考核定级方式。

综合评分定级通过制定具体的考核办法及定级分值，在对项目定期、不定期检查基础上，对从业单位从业情况进行综合考核，每年组织一次，定级结果分为 AA 级、A 级、B 级、C 级、D 级 5 级。福建省交通运输厅（或省发改委）不定期对项目建设过程存在严重质量安全、进度严重滞后问题及违法违纪违约等不守信用行为的从业单位及从业人员进行直接考核定级，定级结果为 C 级、D 级 2 个级别；福建省交通运输厅直接考核定级为 D 级的从业单位及从业人员确定为失信行为。福建省高指、省公路中心、省港航中心、省运输中心、省交通质安中心、省交通造价站也可根据工程实施期间从业单位履约表现，报福建省交通运输厅审核同意后，对从业单位直接考核定级为 C 级。

④ 结合日常督查开展考核工作。福建省交通运输厅（省重点项目会同省发改委）每年年终组织对从业单位、人员进行考核，并确定其信用等级。福建省高指、省公路中心、省港航中心、省运输中心、省交通质安中心、省交通造价站、根据各自职责，结合项目进展、质量安全、造价控制和从业单位支持交通抢险救灾等情况制定具体的评分标准；各设区市交通、公路、质量监督、造价部门、沿海港口中心（局）、县交通局及高速公路项目法人按照省级相关部门制定的评分标准开展各类别考核工作。

⑤ 综合确定信用考核等级。每年年终,福建省交通运输厅(省重点项目会同省发改委)对各考核单位评分结果(主要对分歧较大的评分内容)进行必要审核后,根据不同项目特点,按评分权重值计算综合得分。

例如,高速公路项目按以下评分权重计算综合得分。

项目法人:省高指、省交通质安中心、省交通造价站评分权重为70%、20%、10%;

设计单位:省高指、质监机构、省交通造价站、项目法人评分权重为35%、15%、15%、35%;

设计咨询单位:省高指、省交通造价站、项目法人评分权重为40%、20%、40%;

施工、监理、第三方试验检测单位:省高指、省交通质安中心、项目法人评分权重分别为40%、30%、30%。

竣(交)工验收检测单位:省交通质安中心、项目法人评分权重分别为60%、40%。

高速公路试验检测类别含第三方试验检测及竣(交)工验收检测两类。

为平衡各合同段省级、非省级单位考核评分,对施工、监理、试验检测、设计、设计咨询、项目法人单位合同段综合评分进行一定的调整。对在我省交通抢险救灾做出贡献并获得交通运输部、省政府或省厅表彰的项目法人、合同段给予加分,其中受交通运输部或省政府表彰的加2分、受省厅表彰的加1分。具体由福建省交通运输厅按以上权重计算得出合同段综合得分后,直接进行加分,作为该项目部最终得分。另外,除农村公路外,各参建单位承担多个同一考核类别工程的,采用倒权重法计算综合得分;各合同段及从业单位综合得分均保留1位小数。在此基础上,原则上综合得分≥95分为AA级,85分≤综合得分<95分为A级,75分≤综合得分<85分为B级,60分≤综合得分<75分为C级,60分以下为D级;同时AA级还根据同类工程经验及连续两年业绩综合评定。

(2) 信用信息管理开展的主要工作

① 印发信用信息管理实施细则。根据交通运输部统一部署,为加强福建省公路建设市场信用信息管理,2022年,福建省交通运输厅印发了《福建省交通建设市场信用信息管理实施细则》,明确信用信息采集、审核、发布和变更程序,并规定发布信息的范围、内容,及良好信息、不良信息定义等,规范信息管理工作。

② 组织开发信用信息系统。组织开发了《福建省公路水运工程信息管理系统》,建立信息录入、公开发布平台,组织相关建设单位、从业单位通过《信息

管理系统》录入项目、企业基本信息、良好行为、不良行为和信用评价信息,逐步建立各交通建设项目、从业单位、从业人员信息档案,提高信息化管理水平。同时对交通运输部《全国公路建设市场信用信息管理系统》涉及福建省业绩信息及福建省企业基本信息,组织专人及时进行审核。审核时,对照已有项目档案进行核实,既提高审核质量,又提高审核效率。

③ 福建省交通运输厅门户网站开辟专栏。在厅门户网站开辟了"招投标、信用资质"专栏,公开各从业单位及主要从业人员年度综合考核定级结果,并适时公开各从业单位信用考核结果使用和中标情况,及从业单位不良信用信息情况等,供项目在招标评标时使用。目前,不良信用信息主要通过相关主管部门日常监管及投诉举报核实情况获得的,主要是投标资料造假、中标后诚信意识淡薄、现场管理较混乱、质量安全问题突出等。

(3) 信用考核结果应用

① 动态强化评级较低从业单位和人员的整改。

直接考核定级为C、D级的从业单位和人员,其信用等级有效期限以福建省交通运输厅下发文件所确定的期限为准。直接考核定级为C、D级的从业单位和人员,整改有力、成效明显的,经核实确认后,可适当缩短C、D级执行时限,但最短不得少于一半。综合考核定级的从业单位、从业人员信用等级有效期限为自本年度综合评分定级公布之日起,至下年度综合评分定级公布之日止。上一年度信用考核定级为AA级、A级的高速公路项目从业单位,本年度未参评且至本年度综合评分定级结果公布之日止尚未享受上年度信用奖励的,可延期使用至下年度综合评分定级公布之日止。综合考核定级为AA级、A级的从业单位和人员,在奖励期限内,出现履约能力较差、工程进展滞后或工程质量、安全管理不力等情况,可暂停或取消其AA级、A级信用结果使用资格。出现人员死亡的安全生产事故,先暂停其AA级、A级信用结果使用资格6个月。安全生产事故报告认定为非责任事故的,恢复原定级结果;认定为责任事故的,直接考核定级为C、D级条款处理。安全生产事故报告超过6个月还未公布的,暂停期延长至公布之日。暂停期内信用等级按照B级执行。具体暂停或取消程序参照直接考核定级程序执行。

② 建立信用奖惩机制。对信用考核定级为AA和A级的项目法人,其主要人员在有效期限内可根据信用定级结果,建议主管部门直接将年度考核结果评定为"优秀",并申报省级重点项目建设领域个人奖项。对于对信用考核定级为C级的项目法人,其主要人员,则建议主管部门直接将年度考核结果评定为"不合格",并建议主管部门调整主要人员的指责,项目强化审计、质量监管与验收。对信用考核定级为AA和A级的其他参建单位,其信用定级结

果,资格审查阶段,当其他条件满足时,其履约信誉可免予审查,直接通过资格审查,并且AA级信用分得分为满分,A级则为满分的95%。而对评级为C级和D级的单位,一律信用分为零分,同时对于招标的合同段数量做严格限制。

③ 合理控制信用分对中标结果及次数的影响。同一标段AA级较B级信用投标单位,信用分差值对中标价的影响,施工招标应控制在1%—2%,设计、设计咨询、监理、试验检测单位招标不超过10%,具体根据拟招标合同价大小确定影响范围。招标单位和各级招投标监督主管部门应严格把关,对于监理、试验检测、设计、设计咨询招标不采用综合评分法的,可合理调整信用分对中标结果的影响。考核为AA级的从业单位,考核为A级的合同段数不足7个的,在有效期限内享受AA级信用分规定且中标3个合同段;A级合同段数达7个的,享受AA级信用分规定且中标4个合同段;此后A级合同段数每增加2个,享受AA级信用分规定且中标合同段数增加1个;则从业单位相应的信用分规定失效。考核为A级的从业单位,在有效期限内享受A级信用分规定且合计中标2个标段,则从业单位相应的信用分规定失效。AA级、A级从业人员在有效期限内,已中标一次,则从业人员相应的信用分规定失效。

2. 信用考核工作主要成效

2006年至2022年底,直接考核定级为C级或D级的从业单位共123家;综合评分定级的从业单位累计有3712家次,其中AA级387家、A级1208家、B级1833家、C级256家、D级28家。

(1) 促使企业自觉加强信用管理。由于信用考核等级与企业招投标挂钩,直接关系企业自身利益,促使从业单位高度重视企业信用,自觉加强项目管理、加大工程投入,力争在年终考核评级中评为信用较好企业。

(2) 促进了交通建设市场良性发展。2006年以来高速公路项目中标单位基本为考核AA级、A级单位;被评为C级或D级的从业单位,基本无法在下年度投标中中标,使信用良好企业不断获得中标机会,加快其发展壮大,而信用不良的企业因无法中标,逐渐淡出福建省交通建设市场,促进了交通建设市场良性发展。

(3) 遏制了挂靠投标及违法分包、转包等行为。在信用体系下,对业绩材料造假、挂靠投标、放弃中标资格等行为,将被直接定级为C级、D级(2009年1次性定级20多家),企业失信成本高,有利于从源头消除挂靠投标及违法分包、转包等违法违规问题。

第4章 高速公路工程战略决策管理

决策在现代工程管理中具有"基础决定性"和"战略指导性"地位。福建省高速公路工程伴随着我国建设现代化强国的过程不断规划与建设,特别是改革开放四十年来,我国正发生如火如荼的历史性社会变革,国家现代化发展的大国情、大趋势、大变革的动态性无时不在引导、制约、催生、驱动着高速公路工程决策的大方向和关键发展转折点,因此,动态性是高速公路工程决策与决策管理的鲜明的基本属性。本章将以动态演化的视角,通过对福建省十多年来高速公路的决策历程进行全景式回顾、梳理与总结,对福建省高速公路工程的战略决策与投融资决策实践进行分析与提炼,以总结福建省高速公路工程的决策演进与决策能力现代化路径。

本章节的研究框架如图4-1所示。

4.1 高速公路工程战略决策

高速公路是交通现代化的重要标志,也是国家现代化的重要标志。我国高速公路是伴随着改革开放的脚步与现代化建设的进程而发展壮大起来的,其迅速发展又强力推动着我国经济社会的快速发展。因此,自1988年我国修建第一条沪嘉(上海—嘉定)高速公路以来,经济的快速发展呼唤便捷快速的交通运输大通道。随后,公路网、高速公路网建设大规模展开。路网的建设促进了经济、文化、信息的交流,有效推动了经济和社会的协调发展,可以说,公路网建设是我国推进强国道路的重要组成部分。根据交通运输部统计数据显示,截至2022年底,全国公路通车总里程达535.48万公里,是1949年的60多倍,其中,高速公路通车里程17.73万公里,稳居世界第一,高速公路对20万以上人口城市覆盖率超过98%。

与传统意义上的一般工程项目相比,高速公路建设作为一类典型的重大基础设施工程更具开放性和动态性,国家的社会经济发展环境、政治环境、与高速公路建设相关的产业环境以及工程技术发展态势等等,都会成为高速公路规划的决策变量,一些重要的环境因素变化将对高速公路建设产生巨大而

第4章 高速公路工程战略决策管理

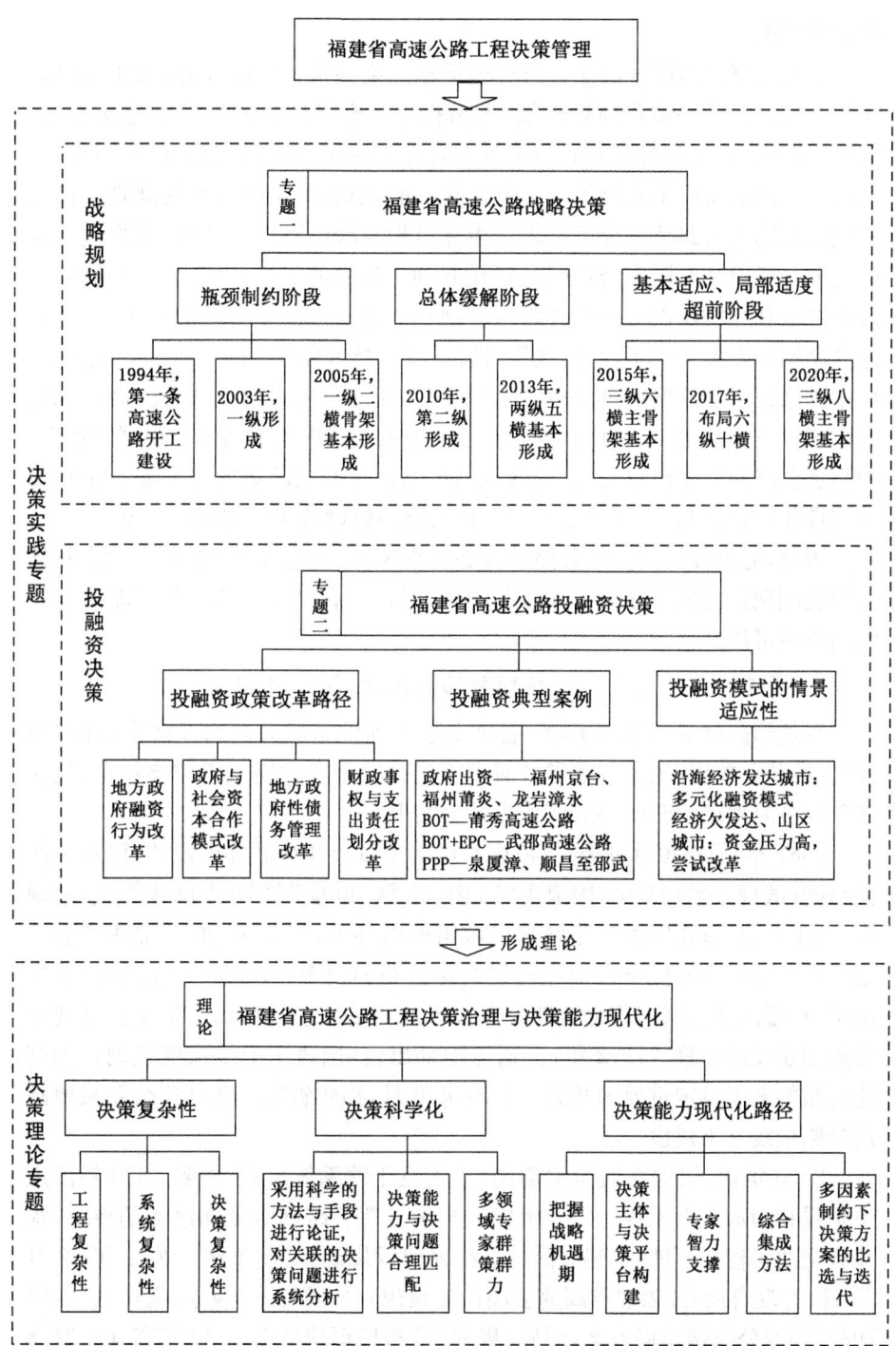

图4-1 福建省高速公路工程决策管理研究框架图

深刻的影响。

高速公路作为国家高速公路交通运输网络的重要组成部分,对于推进省级综合交通运输一体化规划建设,大力推进社会经济高质量发展意义重大。同时,省级层面高速公路的战略决策融合在我国综合交通大战略中。省级层面高速公路战略决策是伴随着国家公路网的规划,国家公路网的规划政策为省级层面高速公路战略决策奠定了指导思想与战略路径,省级层面高速公路的规划与建设又对国家公路网的建设起到了重要的支撑作用。在此基础上,改革开放和经济建设对高速公路网的规划与建设提出了更高的要求,也为高速公路网的发展提供了观念、政策、体制机制、技术和资金的支持,而改革开放后中国经济的快速发展,也呼唤便捷快速的交通运输大通道,因此,高速公路网的建设孕育而生。可以说,改革开放的国家战略推动了高速公路网的建设,而高速公路网的建设也为国家的经济腾飞、改革开放政策的落实起到了重要的支撑作用,我国改革开放政策与高速公路网建设是相辅相成的关系。

因此,通过福建省高速公路的发展历程来看,福建省高速公路建设在整体上与我国现代化强国建设重大战略同步,对福建省高速公路工程战略决策思维与路径可以总结如下。

1. 高速公路的起步——瓶颈制约的推动(2008年以前)

受地形限制等因素的影响,福建交通基础设施成为制约经济发展的"瓶颈"。改革开放后,福建省委省政府把交通摆上重要发展位置,"要想富,先修路""经济要发展,交通需先行"成为社会共识。

1981年,原国家计划委员会、国家经济委员会和交通部印发的《国家干线公路网(试行方案)》明确,国道由"12射、28纵、30横"共70条路线组成,总规模约11万公里;在国家公路网建设政策的引导下,1982年初,原福建省委书记项南高瞻远瞩地提出在福建建设高速公路的设想。1985年12月,福建提出了《福厦高速公路工程可行性研究报告》(初稿),正式启动了福建省高速公路规划建设的序幕。1992年,交通运输部出台《国道主干线系统规划》,为高速公路的发展奠定重要的基础。1994年6月,福建省第一条高速公路泉厦高速公路全线开工建设。

2000年初,根据交通运输部的《国道主干线系统规划》中到2020年国道主干线和国家重点干线(公路)组成的全国骨架公路网将全面建成的要求,福建省交通运输厅开展《福建省高速公路网建设规划》编制工作。2001年12月27日,省政府批复《福建省高速公路网建设规划》,同意该《规划》提出的"三纵四横"高速公路网布局方案,明确《规划》是指导福建省今后30年高速公路建设的重要依据。

随后,2003年6月,福宁高速公路完工,标志着福建省沿海"一纵"高速公路全线建成通车;2004年2月,福建省编制《福建省高速公路支线、连接线建设规划》。2004年底,京福高速三明至福州段、漳龙高速漳州段完工,使福建省高速公路通车里程达到标志性的1 000公里。同时,国家发展和改革委员会印发《国家高速公路网规划》。为了保障《国家高速公路网规划》的顺利实施,福建省于2005年6月定稿《国家高速公路网福建境内路线规划》。2006年12月,在《福建省高速公路网建设规划》和《福建省高速公路支线、连接线建设规划》《国家高速公路网福建境内路线规划》的基础上,《海峡西岸经济区高速公路网规划》获得批准实施,布局"三纵八横"高速公路干线网络格局和福州、厦门、泉州三个中心城市环线。因此,21世纪初,福建省高速公路的战略规划为以重要城市为中心,构建高速公路网线,为海峡西岸经济区筑路。

这一阶段高速公路的建设缩短了时空距离,改变了区域投资环境、贸易条件和消费水平,促进区域经济结构不断调整,工业化、城市化与农业现代化进程不断加快,区域经济社会不断发展。例如,随着龙长高速公路通车,"虹吸效应"使红土地变成了内陆的前沿,变成了"沿海经济圈"。漳州沿线各县市的高速公路互通口所在乡镇,成为乡镇经济发展的火车头。诏安县依托三个互通口,建立了以乡镇为中心的工业园,带动全县乡镇经济的快速发展。

可见,在这一阶段,受制于经济发展的瓶颈制约,福建省通过对国家规划政策的回应与适度超前,建成"一纵两横"高速公路主骨架网。这一发展大大改善了海西交通环境、投资环境,对推动福建省经济的跨越发展发挥了重要作用。

2. 高速公路的腾飞——总体缓解(2008—2013年)

2007年,中共福建省委八届三次全会提出了全面推进海西建设的新要求,要求进一步发挥福建在海西建设中的主体地位和重要作用,努力把海峡西岸经济区建设成为科学发展的先行区、两岸人民交流合作的先行区。"两个先行区"的提出,为海峡西岸经济区建设赋予了新内涵,为福建经济社会发展注入了新活力,为闽台关系发展提供了新机遇。

立足服务"两个先行区"建设,在"一通百通,海西八方纵横"的定位下,2008年,福建省对《海峡西岸经济区高速公路网规划》进行了修编,作为福建省2008—2020年的战略规划。重点加强沿海纵向主通道及以福州、厦门两个国家综合运输枢纽通往内陆横向主通道建设;适当扩大泉州环线,提高其他设区市集散能力;对联络线进行局部调整和增加,进一步强化重要区域间和重要港区、铁路、机场枢纽间的衔接,厦、漳、泉城市间的路网得到进一步强化和完善,同时实现县县可15分钟内通高速公路。

与此同时,2009年5月,国务院正式颁布《关于支持福建省加快建设海峡西岸经济区的若干意见》，标志着海峡西岸经济区建设上升为国家战略。因此，为响应福建省委、省政府"一通百通、海西先行"的指示要求，全面贯彻落实福建省交通运输厅加快建设"大港口、大通道、大物流"，构建"对外开放、对接两洲、拓展中西部、服务祖国统一"四大综合通道和"十年计划任务五年完成"的决策部署，福建省逐步完善高速公路网，加大密度，推进交通运输现代化，为全面建成小康社会目标提供支撑，发挥高速公路对福建省经济社会的引领作用。

因此，在这一战略规划指导下，2009年11月，莆（田）秀（屿）高速公路建成通车，全省高速公路通车里程提前一年突破2 000公里；2010年6月，196公里的永安至武平高速公路通车，"第二纵"形成；2012年10月，宁德至武夷山高速公路建成通车，全省高速公路通车里程突破3 000公里；2013年12月，莆永高速公路泉州段建成通车，全省高速公路通车里程突破4 000公里。至此，福建省高速公路基本形成"两纵五横"主骨架，形成各设区市至省会福州"三小时交通经济圈"。全省78个县城15分钟内上高速，通县比例达93%；每100平方公里高速路网密度达3.34公里，跨入全国先进行列。

因此可见，在2008年的规划下，至2013年底，福建省高速公路建设呈现加速发展态势，逐步缩小与发达省份的差距。交通运输对经济社会发展的适应度逐步从"瓶颈制约"发展为"总体缓解"，并基本形成"两纵五横"的主骨架。

3. 高速公路的跨越——基本适应，局部适度超前（2013—2020年）

2013年，国家发展改革委、交通运输部出台《国家公路网规划（2013年—2030年）》，规划未来国家高速公路网规划总规模40.1万公里。在国家政策的引导下，为了实现与国家公路网规划的一致性，进一步完善布局，2017年，福建省交通运输厅发布《福建省高速公路网规划（2016—2030年）》，作为福建省2016—2030年的战略规划。规划实现"中心多路放射、省际密切联系、城际便捷互通、县城全面覆盖"，构建"布局合理、衔接顺畅；适度超前、能力充分；服务优质、安全可靠"的省域高速公路网络。修编后的福建省高速公路网格局为"六纵十横"，总规模6 984公里。按行政等级分，国家高速公路4 138公里，省级高速公路2 846公里。并预计到2050年，福建省高速公路网为7条纵线、10条横线、18条联络线和12条支线，即"七纵十横"高速公路网，规划总规模约8 050公里。

在这期间，至2015年底，福建省高速公路"三纵六横"主骨架基本建成，通车里程达到5 002公里，实现县县通高速，高速网密度达4.1公里/百平方公里，位居全国第二。福建省于2019年4月底全面执行"六纵十横"规划。2020年10月，北京—台北高速公路福建段构成路段长乐—平潭高速公路二期工程暨平潭海峡公铁大桥公路面通车。至此，福建省"三纵八横"主骨架全部建设完成。

由此可见，从泉厦高速公路零的突破，到"一纵两横"、"两纵五横"再到"三

第4章 高速公路工程战略决策管理

纵八横"基本形成,从设区市"四小时交通经济圈"到"县县通高速",从点到线、从线到网,福建省高速公路主骨架加快建设,其交通运输对经济社会发展的适应度逐步从"瓶颈制约"、"总体缓解"跃升到"基本适应、局部适度超前",从而支撑其实现"交通强省"。

综上所述,福建省高速公路工程战略决策演进路径如图4-2所示。

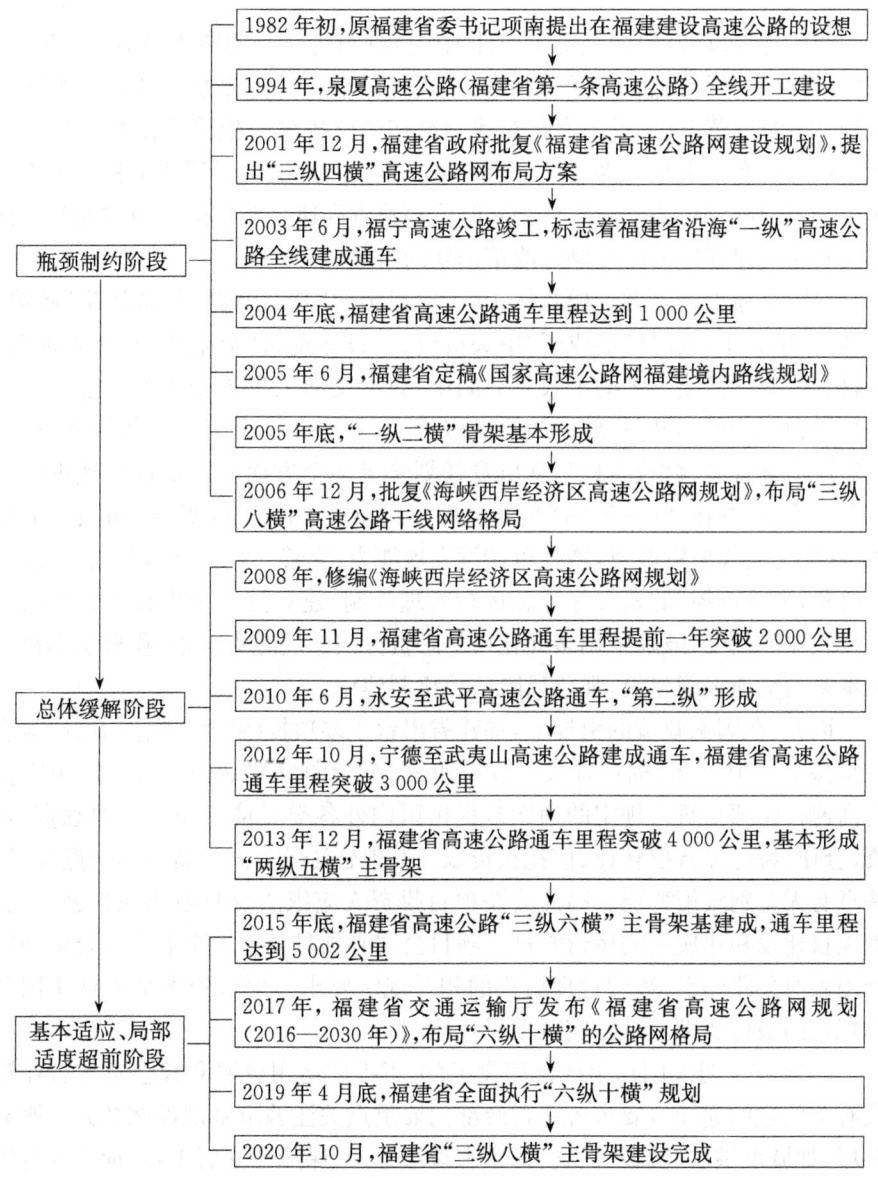

图4-2 福建省高速公路工程战略决策演进路径

4.2 高速公路工程投融资决策

4.2.1 高速公路工程投融资政策改革路径

改革开放以来,我国经历了由计划经济到市场经济的转轨并不断深化,相应的,新时代我国交通工程的投融资模式也在市场经济体制不断完善的社会背景下不断变革,这一重大变革对我国高速公路投融资模式的演变产生了深刻影响并具有重大指导性意义。梳理这一重要时期的交通行业工程投融资模式改革"里程碑"对我们清晰认识新时代福建省高速公路投融资模式的变革路径及其对福建高速公路投融资改革创新的指导意义。

我国交通工程投融资模式从1984年提出的"贷款修路、收费还贷"政策,到2010年为止,我国已形成了"中央投资、地方筹资、社会融资、利用外资"的投融资体制。在接下来的十余年时间中,我国交通工程逐步进入规范化与多元化投融资阶段,分别从地方政府融资行为、政府和社会资本合作模式、地方政府性债务管理、财政事权与支出责任划分等多个方面对投融资管理进行了完善与推动,并在2019年的《交通强国建设纲要》中,明确提出:加强资金保障,深化交通投融资改革,增强可持续发展能力,完善"政府主导,分级负责,多元筹资,风险可控"的资金保障和运行管理体制,建立健全中央和地方各级财政投入保障制度,鼓励采用多元化市场融资方式拓展融资渠道,积极引导社会资本参与交通强国建设,强化风险防控机制建设。

因此,在国家政策的引导下,福建省出台了多项投融资政策作为回应与进一步探索。2012年,福建省人民政府印发《关于印发鼓励国内外经济组织投资高速公路项目暂行规定的通知》,提出国内外各类经济组织可采取独资、合资、合作、特许经营权转让、信托投资以及其他合法的方式投资高速公路项目,并享有无差别政策待遇。高速公路项目投资人应依法及时组建项目公司,负责项目建设和建成后的运营管理。项目公司必须具备独立企业法人资格和符合国家对公路建设、运营管理机构的相关规定要求。项目资本金不低于国务院规定的最低要求。鼓励实行项目代建制。

2014年9月23日,财政部印发了《关于推广运用政府和社会资本合作模式有关问题的通知》,要求各级财政部门要重点关注城市基础设施及公共服务领域,如城市供水、供暖、供气、污水和垃圾处理、保障性安居工程、地下综合管廊、轨道交通、医疗和养老服务设施等。2014年11月,《国务院关于创新重点领域投融资机制鼓励社会投资的指导意见》完善公路投融资模式。建立完善政府主导、分级负责、多元筹资的公路投融资模式,完善收费公路政策,吸引社会资本投入,多渠道筹措建设和维护资金。逐步建立高速公路与普通公路统筹发展机制,促进普通公路持续健康发展。2015年5月,交通运输部印发《关于深化交通运输基础设施投融资改革的指导意见》建立和完善交通运输发展"政府主导、分级负责、多元筹资、规范高效"的投融资管理体制,促进交通运输健康可持续发展。

为回应国家这些政策,福建省人民政府于2014年10月11日印发了《关于推广政府和社会资本合作(PPP)试点的指导意见》,在全省公共服务及基础设施领域积极推广运用政府和社会资本合作模式。2014年9月15日,福建省财政厅与福建省发展改革委联合下发了《关于发布政府和社会资本合作试点推荐项目公告》,共发布28个项目推荐开展政府和社会资本合作试点。2015年5月,国家发展改革委建立了PPP项目库,发布PPP项目共计1 043个,总投资1.97万亿元。其中,福建项目18个,总投资1 255.35亿元,涉及的高速公路项目3个。福建省人民政府办公厅发布《关于推广政府和社会资本合作(PPP)试点扶持政策的意见》,提出奖补示范项目前期费用、鼓励存量债务转化、统筹财政专项资金、保障社会资本合理回报、提供项目融资增信支持、扩大项目融资渠道以及建设公共服务平台七大措施。

2015年5月,福建省交通运输厅出台《全面深化交通运输改革重要举措分工方案》,探索推广政府与社会资本合作模式,引导和鼓励社会资本通过特许经营等方式,参与交通运输基础设施等投资、建设、养护和运营。建立中央交通专项资金用于支持政府与社会资本合作项目的运行机制。2015年12月,福建省人民政府关于加强政府性债务管理的实施意见,要求明确划清政府与企业界限,政府债务只能由政府及其部门通过举债方式举借,不得通过企事业单位等举借,要剥离融资平台公司承担的政府融资职能,融资平台公司不得新增政府债务;其中,收费公路这种有一定收益的公益性事业发展确需政府举借专项债务的,通过发行专项债券融资,以对应的政府性基金或专项收入偿还;推广使用政府与社会资本合作模式。2016年1月,福建省人民政府出台《关于创新重点领域投融资机制鼓励社会投资的实施意见》,完善公路投融资模式。完善政府主导、分级负责、多元筹资的公路投融资模式,完善收费公路政策,多渠道筹措建设和维护资金。鼓励各类经济组织采取独资、合资、合作、特许经营权转让、信托投资等方式投资高速公路项目,并享有无差别政策待遇。特许经营的高速公路项目所在设区市、县级政府可根据项目投资及交通量预测情况,结合当地实际出台优惠政策。鼓励特许经营的高速公路企业以收益再投资其他高速公路项目,支持其依法向社会融资,实行规模化经营。

2017年6月,福建省转发《财政部、发展改革委、司法部、人民银行、银监会、证监会关于进一步规范地方政府举债融资行为的通知》,并提出要求:抓紧开展清理整改工作,设立政府性债务管理领导小组,完善风险防范机制。各级各部门要对照《通知》要求,结合融资平台公司债务等统计情况,尽快组织开展一次政府及其部门融资担保行为的摸底排查,对存在不规范的融资担保行为,要加强与社会资本方的平等协商,依法完善合同条款,分类妥善处置,严格按照中央要求在2017年7月31日前全面清理整改到位,对逾期不改正或改正不到位的相关市、县(区)和部门,依法依规追究相关责任人的责任。严格按照中央有关要求,健全规范的地方政府举债融资机制,严禁违法违规融资担保行为;加快推进融资平台公司市场化转型,加强融资平台公司融资管理;规范政府与社会资本合作模式(PPP)、政府购买服务等运作方式;加强统计监测,积极推进信息公开,加强部门信息共享,完善债务风险预警和应急处置机制,牢牢守住不发生区域性系统性风险的底线。

2021年1月4日,为贯彻国家发展改革委等十二部门联合出台的《关于支持民营企业参与交通基础设施建设发展的实施意见》、中共福建省委福建省人民政府印发的《关于营造更好发展环境支持民营企业改革发展的若干措施的通知》等精神,充分发挥民营企业在交通基础设施建设发展中的作用,扎实做好"六稳"工作,全面落实"六保"任务,加快推进福建省交通基础设施高质量发展,结合实际,提出高度重视民营企业在交通建设发展中的作用、坚决破除市场准入壁垒、调动民营企业投资积极性、支持民营企业拓宽投融资渠道、支持和鼓励参与重大交通基础设施建设。

因此,在政府主导下,福建省高速公路建设融资形式更加多元化、权责分配更为明确、风险防控机制更加完善。

4.2.2 福建省高速公路工程投融资模式典型案例

1. 中央财政、省级财政与市级财政联合出资——福州京台

福州市交通建设集团与福建省高速公路集团作为投资方,成立项目法人单位福州京台高速公路有限责任公司,负责京台高速公路福州段的投资建设。京台线建瓯至闽侯公路概算总投资173.36亿元,项目资本金比例40.5%计70.21亿元;其中福州段概算投资65.36亿元,资本金26.47亿元,银行贷款38.89亿元。根据项目公司组建合同约定及相关股东会决议,福州段26.47亿元的项目资本金按照省(含部)65%、市35%的出资比例投入,其中福州市交通建设集团投入资本金9.26亿元,其余资本金17.21亿元由福建省高速公

路集团投入(其中部投入 9.42 亿元,集团投入 7.79 亿元)。

2. 中央财政与市级财政联合出资——福州莆炎

福州莆炎项目概算总投资为 56.887 亿元,资金来源为中央补助和福州市自筹,其余为银行贷款。其中:交通运输部投资 12.820 9 亿元、占 22.54%;福州市投资 10.559 7 亿元、占 18.56%;银行贷款 33.506 4 亿元,占 58.9%。

3. 省级财政与市级财政联合出资——龙岩漳永

漳永高速公路龙岩漳平段概算总投资为 35.86 亿元,采用省市自筹和银行贷方式。投资股比:资本金比例为 35%,省市县出资 12.55 亿元(按省 51%,市 25%,县 24% 出资,分别为 6.4、3.14、3.01 亿元),银行贷款 23.31 亿元。

4. BOT——莆秀高速公路

莆田莆秀高速公路是福建省第一个采取 BOT 融资的高速公路试点项目,也是莆田市唯一引入社会资金投资建设的高速公路项目。2006 年正荣集团和湖南建筑工程集团总公司组成联合体,在面向全国的招标中通过竞标方式取得了莆秀高速公路建设特许经营权。2008 年联合体投资人中的湖南建工集团退出股权。该项目实际完成投资 16.25 亿元。其中正荣集团出资 4.22 亿元,占股权 73.77%,省市出资 1.5 亿元,占股权 26.23%。该项目筹融资模式的成功,不仅拓宽了福建省高速公路融资渠道,也为后来福建省高速公路其他 BOT 及 PPP 项目融资提供了参照。

5. BOT+EPC——武邵高速公路

武邵高速公路是福建省首次采用"投资+设计+施工"总承包(BOT+EPC)模式试点的省重点工程项目,也是交通运输部在全国四省(区)一市采取高速公路设计施工总承包五个试点项目之一。项目概算总投资 44.48 亿元,由中国水电集团公司和南平市高速公路有限公司合资兴建,其中,中国水电集团公司以 68% 的股份控股建设。

6. PPP——泉厦漳城市联盟路、顺昌至邵武高速公路等

顺昌至邵武高速公路项目(PPP 投资模式)由新疆生产建设兵团建设工程(集团)有限责任公司中标,组建的项目公司中新疆生产建设兵团占股 60%,地市股权占股 40%。泉厦漳城市联盟路项目资本金比例 30%,为 14.124 亿元(其中:政府方出资资本金 3.107 亿元,占股 22% 且不参与利润分配;中国交建资本金 11.017 亿元,占股 78%。);其中 70% 的建设资金 32.956 亿元以该项目特许经营权抵押向银行贷款。

7. BT——长平高速公路

长平高速公路概算总投资约 32.6 亿元，由投资方—中交一公局采用"BT＋设计施工总承包"模式建设。在项目交工验收后分三年进行回购，最后一期回购款在该项目竣工验收后支付。该项目利用的是非政府资金，达到有效融资的目的，为政府提供了解决基础设施项目融资的新模式，同时也为政府方减少了建设期的资金压力。

4.2.3 福建省高速公路工程投融资模式的情境适应性

我国 40 年改革开放历程不仅表现出时序性的不同阶段及相应的关键时间节点，而且因为我国地域辽阔，中东西部及南北方经济发展水平与经济实力差异性较大，不同区域对于高速公路投融资模式必要的经济环境与支撑能力不尽相同，因此，即使总体上全国各区域处于同一个改革的时间节点上，但有关制度与政策"落地"执行的方式、程度、侧重点与支撑能力等等都因各地现实情况不同而表现出差异化与梯度性，这一国情认知极大地帮助我们确立高速公路投融资模式改革中的区域适应性思维。这样的地区情景适应性也同样体现于福建省高速公路的投融资模式上。

1. 沿海经济发达城市

福建省东部沿海地区经济发达、政府财政收入充裕，在投融资方面，东部沿海地区往往以政府为主导并通过自身财政收支或者专门的工程投融资平台筹集一部分资金，剩余部分采用银行贷款等债务性融资，最终完成高速公路的投融资，前期产生的贷款一般由高速公路建成后的收费偿还，基本可实现收支平衡，走出了一条稳健的发展道路。同时，东部沿海各市近年来也出现了更具市场化的投融资模式创新尝试，福建省也积极鼓励在法制框架内大力创新实现跨越发展。2006 年，莆田市的莆秀高速公路是全省第一个采取 BOT 融资的高速公路，随后，在福州市、泉州市等经济发达城市又陆续拓展了 BT 模式、PPP 模式等进行高速公路建设，多样化的融资模式改革离不开省市共同出资的支持。

2. 经济欠发达、山区城市

受地理位置及经济发展的限制，福建省宁德市、南平市、三明市等城市的高速公路由于资金不足，融资成本较高，多由政府出资，投融资方式较为单一。虽如此，这些城市也在积极探索多元化投融资模式。例如，南平武邵高速公路作为旅游拉动经济的区域，2007 年创新性地提出采用"投资＋设计＋施工"总承包（BOT＋EPC）模式。2016 年南平市境内顺昌至邵武高速公路提出采用

PPP模式。这也体现了这些地区积极探索多元化投融资模式的趋势。但不可否认的是，这些城市的资金压力较高。例如宁德市政府提出，鉴于宁德属经济欠发达的革命老区，经济总量小，财力十分薄弱，又是当时全省在建高速公路项目最多的设区市，建设任务重，按时足额筹措高速公路资本金和运营补亏资金，压力巨大。主要源于资本金比例高、安征迁补偿标准高、融资成本高、要素保障要求高以及需承担项目运营补亏。

因此，针对投融资决策问题，在政府确定工程有必要建设的基础上，才会进一步确定投融资模式的选择。而这种选择往往受到具体省份的经济发展水平、建设管理模式、行业政策等方面影响。各地区投融资模式的选择与地区经济发展关联性大，存在着情景适应性的治理模式，目前多元化与市场化融资仍是未来的发展趋势。

4.3 福建省高速公路工程决策能力现代化

福建省十余年来有效地解决了规模大、自然地质条件险恶、技术复杂、社会经济环境不确定性强等难题，逐渐建成了较为完整的高速公路网络。因此，本小节将剖析福建省高速公路工程如何驾驭决策复杂性，总结其决策能力现代化的跃迁路径与宝贵经验。

4.3.1 福建省高速公路工程决策概述

工程决策是决策主体针对工程建设中的各类问题，按照对客观规律的认识及工程实际需求，采用科学的理论、方法与手段，明细决策问题，构建备选方案，并按照一定的评价标准，对备选决策方案进行比对、优选，最终确定满意的可实现目标的方案加以实施。由此可见，工程决策是一个从问题确定到目标实现的完整的活动过程链，而不仅仅是活动链中的某一个环节。

在分析工程决策的多环节活动中，首先要解决的是对决策问题的科学认识。从总体上讲，福建省高速公路工程的决策问题有以下三个层次：(1) 第一层次的决策问题大量存在于工程管理的基层，具有常规性与重复性特点。这类决策问题涉及的要素相对较少、要素确定性程度较高、输入/输出关系明晰，所以决策主体基本可以根据规定的流程与规则完成决策任务。这是一类"有章可循"和程序化的决策问题，多为结构化决策问题。(2) 第二层次的决策问题多出现在工程管理中层，如高速公路工程施工标段的划分，这是一个同时涉及工程进度、质量、风险等众多要素且包括多方面不确定性的决策问题。这类问题涉及要素增多、要素间关联紧密且不确定性增强。这一类决策问题中的一部分可建立结构化模型来处理,而另一部分则要通过演绎、类比、比拟等非结构模型方法来表述,多为半结构化决策问题。(3) 第三层次的决策问题多出现于高速公路工程管理宏观层次,这一类决策问题涉及要素更多、要素之间关系复杂,决策目标难以明晰化、不确定性严重,充分反映了高速公路工程管理问题的复杂整体性,如工程立项论证、社会经济效益评估、投融资模式选择等,多为非结构化决策问题。

不难看出,对于上述三类决策问题,解决第一、第二层次问题相对简单,方法比较成熟,决策主体一般也具备相应的决策能力。但是对于第三层次决策问题,需要建立管理这类复杂性决策的体系。福建省高速公路工程第三个层次的决策问题是分析的重点。

4.3.2 福建省高速公路工程决策复杂性分析

上述第三层次的问题,反映了福建省高速公路作为一项复杂工程所具备的直观复杂性。与一般的工程项目相比,福建省高速公路工程是一项投资巨大、规模宏大及对社会经济发展有重大持续影响的基础性交通工程项目,其在决策时,面临以下工程—系统—决策相耦合的管理复杂性。

1. 工程复杂性

(1) 工程规模巨大

福建省高速公路工程的建设会涉及大型桥梁、隧道、深水填筑、交通机电、路面等多个领域,是集岛、隧、桥、路等各专业为一体的超级综合集群项目,复杂程度较高,项目路线长度较长,投资额巨大。例如 2017 年开工建设的海西高速公路网泉厦漳城市联盟路泉州段路线全长 27.36 km,其中包括 5 座特大桥、9 座大桥,涵洞、通道 38 道,总投资 47.08 亿元。

(2) 工程自然环境复杂

福建高速公路纵贯福建沿海和山区,经历了多种地质、地形、地貌、气候等施工环境的考验和挑战,是建设领域的一本"百科全书"。首先,福建省高速公路路基工程具有高(填筑最高达 80 米)、深(开挖最高达 95 米)、软(软基段落深而多)、滑(不良地质边坡、滑坡点多)等特点。其次,福建省高速公路跨越多个海湾,从而建设时面临多座跨海跨江大桥的建设。例如平潭大桥,其跨越海坛海峡,海水含盐度高,加宽段位于海上,海上作业防腐问题严峻,且通过历年的统计资料显示,平潭岛经受过多次强台风的袭击,而主桥属于大跨径悬臂浇筑施工,亦存在很大的施工安全风险。再例如厦漳跨海大桥,处于地震高烈度区,在设计地震动峰值加速度要明显高于当前国内的其他桥梁。再者,福建素有"八山一水一分田"之称,河流众多、江河切割导致山脉支离破碎。其中闽中、西、北部地区崇山峻岭,这种地形特点,决定了隧道在福建山区高速公路建设中占有较大的比例,如福银、厦蓉、永武、宁武等高速公路许多地段位于高山峡谷,采用桥隧相连,桥隧比达40%以上,工程较为复杂。

(3) 专业覆盖面广,涉及的工程问题复杂

福建省高速公路由于其特殊地形特点,包括路、桥、隧、岛多个专业,涉及海洋工程、气象工程、水工工程、机电工程、通信工程、房建工程、消防工程、给排水工程、船机设备、自动控制等多学科的交叉和集成。此外,还需要充分认知山脉与海域独特的自然条件和特点。由于专业覆盖面较广,对问题认知不充分,施工过程中容易出现各类不确定性事件。例如三明永宁项目石林隧道位于永安市大湖镇,长2875 m,隧道进口浅埋段较长,且洞内围岩破碎、地质复杂。现场施工过程中出现了大变形软岩、突泥流沙、溶洞、断裂构造带等多种不良地质情况,造成了隧道开挖塌方、初期支护变形严重、连续换拱、仰拱隆起等多种施工难题。

(4) 工程生命周期长

高速公路工程由于规模宏大,环境与技术复杂等原因,从其概念形成到立项再到施工完成,通常长达十余年甚至更久,而从其开始运营到工程生命期结束,往往长达数十年甚至数百年。如此漫长的工程生命期,不仅会形成工程建设过程中的多个阶段和接口,更重要的是使工程建设特别是工程目标的释放置身于社会经济、自然环境长时间尺度的不确定性之中,从而需要高速公路的功能在其长生命期内具有良好的"稳健性"。这不仅是对高速公路的建设质量、而且是对其决策质量提出的新挑战。例如,按《公路工程技术标准》规定,高速公路桥梁的设计寿命为100年,路基设计寿命50年,路面设计寿命15年(沥青路面)。这也意味着需要对长寿命的每个因素进行细致考虑和设计,使用最耐久的材料,做好每个细节工作。

(5) 对区域社会经济环境有着重要而深远的影响

高速公路是一项重大交通基础设施工程,但凡重大基础设施工程必然与社会经济环境有着广泛、紧密和深刻的关联,并可能因重大工程建设而引发出多方面的、原来没有出现过的以及新的对社会经济环境的正、负面影响,而这些关联与影响又因为工程超长生命期而难以考虑周全、预测准确,因此,需要十分谨慎的科学态度才能尽可能避免管理失误。例如,目前在建的宁德至古田高速公路线路会穿越金涵水库饮用水源二级保护区,在古田县大甲乡、杉洋镇、鹤塘镇跨越敖江流域饮用水源二级保护区。因此,在决策过程中,通过充分的调研与排查,环保局在环评报告中规定,饮用水源二级保护区范围内不得

设置施工营地和弃碴场,禁止施工废水排入水源保护区内水体。其他路段的取土场、临时弃土场、砂石料场、拌和站等施工场地尽量远离水体,配备足够处理能力的沉砂池、隔油池等污水处理设施,并按规范设计;各类施工废水经隔油、沉淀池处理后,循环用于施工场地抑尘洒水、路面养护,不外排。由此也带来一系列的环保决策衍生问题。

(6) 多方面的主体参与

福建省高速公路项目分为两类,一类是国家高速公路,另一类是地方高速公路。对于国家高速公路而言需报国家发展与改革委进行立项审批,而对于地方高速公路而言,则是由福建省发展与改革委进行工可报告审批与批准立项。但总体而言,高速公路的准公共品性质决定了政府在其建设过程中起着重要的主导作用,工程如何出资、怎样建设等,政府拥有权威的决策权和话语权。其次,高速公路通常会跨越多个市县,各市县的目标、管理制度等均有差别,这必然增加了很多彼此间的接口与界面,也增多了彼此的沟通和协调环节。再者,高速公路工程由于专业覆盖面广,其主体群涉及各个层次、领域、行业与专业,从而带来众多的不同主体的目标偏好与利益诉求,增加了建设主体群成员之间的冲突与博弈,这为决策增加了复杂性。

上述这些福建省高速公路工程的重要特征是其在工程实体层面上最直观的复杂性认知,也是福建省高速公路决策复杂性的主要来源。

2. 系统复杂性

(1) 福建省高速公路的建设环境是动态和高度开放的

高速公路的建设环境包括自然、经济、社会文化、技术、政策法规、政治等多层次、多维度环境,高速公路的建设不仅对社会、经济、生态环境产生影响,也会受到各种环境因素的影响和制约。自然环境决定了高速公路建设的客观条件,经济环境影响着高速公路投资规模、建设方案以及效益评价等,社会文化环境引导着高速公路目标的确立、设计和决策者的价值偏好,技术环境决定了高速公路设计水平和建设水平,政策法规环境则是规定了高速公路建设的依据和行为准则。由于环境的动态发展变化以及各种环境因素之间相互影响、相互制约,还会由此产生高速公路建设的各类不确定性。

高速公路系统与环境之间是高度开放与交互的,环境是动态、不确定和演化的,并且与系统有着紧密的关联和相互影响。首先,由于福建省地处我国东南沿海,高速公路建设不可避免会经过海域或江河,潮汐、盐度、台风、淤泥等海洋环境处于动态变化的过程,对高速公路决策与建设带来较大的深度不确定性挑战;其次,福建省中、西、北部地区山脉遍布,诸多高速公路线路位于高山峡谷,例如龙长高速公路船岭崇特大桥桥面至沟底垂直高度超过135米,墩台全部设计落在近似悬崖峭壁的山腰间,其决策方案拟定与施工难度超乎想象。再者,福建的武夷山区就是典型的喀斯特地貌,修建在这些地区附近的如永武、龙长、永宁等高速公路路线不可避免地经过岩溶发育地区。岩溶地质构造复杂,根据逐桩钻探资料,有可能因在桩基满足设计且桩底满足安全厚度的情况下同一桥墩相邻两根桩桩端深度相差较大。此外,高速公路在长生命期内,其政策规定、技术标准、市场环境等均会动态演化,使其决策具有深度不确定性。

(2) 福建省高速公路的决策主体是多元、异质的

高速公路是政府提供的准社会公共产品,具有重要的政治意义和社会影响,政府基本是高速公路最大的投资主体,福建省通过成立省高速公路建设总指挥部深度参与高速公路工程建设与管理。另外,为了有效进行工程资源整合和解决工程建设中的各种复杂问题,市高指牵头组织了由规划、设计、施工、监理、科研、咨询、海事等多方面力量组成的工程管理平台。这种工程组织平台一方面极大地增强了整合工程资源的能力,同时也不可避免地形成了多元工程价值观和多元主体利益并存的格局,这些正是形成高速公路系统复杂性的原因之一。即使对于政府主体而言,不同的政府部门对于同一问题会有不同的立场,也会因为知识背景、价值观念的差异产生不同的看法和观点。

(3) 福建省高速公路工程管理要素关联性强,呈现出多种复杂性形态

高速公路系统组成要素多,并具有异质性与自适应性,所以,要素的属性、作用和功能之间有较大的差异;要素能够根据接收到的信息主动调整自身的状态与行为,以适应环境的变化,更加有利于自己的生存与发展。与此同时,系统中会产生新的规则、形成新的关联与结构,系统因此会出现更加高级、更加有序的整体行为与功能。例如,高速公路工程决策包含规划、立项、技术标准、建设方案、管理模式、经济评价等多个主要问题,这些主要决策问题彼此密切相关,每个决策问题又可细分为相关子决策问题。因此,高速公路决策问题构成一个系统,部分决策问题的解决不仅需要考虑其子问题之间的关系、落实的先后顺序和过程,还需要考虑与其他并行决策的相互影响以及其与上层决策之间的关系。

(4) 福建省高速公路建设过程具有工程系统行为和功能的演化和涌现性

一般的,复杂系统在整体层次上往往呈现出系统个别要素或部分子系统所没有,或者也不是它们的行为与功能简单叠加的"复杂的"行为与功能,称这一现象为复杂系统行为与功能的"涌现",涌现是复杂性的一个重要表征。对复杂工程系统来说,与系统有关的一个小的偶然事件,不论其是设备、人员、管理还是自然方面的因素或以上几方面因素的组合,只要它导致了某一个哪怕

是非常小的故障发生,工程系统的复杂性就有可能导致该故障逐步传导、放大,并最终因此涌现出基于复杂性的系统整体行为或现象,而这一过程与结果可能远远超出现场人员掌握的程序化操作规定和以往的经验,甚至远远超出工程设计人员的意料,并使得原来正常的操作都可能成为更大事故产生的起因。

例如,由于设计线路选线限制,福建省高速公路的隧道洞口对不良地质的回避愈加困难,同时,随着高速公路从沿海向内地山区延伸,地质条件也从沿海火成岩为主的地质条件向内地山区沉积岩、变质岩过渡,隧道修建过程中经常遇到岩溶、软岩、富水、流沙、断裂构造带、下穿水库等不良地质,在处置洞口段沉降变形、侵限换拱、坍塌、涌突水(泥)、岩爆、地面塌陷等地质灾害过程中不断出现不可预料的"正常性事故"。如南平浦南项目的摇前隧道、三明泉三项目的曹源隧道、泉州莆永的大鼓山隧道等均出现洞口大变形、沉降侵限,福建把隧道洞口施工作为隧道施工的关键,在经验累积中不断推进。

以上是依据系统理论思维建立的福建省高速公路工程物理要素属性和关联的逻辑体系,形成了工程虚体及其系统复杂性,也是高速公路工程物理复杂性在复杂系统范畴内的体现与抽象。

3. 决策复杂性

(1) 决策环境

首先,福建省高速公路建设路线较长、涉及地域大、空间覆盖面广,例如泉南线泉州至三明高速公路泉州段全长 127.53 公里,主线起自晋江市苏塘村,接福厦高速公路,经泉州开发区、鲤城区、南安市、永春县,止于永春县下洋镇泉州与三明交界处。如此大尺度的空间环境必然会呈现出社会、人文、自然形态的多样性并对实际工程管理活动产生复杂影响。其次,高速公路的社会经济自然环境在其长生命期内不仅是动态变化的,还可能发生演化与突变等复杂现象,这些都会对其建设过程产生深刻影响,对福建省高速公路的决策带来了深度不确定性的挑战。

(2) 决策主体

决策主体是指具有决策能力和决策权力的个体或群体。高速公路工程前期决策的核心主体是政府相关部门,它们是工程前期决策的组织者,并对工程能否立项具有最终决策权。但是高速公路各项重大决策方案的形成与确定则是政府主体、项目主体、中介机构、专家群体和社会公众多方主体联合行动的结果。而福建省高速公路在建设全过程中的决策主体则是由多方面干系人共同组成的群体,如政府、业主、设计方、承包商、供应商、监理方、科研方与社会公众等。显然,这一决策主体群规模大、人数多、价值多元化。异质性的决策主体对于同一决策问题会有不同的立场,同一性质的不同决策主体也会因为知识背景、价值观念的差异产生不同的看法和观点。例如从整体来说,政府主体在决策过程中更加关注高速公路的综合价值和长远效益,业主则偏重于对高速公路成本与收益、资源与技术的分析,社会公众则往往从自身利益出发,强调公平、效率与环保。另外,面对复杂的高速公路决策问题,管理主体往往表现出知识、经验及能力的不足,这一般要通过决策主体自学习、自组织来提升自身的管理水平。例如福建省高速公路在山区隧道修建过程中易遇到岩溶、软岩、富水、流沙、断裂构造带、下穿水库等不良地质,洞口段沉降变形、侵限换拱、坍塌、涌突水(泥)、岩爆、地面塌陷等事先难以充分预料到的地质灾害,需要决策者的学习与经验累积来实现决策能力的提高,这会大大增加决策主体行为与管理的复杂性。

(3) 决策问题

与一般的工程决策相比,高速公路的决策过程中需要解决的决策问题,不仅数量多,而且复杂得多。除了一般决策活动中的各类简单性问题外,还出现了一类具有复杂性的决策问题。这些复杂性的决策问题一般都涉及多个学科和领域的知识,其边界往往是模糊和不完全清晰的,问题内部要素之间除有确定的输入/输出关系,还有不完全确定的关联关系;除有显性的可确知的关联关系,还有隐性的难以确知的关联关系,而且被我们认定的一些关系或关联要素,在实际传导过程中还可能被其他因素影响而改变,导致人们对问题的认知往往是模糊、不确定甚至是不确知的。此外,这些复杂性决策问题一般都很难完全用一种比较明晰的结构化方法(模型)来描述。事实上,重大基础设施工程决策问题往往同时包含着社会经济、工程技术与人的行为及文化价值观等要素。这一类决策问题整体上就必须同时用结构化、半结构化甚至非结构化模型才能完整、准确地描述,这不仅大大增加了问题建模的难度,而且还增添了不同类型模型之间相互融合的难度。例如跨越生态保护区的方案决策、复杂性引起的建设风险分析与防范、建设现场多主体协调与多目标综合控制以及建设关键技术创新等。

(4) 决策组织

对于一般性工程而言,决策问题相对简单,并且决策主体的能力也相对较强,往往只需要一次性地设计与构建工程决策组织,这一组织就能够"从头到尾"地处理工程决策全过程中的各种问题。但是,对于高速公路这一类复杂交通工程,不仅环境复杂、问题类型多而且问题复杂。因此,在实际中,很难一次性构建一个工程决策组织,而该组织需要在工程决策的全过程拥有对所有决策问题的分析、处理和驾驭能力。相反,这时要通过决策组织在决策过程中的

"柔性"和"适应性"的调整（包括变动主体构成、改变决策机制与流程）来提高它的整体能力。例如，随着决策问题的演化，国家高速公路福建段的决策序主体经历了国家发展改革委、福建省交通运输厅、福建省高指、市高指、项目法人、承建单位等多层次变革。

(5) 决策目标

决策问题总是以决策目标为导向的，高速公路的决策问题因为长寿命期的特点而使其决策目标在不同时间尺度上有所不同。又因为高速公路对社会经济环境有着重大影响，从而在不同领域内又会有各自的决策目标。这些不同维度，或者同一维度但不同尺度的决策目标不仅形成了多层次、多维度、多尺度的决策目标体系，而且在决策目标表述时，还会出现模糊、不确定、相互冲突、难以计量等情况，从而增加了对这些决策目标综合分析和评估的难度。例如，福建省高速公路招标的基本目标就是选择优秀的施工队伍、优良的物资和适合的技术。因此，在招标决策中，要综合考虑到价格、质量、企业信誉等因素。但在实际中，由于福建省高速公路独特的地理位置，其建设过程往往需要先进的关键技术，没有这样的技术，高速公路隧道建设、质量、安全等目标都无法实现。因此，在实际招标决策过程中，和一般工程评标中商务分比重较大不同，必然要保证先进可靠技术的优先权，并使这一原则在评标目标体系中得到充分的体现。另外，在决策过程中还要能够解决决策目标之间彼此冲突和难以度量的复杂情况。

(6) 决策方案

决策方案是针对决策问题提出的解决路径、计划、手段与方法。对于高速公路中一类相对简单的问题，其方案的形成与一般工程基本上没有什么差别。但是，对于其中的一类复杂程度高的问题，其方案的形成路径就会有很大的不同。首先，根据人的认识规律，决策主体对这类复杂决策问题的认识必然是一个由不知到知、由知之不多到知之较多、由知之片面到知之全面、由知之肤浅到知之深刻的过程。这不仅体现了决策主体个体认识的深化过程，而且也是决策主体群形成共识的过程。因此，决策主体群对决策方案的产生表现为一个不断探索的"试错"过程。在这一过程中，决策方案通常都不是一次"优化"形成的，而是根据对问题认识的深度和准确度，通过对备选管理方案的多次比对、修正与完善来确定的。从总体上讲，这是一个由阶段性中间方案沿着一条从比较模糊到比较清晰、从比较片面到比较全面、从品质比较低到品质比较高的路径，不断迭代、逼近，直至收敛到最终方案的过程。例如，厦漳跨海大桥桥位选择过程考虑的因素逐渐增加。开始时，三个备选方案从线路总长、对港口的影响、对居民工厂的影响、对环境的影响、车辆绕行距离、漳州岸接线、拆迁量和工程造价进行考虑,选出备选方案。然后漳州方面又提出的厦漳跨海大桥新桥位设计方案,对桥梁的建设提出要保证海沧港区岸线资源的充分利用、可以减少项目总投资、降低项目总造价和有利于招商等更高的要求。在动态变化中一次次的论证比较,调整与优化新的方案,使最终得到的方案更加完善。此外,在决策方案形成过程中,必然要出现和增加许多新的、复杂的环节与接口,如决策主体之间需要更多的协调与沟通、方案迭代过程中需要有更多的前后完善与比对、还要保证对不同类型信息的有效融合和对方案形成进行整体(综合成本、时效与品质等)评估与优化。

4.3.3 福建省高速公路工程决策的科学化

决策的科学化是指在科学的决策思想指导下,将科学引入决策问题与决策过程中,按照科学的决策规律,遵循科学的决策程序,运用科学的决策方法,匹配决策问题与决策能力进行决策,即体现为决策能力的科学化。

福建省高速公路在进行问题的决策时,充分体现了科学化。

1. 采用科学的方法与手段进行论证,对关联的决策问题进行系统分析

2009年8月,部规划院受交通运输部委托,组织专家,对国家高速公路北京至台北射线福建境内建瓯至闽侯段工程的工可报告进行现场调研,提出了以下审查意见:在项目建设必要性方面,项目建设是必要的;在交通量预测方面,预测结果基本可信,在技术标准方面,四车道高速公路标准基本合适,但从项目所处走廊为国家综合运输大通道角度考虑,京台高速和福银高速均采用四车道高速公路标准,难以满足更长远的交通需求,本项目若推迟几年建设,采用六车道高速公路标准更为合理。同年9月,受国家发展与改革委托,中国国际工程咨询公司组织专家,对该项目的工可报告进行现场调研和咨询评估,给出如下意见:在项目建设时机方面,应结合调整后交通量预测结果,对项目的建设时机作进一步论证;在交通量预测方面,存在对铁路转移交通量分析不够深入、诱增交通量和远期弹性系数取值均偏高等不足。

因此,建瓯至闽侯段工程根据海西高速公路网的最新调整情况及专家组意见,做了以下科学的应对决策流程。

(1) 根据海西高速公路网的最新调整情况,对项目的交通量进行了重新分析预测。随着《国务院关于支持福建省加快建设海峡西岸经济区的若干意见》的发表,海峡西岸经济区将面临新一轮的发展机遇,未来经济将呈现快速增长趋势,对本项目的交通量产生较大影响。

(2) 根据交通量预测结果,对项目建设时机进行了充分的分析论证。

(3) 充分考虑铁路转移的交通量分析,设定科学的诱增交通量和远期弹

性系数取值,对本项目的远景年限交通量进行预测。综合集成考虑如下因素,一是远期交通流量,二是从工程地形条件和投资考虑,本项目地处闽中山区鹫峰山脉及其支脉,山体陡峭,峰峦叠嶂,不利于宽路基的布设,三是从经济评价分析考虑,全线采用六车道和起点至洋后段采用四车道、洋后至闽侯段采用六车道标准的投资分别为 201.2 亿元和 188.1 亿元,比四车道标准高了近 35.6 亿元和 22.6 亿元,因此经济评价分析表明,全线采用六车道标准和部分采用六车道标准本项目均不具备财务盈利能力,因此建议采用四车道标准。经充分评估后,决策方案为采用四车道。

2. 决策能力与决策问题合理匹配

高速公路的决策方案由多部门、多领域主体共同形成。以泉州湾跨海通道工程为例,可以说,泉州湾跨海通道工程在方案论证过程中注重决策能力与决策问题的合理匹配,保证了各项决策活动有序、有效开展。受泉州市交通运输局的委托,福建省交通规划设计院成立了"泉州湾跨海通道工程"工可项目组。之后,福建省交通规划设计院在已有资料基础上,多次对通道方案及关键技术进行专题咨询,并赴外省实地考察、收集国内跨海通道工程建设经验、资料。根据专家意见和国内跨海通道工程建设经验,福建省交通规划设计院非常重视和抓紧项目前期工作中的工程区自然条件的基础资料收集,福建省地质工程勘察院受业主委托在桥位区采用测绘、物探、和钻探等多种手段进行工程地质勘察,编写了《工程地质勘察报告(工可阶段)》和《水域地震反射波勘探报告(工可阶段)》;福建省地质工程勘察院还开展了建设用地地质灾害危险性评估工作;国家海洋局第三海洋研究所受业主委托进行了工程海域使用论证、潮流泥沙数值模拟、海洋环境影响评估、海域水质生态调查、水下地形测量、水文泥沙观测、水文气象和岸滩冲淤及海床稳定性分析等专题研究取得初步成果;福建省地震地质工程勘察院进行了工程场地地震安全性评价,并于 2008 年 6 月通过省地震局批复;交通运输部公路科学研究所进行了水土保持和环境影响评价专题工作;福建省水产研究所进行了渔业资源调查工作。

3. 多领域专家群策群力

泉州湾跨海通道工程的决策方案倾注了多领域专家的辛勤劳作,是诸多专家和研究者群策群力的结果。2009 年 9 月,交通运输部在北京组织召开了"泉州湾跨海通道工程可行性研究报告"审查会。受国家发展和改革委员会委托,交通运输部规划研究院也于 2009 年 9 月在泉州市主持召开了福建省泉州湾跨海公路通道可行性研究报告现场咨询评估会。专家组对报告提出包括项目的交通量预测、建设方案、建设规模、技术标准、投资估算、项目业主、资金筹措、建设工期、经济评价、建设用地评价、节能评价和社会评价等需补充修改完善的问题。

基于专家组意见,泉州湾跨海通道工程在交通量预测、桥位方案等进行了决策的深入补充。

(1) 交通量预测

专家组提出,现有交通量预测存在基年 OD 表有误、港口转移交通量重复计算等不足。此外,受泉州市"海湾型"城市发展的影响,本项目未来交通量的变化具有不确定性,交通量预测具有一定的难度。现有报告未能充分考虑未来泉州市城市组团快速发展对本项目交通量的影响,设计交通量预测结果总体略偏保守,并同时存在 OD 小区划分偏粗、诱增率确定偏简单、未给出有此项目情况下相关公路(大桥)交通量预测结果等不足。

因此,福建省交通规划设计院重新进行了 OD 小区的划分及 OD 表的校正,并根据 2009 年 7 月泉州市人民政府与中国城市规划设计研究院编制的《泉州市城市总体规划》,采用世界银行关于诱发运量模型计算交通量诱增率,并充分考虑港口转移交通量,更新了交通量预测结果,保证决策的科学性。

(2) 桥位方案

在泉州湾跨海通道工程桥位方案的决策中,充分体现了方案综合比选和迭代生成的思维。

首先,根据预可报告,提出了六个桥位方案,并进行方案比选,如下表所示。

表 4-1 方案优缺点比较表

	优点	缺点
K线桥梁	a. 充分利用白屿岛,以减少水中墩数量 b. 对已建码头、工业区没有干扰 c. 与泉州市总体规划最吻合 d. 有利于蚶江及码头与环城高速的连接。有利于港口的集疏	a. 跨海大桥最长 b. 与航道的斜交角度大,对通航孔径的要求高 c. 线型指标比 A 线低 d. 建成后,将制约航道的发展
A线桥梁	a. 线型指标高,路线长度最短,与主航道斜交角小(基本为正交),对通航孔孔径要求低 b. 对已建码头工业区没有干扰 c. 跨海大桥及主桥跨径较 K 轴线小,施工工期较 K 线短,后期养护费用较 K 线小	a. 无法利用白屿岛,水中墩数量较多 b. 不利于蚶江与环城高速的连接 c. 建成后,将制约航道的发展 d. 与 K 线相比,距蚶江和码头远,不利于港口的集疏

(续表)

	优点	缺点
B线桥梁	a. 充分利用白屿岛,以减少水中墩数量 b. 对已建码头工业区没有干扰 c. 跨海大桥最短,跨海工程造价最低。后期运营成本最低 d. 对已建码头没有干扰	a. 与石狮石湖工业园区干扰较大,与石狮规划不吻合 b. 与航道的斜交角度大,对通航孔径的要求高 c. 桥上线型指标低;路线长度最长 d. 建成后,将制约航道的发展
C线隧道	a. 钻爆开挖或沉管开挖基槽的弃碴可用于石湖及秀涂码头的陆域回填 b. 建成后,对航道及航运无影响 c. 对航道及周围环境影响最小,对港区将来的发展最有利	a. 与石狮石湖工业园区干扰较大,与石狮规划不吻合 b. 沉管法在施工过程对航运有一定影响,开挖基槽对环境有一定的影响 c. 接线长度长、工程造价高,后期运营成本高 d. 施工难度较大,工期较桥梁长
K线隧道	a. 钻爆开挖或沉管开挖基槽的弃碴可用于石湖及秀涂码头的陆域回填 b. 建成后,对航道及航运无影响 c. 对航道及周围环境影响最小,对港区将来的发展最有利	a. 无法设蚶江互通,不利于蚶江及码头与环城高速的连接,不利于港口的集疏,与泉州规划不吻合 b. 沉管法在施工过程对航运有一定影响,开挖基槽对环境有一定的影响 c. 隧道长度长、工程造价太高,较桥梁方案建安费多了 77 901 万元,且后期运营成本高 d. 施工难度较大,工期较桥梁长
A线隧道	a. 钻爆开挖或沉管开挖基槽的弃碴可用于石湖及秀涂码头的陆域回填 b. 建成后,对航道及航运无影响 c. 对航道及周围环境影响最小,对港区将来的发展最有利	a. 无法设蚶江互通,不利于蚶江及码头与环城高速的连接,不利于港口的集疏,与泉州规划不吻合 b. 沉管法在施工过程对航运有一定影响,开挖基槽对环境有一定的影响 c. 隧道长度长、工程造价太高,较桥梁方案建安费多了 64 530 万元,且后期运营成本高 d. 施工难度较大,工期较桥梁长

经过对比分析,认为 K 线桥梁方案与泉州市总体规划最吻合,虽然其路线长度、跨海大桥长度略长于 A 线桥梁方案,但与 A 线桥梁方案相比,K 线桥梁方案更有利于蚶江以及码头与泉州环城高速的连接。因此,本阶段从造价、服务功能、覆盖范围、港口集疏等方面考虑,推荐 K 线桥梁方案作为推荐

方案。

专家组在会议中指出，K线桥位方案与主航道夹角偏大，下阶段应结合通航安全评估等专题研究成果，进一步优化桥轴线，尽量减小桥轴线与水流的夹角；进一步优化桥跨布置，减小船舶撞击桥墩的风险。此外，K线跨海大桥南岸引桥局部路段距蚶江海堤太近（间距约120米），不利于堤防安全，且本项目尚未开展防洪影响评价，建议尽快开展防洪影响评价。随后，泉州湾跨海通道工程得到泉州市水利局《关于泉州湾跨海通道涉河桥涵可研阶段防洪评价报告的批复》，并对跨海通道工程桥涵结构及走向在初步设计中进一步优化，同时结合通航安全评估专题研究成果，加强桥梁跨径选择及平纵线形设计，优化桥跨布置。

4.3.4 福建省高速公路工程决策能力现代化

随着社会经济发展，科学技术不断进步，福建省高速公路决策的很多方面都发生了巨大的变化，其中对决策能力的要求变化最为明显。过去很多工程决策多采取传统的决策方法——经验决策，即决策主体根据个人或组织的知识、能力和经验等个人素质做出决策的一种方法，也是最普遍的决策方法。社会的发展使得国家对重大基础设施的需求越来越大，而福建省高速公路规模大、影响因素多、涉及层面广、施工环境复杂、工程建设技术难度大，仅凭决策主体的经验、悟性和智慧远远不够，传统的决策能力由于其自身的局限性已经无法解决新时期的决策问题，因此福建省高速公路决策能力具有强烈的现代化需求。

1. 决策能力概述

决策能力是指决策主体识别环境变动，获取、利用并有效配置决策资源，并有效应对上述第三层次决策问题的复杂性的能力。资源与能力是相关的，从资源的观点来看，决策资源属于"客观资源"，而决策能力属于"主体资源"，决策能力体现了决策主体运用"客观资源"的能力，这种能力可以上升为新知识、新智慧而成为今后决策的"客观资源"。

对于复杂系统工程，决策者应具备以下几种决策能力：

（1）决策不确定性应对能力，即面临工程不确定情景的变动，判断其对决策的影响，及进行目标、方案、措施等调整的应对能力。

（2）决策适应性选择能力，即根据情景变动后的应对原则，主体自身的自适应学习能力、认知与分析能力以及不断试错、迭代、逼近的迭代选择能力，从资源的角度来看，就是根据调整后的目标获取资源的能力，或者从现有的决策资源中选择适当的资源进行配置的能力。

（3）战略资源配置能力，即选择与配置后最大化发挥资源有效性与集成效用的能力。

（4）创新与复杂性降解能力，即在利用资源的基础上，综合系统各要素解决复杂性问题的能力。

由此可见，决策能力具有递进性、发展性与柔性。

2. 决策能力现代化路径

关于决策能力现代化的途径，总的来说，有"向内"和"向外"两条途径。第一条途径是"向外"，即通过丰富与利用决策资源来获取，例如通过建立信息库、知识库等方式拓展资源获取途径，邀请相关专家及咨询机构作为智力支持等；另一条途径是"向内"，通过决策主体自身的学习，不断提高自身应对复杂性的能力。具体来说，可以分为以下几个方面。

（1）把握战略机遇期

与传统意义上的工程相比，如今的大型工程建设更具开放性和动态性，国家的社会经济发展环境、政治环境、与工程建设相关的产业环境以及工程技术发展态势等等都将成为工程决策变量，它们对工程决策复杂性的影响也日益增加。在决策过程中，决策主体都会对环境的变化进行考量。一般性决策问题受环境的变化影响比较有限，只要对决策方案进行适当的调整就可以使方案顺应环境的变化，但复杂性决策问题多是战略层面决策问题，一些重要的工程环境因素的变化将对工程建设产生巨大而深刻的影响，面对这种情况，仅仅对决策方案进行局部修改或调整往往已不够了，更需要决策主体充分利用环境的变化，把握有利于实现决策目标的机遇，因势利导，形成有利于决策的环境。

福建省高速公路在建设必要性论证中充分把握战略机遇期。

① 经济发展需求

高速公路必要性论证一个重要的方面就是注重"经济发展的迫切需要"。国家和区域的经济发展的迫切需要促进了高速公路的建设，而高速公路工程作为基础设施之一，对促进区域经济社会发展，特别是带动沿线经济社会发展也具有非常重要的作用。过去，高速公路主要为方便人们的出行、促进商品流通、加快资源外运、加强各地区间政治经济联系等，随着我国改革开放的不断深入，国家经济发生了巨大的变化，城市化程度越来越高，高速公路建设的功能越来越多，更加注重拉动沿线经济，带动沿线产业合理布局，加快沿线工业园区、机场、口岸等方面建设，增加各行政区的经济联系与经济互补，配合城镇体系发展。因此，高速公路建设需要认真分析高速公路在经济发展需求下的必要性，尽可能做到用数据说话，论证有理有据，分析透彻全面。

高速公路立项决策从国家和地区的整体利益及长远利益考虑，满足国家和地区的经济发展要求。在立项决策中，不仅结合沿线城市规划、沿江港口布局和港区规划、河势、水文、河道与通航等基本建设条件进行综合考虑，而且重点考虑高速公路建成后对区域整体经济的促进作用。例如2012年通车的厦门至沙县高速公路是厦门港通往三明、南平、江西南昌等内陆地区的便捷通道，它的建设将积极推动区域间的协作，加强沿海港口与内陆的连接。同时本项目与兴化湾至尤溪的疏港高速公路相接，拓展了泉州港、莆田港的内陆经济腹地，本项目的建成已成为东南沿海港区通往内陆及边远地区的重要疏港通道，极大地促进沿海地区经济的高速发展，并促进内陆山区与沿海地区间的经济交流与发展。

② 交通需求

高速公路在建设的必要性论证时考虑的最重要因素之一就是交通需求，交通需求一方面是指完善国家路网的需求，另一方面就是疏导交通、缓解交通压力的需求。

首先，国家高速公路工程福建段建设在全国公路网总体规划布局下，构建综合交通运输体系和实现公路可持续发展的需要，为构建布局合理、功能完善、覆盖广泛、安全可靠的国家公路网络服务。地方高速公路则在福建省公路网总体规划布局下，构建福建省高速公路骨架网，体现综合交通运输的战略方针。因此，高速公路建设必要性论证之一的交通需求就会考虑完善国家公路网建设的需求。

其次，交通需求是一种与社会经济发展密切相关的派生性需求，经济生活、社会生活等本源性需求的变化直接决定派生性交通需求的变化趋势和大小。因此必要性论证中需要论证现有交通量、交通组成、交通饱和度，分析交通量增长水平，论证交通需求下的建设必要性。因此通过分析经济活动和社会活动的变化规律，分析它们与交通运输的关系，可以准确地把握交通需求的变化规律。通过交通需求分析研究预测出拟建项目远景交通量，为确定项目的建设标准和经济评价提供科学依据。目前我国的交通量预测通常采用OD调查法，考虑到交通量增长与经济发展密切相关，特别是与相应区域内的国内生产总值有着较高的相关性的这种关系，在预测过程中以未来项目影响区内的社会、经济发展规划资料为基础，按不同的经济预测方案，分别进行预测。在交通量的路网分配过程中考虑了收费及规划公路的实施对拟建项目交通量分配的影响。在交通量预测中，充分利用大数据收集相关路网交通量、各地区间的经济往来等情况，前瞻性地预测未来交通量。利用现代科学智慧方法，使预测结果更加准确。

例如,在沈海高速公路建设之前,从闽浙分水关到闽粤分水关800公里需20余小时的路程,福建段贯通后仅需6—7小时;福银高速公路建设之前,从三明至福州的行车时间需6—7个小时,三福高速建成通车后仅需3个小时;漳龙高速公路建设之前,从龙岩至福州的行车需日升到日暮,随着高速公路的贯通而今只需到晌午。从省会福州到上海、杭州、广州、深圳等发达城市,行车时间分别从17小时、15小时、16.5小时、17.5小时,缩短为8小时、6小时、8.5小时和9.5小时。

③ 社会经济效益评价

高速公路必要性论证时还需重点考虑其建设带来的社会经济效益。可以说,高速公路建设投资拉动作用明显。例如2007年,福建省"一纵两横"高速公路主通道的建成,打破了横亘西部的一座座大山的阻隔,撕破通往广大的内陆腹地的广阔缺口,北接长三角、南联珠三角,海峡西岸从此摆脱了孤独的地理单元,形成了以福州、厦门两个国家级综合交通枢纽为核心的沿海港口快速集疏运体系,从而进一步提高港口辐射能力,实现以福州和厦门2个国家主要港口为中心的半日辐射圈涵盖整个海峡西岸经济区,一日辐射圈涵盖江西、浙江西南部、广东东北部、湖南南部等地。

④ 综合考量多元指标,协调统筹

然而,高速公路建设的必要性论证必然是多元的,关注技术指标、经济指标、社会指标、政策指标和环保指标等指标的综合集成。福建省是我国沿海重要的海防前线,正是由于这一地理位置的特殊性,在福建省高速公路建设的必要性论证中还会考虑国防需求,例如莆炎高速公路福建境,主要经过莆田、福州和三明三个地市,这一项目的建设必要性不仅体现在完善国家路网结构的完善,构建沿海城市、港口与内陆城市沟通联系的快捷通道,加快海峡西岸经济区的区域一体化建设,同时也可成为海峡西岸经济区一条重要的战略通道,有利于福州、三明等地市与沿海发达的交通网络相连接,形成全天候、便捷的对外交通环境,使对台口岸腹地延伸到内地,便于两岸人员、货物往来,便于有效接纳台湾产业的外移,强化两岸经贸联系,促进两岸"三通";有利于推进闽台线路对接,加强文化交流、品牌共推、资源共享、团队互送等方面的合作,构建两岸一体的合作格局。同时,这一高速公路往西延伸,可通往湘赣军事战略要地,是湘、赣等地入闽的一条重要军事通道,把沿海前线与山区军事后方紧密相连,加强了国防交通,有效保障国家安全和统一。

再例如福建省沙埕湾跨海公路通道工程,作为国防入闽通道的重要组成部分,本项目的建设为应对沿海地区战争、自然灾害等突发事件,提供快速交通和应急保障。沿线驻扎有部队,为便于战时的迂回调度和平时的生活通行,急需提高公路技术等级、开辟疏通道路。项目的建成将大大改善沿线的交通条件,新增战备入闽通道,为现代化战争作战行动的快速性、机动性、灵活性和紧急集散创造有利条件。本项目可与既有沈海高速和规划的横向联络线,共同构成满足国家政治、经济和国防安全以及提高抢险救灾等应急事件处理需要的高速公路网络,可防仅一条沈海高速公路的不测之虞。

因此,福建省高速公路的必要性论证统筹国家公路网规划,实现与各区域路网衔接协调、适应国家宏观及区域经济发展战略的需要、促进地区经济联系和交流、适应日益增长的过江交通量与缓解过江压力的需要、带动当地旅游业发展和改善投资环境等各目标的综合集成。

高速公路在指标考量中,通过法律法规来规范指标体系,明确各指标的构建原则;另外,对各个指标的比较分析,不能单纯停留在定性分析,而要更多地运用定量分析的方法,对考量指标的权重进行排序和赋权。高速公路指标的权重,要根据其实际情况确定。比如,为促进区域的经济发展建设的高速公路,在论证过程中,"经济指标"的权重要大,其他的指标依次根据实际情况赋予权重;如果高速公路建设在次发达山区中,最重要的指标会发生变化,它将更多地考虑"政策指标"和"技术指标",反而"经济指标"没那么重要。总之,指标体系的权重需要决策者依据具体高速公路的建设情况来决定各个指标的权重。

不难看出,在决策过程中,福建省高速公路工程立项决策依据不仅是工程的交通需求决定的,更是国家社会、经济发展的综合需求决定的,而这一需求不是一成不变的,它随着国内外宏观政治、经济形势的变化而变化,特别是国家大型基础设施工程的建设更是与宏观环境"休戚相关",我们唯有审时度势,以机会为导向,把握住工程建设的最佳环境,既不"操之过急",又不延误时机,才能把握大型工程立项决策的战略机遇。

(2) 决策主体与决策平台

① 复杂性决策问题

对工程复杂性决策问题,决策主体必须拥有丰富的工程专业知识以及工程管理经验才能较为准确地把握决策问题的本质和规律,并在此基础上制定出科学的决策方案,达到决策目的。但实际上,单个决策者不可能精通整个决策问题所涉及的全部专业知识,也不可能有足够的时间来完成必需的研究和分析工作,因此为了保证决策的科学性和有效性,福建省高速公路在决策时首先将决策主体扩展为一个群体,这一群体由各相关领域专业人员组成,并由经验丰富、知识面广、熟悉系统工程的专家担任核心决策人员。当然,决策群体因为人员组成不同,其决策能力也会有所差异,但这种差异并不取决于决策主体自身所拥有的决策资源的多少,而是取决于主体能否构建有效的决策平台和建立有效的决策机制,以及主体进行决策资源整合和综合协调的能力。

在复杂性决策过程中,决策主体会形成柔性组合。决策主体是一个群体,由各个领域相关人员组成,但是一般而言,在决策主体中有一个核心主体,针对不同的复杂决策问题,决策主体的组成不是固定不变的,而是根据决策性质与难点不同,由核心决策主体整合不同的团队;一般对于复杂性高的决策问题,柔性主体的组成不但会变而且会在一个决策过程中发生多次变化,决策主体会进行多次置换。通过决策主体的"新面孔",最大限度地构建了决策团队的"新能力"。

确定了决策团队的组成并设计好有效的决策机制,即构建了复杂性决策的平台,这对复杂性决策问题的解决是一件至关重要的事情,也是决策主体在复杂性决策问题上最重要的工作。综上所述,构建复杂性决策平台的基本任务如下:第一,以业主为核心,组织能够提高决策能力的专家、单位,形成决策团队。这一团队在整体上比业主或单个专家与单位有更强的决策能力;第二,充分运用先进的信息技术,并与专家相结合,把逻辑思维与形象思维结合起来,形成解决复杂性决策所必需的创新性思维;第三,构建有利于生成创新决策方案或有利于从原有决策方案至新的更好的决策方案的转换机制。具体地说,多个决策主体组成的团队通过充分的交流与沟通,达成对决策问题的共识,由于这一过程是由不同决策主体共同完成的,所以它易于克服单一主体的思维惯性和摆脱原有思维的桎梏,有利于在不同知识融合基础上,实现对新决策方案的搜索以及与对原有方案的转换,进一步产生创新性决策方案。

除了决策主体的柔性组合外,复杂性决策需要决策主体的自学习,这也是实现主体整合和提升决策能力的有效途径。在某种意义上,主体关于复杂性决策能力由其学习力决定,因为对决策复杂性的认识、对决策问题的驾驭,对决策能力的整合与提升等都涉及对客观事物规律性的认识,并力图实现从认识论上的必然王国向自由王国过渡,实现这一过渡其根本途径就是学习,特别是自学习。决策主体的"自学习"是指决策者在实践中自觉的通过多种途径和手段获取知识并内化为自身素质和能力的自我发展、提高和完善的过程,是使决策者成为真正主体并不断增强自主性和处理复杂性问题能力的过程。特别对于工程管理中的复杂性决策问题,主体只有通过自学习才能实现从不知到知,从知之不多到知之较多,从知之不全到知之较全,从知之不深到知之较深,并在这一过程中提升自身驾驭决策复杂性和实现创新的能力。

工程是包括各个专业、各个领域的综合性的系统,因而主体要驾驭整个建设过程中出现的复杂性决策问题,其学习的范围和内涵应该是广泛而全面的,既包括学习自然科学与工程技术,又包括学习经营管理,还包括国家法律、法规及文化与哲学。决策主体的自学习是一项持久而有序的运动,学习的内容、重点、方式将随着工程的进展不断变化,但无论怎样,学以致用、博采众长、理论联系实际等学习原则对于决策主体是基本的、重要的要求。

② 程序化与系统性决策问题

相比较于高速公路的前期复杂性决策问题,建设期间的决策问题更加具体。此阶段的决策问题主要为程序化决策问题和系统性的决策问题。

程序化决策问题即具有常规性以及反复性的决策问题,大多存在于高速公路现场操作层面,一般而言,这类决策问题涉及的因素较少,过程易于控制,只要根据规定性的"条件—结果"原则,按照规则和确定程序贯彻执行就可以解决此类问题。高速公路建设中对于这类问题的决策过程已有明确的规定,可以说是"有章可循"。高速公路建设中很多具体现场问题的解决多属于程序化决策问题,例如设计阶段关于全面保证设计质量的五项控制的决策、指挥部对各种设计基础资料和设计技术资料集中管理的决策、开展专题调研和现场调查学习的决策、对人员的培训以及工作业绩考核决策等都属于程序化决策的范畴。

而系统性决策问题较程序化决策问题而言,决策问题影响因素增多,决策目标系统性增强,通常解决这类决策问题不仅需要针对某个具体的操作问题,还需要具有决策要素的关联性和全局性,当然这里的全局性并不是针对整个高速公路而言的全局性,例如它可能只是对质量管理或者风险管理等模块的全局决策问题。一般而言,这是一类基于系统分析的决策问题,决策过程需要运用系统原理,分析决策目标的构成,决策方案的设计、对决策方案进行评估与优选以及决策实施等,并通过权衡与统筹来保证决策目标整体较优,因而与程序化决策问题相比,系统决策问题的难度有所增加。通常,这类决策问题主要出现在高速公路建设中子(分)系统性的管理领域。例如,在高速公路主体工程标段划分的决策中,不仅要照顾到多个标段的工程量大体一致、保证质量安全、便于承包商施工和设备的利用,同时还要便于业主管理,如果标段太短,接头多,相邻地段施工安排和进度协调难度增大,施工质量安全也不好控制,同时考虑到承包人的施工能力,如果标段划分太大,可能超出承包人的能力限制,一旦不能按期完成,势必影响工程的质量安全与工期。所以高速公路主体标段的划分是一个涉及进度、质量安全、风险各个要素的系统决策过程,需要谨慎把握,综合权衡。再例如高速公路建设过程中对水域施工的安全控制方案的决策,也是一个系统决策过程,通过对控制方案关键要素的分析以及综合考虑,确定建立气象、水情和电视监控三个子系统,并通过建立平台安全值班室、设置警戒标示等实现了对工程施工和安全管理的警戒,从而从总体上保证水域施工的安全目标实现。

这类问题的决策机制主要体现在决策主体对决策方案的评价与优化上,例如,对决策目标的凝练、通过系统综合构造可行的决策方案,而方案的可行性需要满足决策主体的柔性偏好就可以了。这时,决策管理可以概括成:在决策主体、决策组织和机制基本不变的情况下,根据决策目标的有限柔性与决策环境的有限变化,通过系统研究与设计,组合与优化决策方案。

可以通过将决策过程分阶段、分部分来"降低复杂性",因此,可以在决策主体构建起来的决策平台上,完成决策资源的整合和决策方案的筛选。虽然这一类决策问题的最终方案与起初的某个方案相比,一般会有所变动,但在不少情况下,它仍然是基于某个初始决策方案的修正与完善,或者是在几个初始决策方案基础上的组合。

(3) 专家智力支撑

高速公路作为社会公共品,各项重大决策方案的形成与确定以政府决策为主导,关注多方的需求和利益的联合决策。涉及高速公路这类大型工程复杂性的决策尤为困难,政府往往会有资源和能力上的缺失与不足。为了更加有效地进行科学决策,往往需要综合不同科学领域、不同学科、不同方法、不同工具、不同层次以及不同时空分布的专家群体,共同决策。

因此高速公路的前期决策主体是以政府为主导、专家为支撑的决策群体,在高速公路建设期决策主体主要为业主与专家组成的决策群体。不管是前期政府主导,还是建设期以指挥部作为高速公路决策主导,其决策主体的层次性都十分清晰,呈现出委托代理关系。决策主体出现决策能力不足是正常的,从复杂性决策的本质出发,决策主体不可能具备所有的预期决策资源,但它要具有整合和提升所需决策资源的能力。在决策主体的主导下,政府或业主组建专家团队形成专家智力支撑的决策平台在高速公路这种复杂工程的建设中非常重要。

为了更加有效地进行科学决策,往往需要综合不同科学领域、不同学科、不同方法、不同工具、不同层次以及不同时空分布的群体信息、知识与智慧,因此需要构建决策群体,从而建立群决策平台、设计群决策机制。在高速公路中,建立政府/业主为主导,专家智力支撑的决策平台,进行群体决策尤为重要。

在决策过程中,需要协调好人与自然、经济与社会、短期利益与长远利益、生态与环境等各方面之间的关系。因各主体的身份不同,事权不同,因此在这一决策过程中,各主体的分工与重点把握十分重要。高速公路决策往往具有微观、中观、宏观等多元思维向度。专家以工程项目"上马"为假设前提的微观决策思维对具体工程实施所需要的物质、技术条件等客观因素进行科学研究。以此，领域专家再结合中观决策思维，从经济、社会、生态、科技等方面对利弊得失进行权衡。而宏观决策思维向度是指决策主体从一个国家或地区发展战略规划角度，以全局的视野，综合研究高速公路项目论证的充分性、严谨性和科学性，从不同角度审核可行度，从而选择合适的决策方式，实施最终决策。宏观战略角度则主要由政府来把握。

领导者个人的知识、智慧与经验总是有限的，而智囊团则可以集中各方面优秀专家对所要决策的问题进行专门的调研与论证。智囊团可以客观地、不受干扰地对某一项目做出公正、科学的结论，而一个优秀的领导者应为智囊团在决策中提供良好的环境和条件，以保证他们能够在不受干扰的情况下依据自己的知识和智慧，独立发表自己的观点和见解，切忌领导先画框定调，再去要求智囊团找事实和资料来验证，更不能使用某种压力迫使拟订方案符合领导者自己的主观意志。依靠专家智囊团的作用，可以把领导的善断与智囊团的多谋分离开来。

（4）综合集成方法

福建省高速公路决策治理体系综合集成方法的形成，关键并不在于单个方法的应用成新，是多领域方法和技术的集成，如定性定量相结合、人机相结合、与组织合及决策方法的灵活运用。重要的是，综合集成方法子系统并不是固定不变的，而是根据环境与情景的动态变化而不断更新、不断进化的。

从定性到定量是综合集成方法的基本程序，从定性集成到定性、定量相结合集成再到从定性到定量的综合集成是利用综合集成方法的基本步骤，其核心是方法体系。福建省高速公路决策治理支持平台的构建，包括各种信息库、知识库、经验库、数据库、专家库、方法库等支持系统的构建，即通过信息、知识、经验、数据的定性集成来为治理主体提供智力支持与资源保障，进一步地，通过对复杂问题的分析、分解和降解，充分运用定量方法对定性结论进行验证、论证或修正，最终形成对复杂问题解决方案的统筹与协调，形成新的共识。由此，可以发现，福建省高速公路决策治理支持平台实质上由专家体系、方法体系和知识体系三个方面构成，充分发挥以人为主的专家体系的作用，并结合现代信息技术的优势，进而构成新的"人—机"系统来解决福建省高速公路决策治理面临的复杂问题。这种新的"人—机"系统，也可称为人机结合，其本质上也是一种定性、定量相结合的方法，通过将专家的智慧与器的智能紧密结合起来有效降解复杂性，为定性、定量相结合提供了现实的工具支撑，保证了定性、定量相结合方法的可操作性。

(5) 多因素制约下决策方案的比选与迭代

由于决策问题自身的复杂性和决策主体能力的局限,在决策过程常常表现为构造一个"过渡性"决策方案系列来逼近、收敛最终方案的过程。在决策时通常需要将决策的目标进行凝练和统筹,然后基于决策目标对决策方案进行同等深度比对和螺旋式逼近。

① 高速公路技术方案受多因素制约,具有系统复杂性

高速公路的技术方案诸如桥梁段桥型桥隧和结构方案的选择、桥位方案选择这类问题侧重于对高速公路与环境、高速公路总体建设规划的宏观把握,是在众多不确定因素的前提下,决策主体组织相关力量运用经验和智慧做出的相对确定性的决策,既要受到众多约束条件的限制,又要尽可能准确地预见高速公路建设中可能出现的问题。

② 多因素制约下,综合平衡多项因素

前期的技术方案涉及国家、业主、设计方、施工方的诉求,受到多种因素制约下,而在决策时,需要综合考虑多种因素,平衡多项指标。

技术方案决策面临工程干系人多元,高速公路建设时间跨度长,建设地域特点明显等问题,具有多种特征。首先,多元目标的相互关联导致决策具有耦合性,多样性决策环境(空间跨度)导致决策异质性,而建设能力与决策认知的不协同(时间跨度)又导致决策动态性。

在多因素制约下,决策者首先需要考虑决策目标的优先序,其次,因地制宜,注重决策的适应性,同时技术方案决策需要主动演进,与时俱进。

在实际中,决策环境一般是开放性的、动态的与不确定的,复杂工程系统环境更有明显的开放性与动态性。当决策对外部环境变动敏感时,环境的开放性与动态性会导致决策的复杂程度增加。对于决策主体而言,稳定的、确定的环境可以使其更加关注问题自身的求解过程;但是不稳定的、变化的环境却对决策的约束条件与决策目标、对决策问题的认识、决策方案的可行性与适应性等都有重大影响,决策主体不但要关注特定环境下的问题求解,更要关注在动态环境下,问题界定的准确性、问题求解的适应性与有效性。

决策目标是决策主体在一定的条件和环境(决策环境)下,希望问题解决后实现的结果。决策目标的"多"主要是指决策主体希望从"多"方面"获利",而决策的"总体"目标则是对"多"目标的"综合"。但是,决策目标的多层次性与多元化,使得决策的"总体"目标难以确定,这是因为决策目标多,又具有更复杂关系与层次性,因此需要对目标进行凝练与综合,这一个过程本身就是一个复杂过程;再则,决策目标之间的矛盾和冲突或不可公度性,使得难以确定各目标的效用,也就难以明晰表述决策"总"目标。决策目标凝练与综合的过

程越难,"总"目标的效用值就越难确定,决策问题的非结构化程度就越高,决策方案的选择与方法的确定也就越难。

③ 综合考虑多因素基础上,定性定量地开展多方案同等深度比选

决策者综合考虑多项因素的基础上,必须先制定基于各项指标设计多种方案,方案设计是结构设计的核心和重点,经过研究确定的设计方案是开展详细设计的依据。例如,单项工程设计方案是独立的,结合推荐的桥型方案即可进行结构方案研究,再根据明确的桥型方案和结构方案展开相应的施工方案研究。各工程方案之间又是相互联系的,方案研究中应从工程整体出发,考虑高速公路整体项目方案的统一协调。方案设计的实质是通过对各种可行方案研究论证、选择比较和评价确定,以保证所选方案技术优、质量好、安全度高、投资少、易实施。在制定最终决策方案的过程中,需要对大量的方案进行同等深度的比选,决策主体在比对的过程中逐步提升对复杂决策问题的认识。

在综合多因素的基础上,决策方案的比对实际上是一个综合评价过程,是一个包括评价目标、结构、准则以及评价程序、方法等的评价体系,特别是对复杂问题,比对从单项评价变成了综合评价,或者出现多次比对,这样,比对就呈现出迭代和逼近的特征。

例如,在高速公路桥梁段方案的比选中,多方案同等深度比选是一个重要环节,集中做好各具体方案比选工作和关键技术的研究工作,包括各个单项工程如主桥、辅桥、引桥的桥型方案、结构方案。在桥型的同等深度比选中,专家群体采用定性到定量的方法,保证了比对的科学化。

④ 方案比选遵循"决策—实践—再决策"迭代思想,螺旋动态上升

在同等深度方案比选后,是一种相对静态的比选。在获得推荐方案后,还需要对推荐方案进一步深化研究。

该过程不仅需要专家的群体决策,还需要与决策问题相关的知识网、复杂问题领域定性的知识库等计算机与网络平台作为必要的知识与信息支撑,使决策主体最大化地获取定性分解的信息。然后,在此平台的基础上,利用专家的经验、知识和智慧对相关信息进一步进行整合,在定性分解的基础上,依靠复杂问题定量知识库(包括模型知识库与数据库),获取定性分解的子问题求解模型,然后对所有子问题求解模型进行综合集成,得到原子问题的整体解决模型,实现了从非结构化到结构化的转化。

桥型桥隧等技术方案的复杂决策的过程也是一个不断适应外部环境变化的修正调整过程,在这个过程中环境的各种不确定因素往往容易造成决策过程中的"无意识秩序"以及"控制中的混乱"等情况,在这种情况下,不仅需要在综合集成方法论的指导下进行从定性到定量的决策流程,还需要对决策过程

进行管理。更重要的是针对初步的决策结果,需要在实践中勘察、测试,获得反馈后重新迭代、决策,动态式优化方案,直至逼近最优决策。一般地,"不断比对,逐步逼近,最终确定"是工程决策管理的一种普遍模式。

由于问题的复杂性与主体认识上的局限性,在逼近的过程中可能会出现局部对比的失误与逼近的反复,但通过决策主体自身的学习以及决策过程的动态调整,这一反复是能够被修正的。决策目标决定了对决策方案的评价与选择,在复杂决策中,由于决策环境动态性较强,决策问题对外部环境变化敏感,外部环境以及约束条件的变化会导致决策目标的变动与游离;其二,复杂决策问题包含多个决策目标,决策主体的偏好可能会随着时间的改变以及决策环境的改变而改变,导致决策目标的柔性;其三,开始时,决策主体有对决策问题的认识缺乏和对决策复杂性的驾驭能力不足,但经历一段时间后,可能会对问题有了更加深入的认识,能力也有所增强,这都要求决策者树立动态决策的迭代思想。

从认识复杂决策问题到管理复杂决策过程,我们建立起以综合集成为指导的复杂决策流程。首先,决策目标是制定决策方案的重要标准,针对决策目标多元化,需对多层次、多元化的决策目标进行统筹与凝练,从而明确决策的方向与标准;其次,决策问题的非结构化是决策复杂性的重要影响因素,通过运用与复杂问题相关的知识网和复杂问题定性描述的知识库等信息资源与技术,同时结合专家群体智慧,尽可能地将非结构化问题转化为半结构化或结构化问题。然后,运用定量技术获取对复杂问题的整体解决方案的认识,对方案进行同等深度比选,最后对初选方案进行优化、动态调整。

⑤ 多因素制约决策方案实践典型案例

下面以福建省沙埕湾跨海公路通道工程为例。

a. 决策方案受多因素制约

福建省沙埕湾跨海公路通道工程在决策时受到地形、地质、水文等控制因素以及沿线重要城镇规划等因素制约。根据国高网、海西网公路规划,福建省沙埕湾跨海公路是国家高速公路网宁波至东莞高速公路(沈海高速并行线G15W3)的重要组成部分,相关方案决策需结合国高网的相关规划。与此同时,还应与宁德市、福鼎市总体规划以及沙埕湾航道远期开发规划相协调,充分考虑地方经济发展的要求。此外,位于项目终点附近的福鼎马栏山遗址,是省级文物保护单位。路线应考虑对保护区、文化遗址和农田的保护。位于沙埕湾罗唇外侧驻扎有部队,路线方案也应避让营区,同时满足军队对公路交通的需求。

因此,福建省沙埕湾跨海公路通道工程的相关路线方案决策应充分考虑地方经济发展的要求,符合宁德市规划、宁德港规划、环沙埕湾经济开发区、沿线乡镇发展总体规划。

b. 跨海大桥备选方案拟定

b.1　桥轴线方案初选

经过实地考察,结合两岸道路交通、港口规划、地质、通航和水文地质、地形、地物等建设条件,初步筛选出以下两个较有价值的桥位方案。同时,结合通航适应性、防船撞安全性、施工条件等因素综合考虑,大桥推荐采用"一跨过湾"桥型方案。

方案一:K 线方案。桥位位于福鼎市佳阳乡竹甲鼻附近,起于竹甲鼻村竹澳,北引桥主桥跨越竹甲鼻与青屿岛之间的沙埕湾水域(水面宽约 510 m),于青屿落地后,建南引桥跨越青屿岛与阮家渡之间水域,终于阮家渡村。桥址区地质构造简单,地基稳定,适宜公路建设。

方案二:A 线方案。桥位位于佳阳乡蕉垄附近,距 K 线约 7 km,处于 K 线的下游(水面宽约 580 m)。A 桥位处规划通航标准与 K 线相同,但该处航道受地形制约,通航净宽要求较 K 线高,通航净宽 540 m,通航净高与 K 线一致。该方案利用南北岸线突出的山嘴布置桥梁主跨,跨越沙埕湾水域。桥址区地质构造亦适宜公路建设。

以上提出的跨海路段 K、A 轴线方案将在后续进行同深度比选。

b.2　桥型方案初选

桥型方案选择是在桥位、主孔净空标准基本确定以后,结合地质、水文、施工条件、景观协调和经济合理等因素综合比较后选择。结合本项目工程的特点与桥位区域自然条件,桥型方案的选择应全面贯彻"安全、适用、经济、美观"的方针。基于这一原则,初拟通航主桥桥跨布置四种方案:主跨 550 m 混合梁斜拉桥、主跨 550 m 钢箱梁悬索桥、主跨 620 m 混合梁斜拉桥和主跨 620 m 钢箱梁悬索桥。

c. 海底隧道备选方案拟定

综合本工程的各方面因素,跨海通道初步拟定两大方案,一个是经竹澳跨越沙埕湾的 K 线方案;另一个是经蕉垄跨越沙埕湾的 A 线方案。同时,针对 A 线方案沿线船厂设施等干扰因素,提出了 A1 线方案。

d. 方案比选

d.1　桥轴线方案选定

K 线方案桥位距入海口较远,海域较窄,利用水中一座青屿岛,主跨较小(主跨 550 m),桥位处航道顺直、水流条件较好。A 线方案桥位更靠近入海口,海域较宽,通航尺度需求较大,主跨稍大(主跨 620 m),距规划航道的船舶回旋区较近,直线段较短(仅略大于4倍船长)。

综合各方面的建设条件,K线方案更具优势,拟推荐K桥轴线。

d.2 桥型方案选定

根据上述论证及方案初拟,针对K、A线桥梁所处不同海域的地形特点,并考虑尽量减少引桥桥型种类,采用较单一的施工方法,以降低施工复杂程度、提高桥梁总体美观一致性,对各桥型方案进行组合比较后,对K、A线各拟定了两种桥型方案进行比选。根据当前国内外公路建设成功实绩和经验,所提出的各桥型方案在工程实施上都是可行的。

鉴于本次工可K、A线所拟定的桥型方案,除通航主桥桥型不同外,引桥桥型均对应相同,因此在桥型方案比选中,先介绍两条路线各自的桥型方案,再对两条路线的桥型方案进行统一比选并推出K、A两条路线各自的推荐桥型方案。

两方案的综合比较以K线方案为例(A线的情况类似)见表4-2。

表4-2 K线沙埕湾跨海大桥桥型方案综合比较表

方案项目	方案一 主跨550 m混合梁斜拉桥	方案二 550 m单跨双铰钢箱梁悬索桥
主桥	168+550+168=886 m	550 m
主梁	流线型扁平钢箱梁/PC砼梁	流线型扁平钢箱梁
主塔	花瓶型	门型
斜拉索/缆索	平行钢丝斜拉索	平行钢丝主缆、吊索
基础	Φ2.5 m钻孔灌注桩	Φ2.2 m钻孔灌注桩
对建设条件的适应性	符合桥位处气象、水文、地质、地震和通航等要求	符合桥位处气象、水文、地质、地震和通航等要求
技术难度和可行性	混合梁接头部位较复杂,有可借鉴工程经验	国内外成功经验较多,技术成熟、可行,风险小
结构抗灾能力	抗灾能力较好;不存在基础防撞问题	抗风稳定性较弱;不存在基础防撞问题
施工难易程度及工期	混凝土及水中区段钢箱梁施工技术成熟,悬拼施工,总工期需34个月	施工技术成熟,悬拼施工,总工期需36个月
运营阶段舒适性	整体刚度高,抗风能力强,行车较平稳舒适	整体刚度较小,抗风能力较弱,桥面震感明显

(续表)

方案项目	方案一 主跨550 m混合梁斜拉桥	方案二 550 m单跨双铰钢箱梁悬索桥
运营阶段维护费用	耐久性较好,在限制交通的情况下可进行斜拉索更换	耐久性较好,但主缆不可更换;运营期锚室需安装除湿装置且常年保持运转,后期维护费用高
美学效果	整体结构体现一定的刚性	与环境刚柔相济、景观造型较佳
设计估算（主桥建安费）	4.71亿	4.89亿
推荐意见	推荐方案	比较方案

从结构安全性、施工风险及便利性、经济性、桥梁景观及后期运营可维护性等方面,斜拉桥方案均有较大优势。因此,本次主桥桥型方案将混合梁斜拉桥作为推荐方案。

d.3 路线方案选定

本项目沿线受沙埕湾特大桥的桥位、军事基地、江南造船厂、立新修造船厂、与龙安工业园区衔接、游艇码头规划区、文物遗址群等因素制约,经综合分析,提出了K线、A线和A1线三个路线方案。三方案不同路线走向的段落较长,为便于比较,进行全线的方案比选。

通过比选,分析各方案的优缺点(表4-3),从而选出最优方案,即K线方案。

表4-3 路线方案的比选

路线	优点	缺点	推荐意见
K线方案	① 主桥跨径布置168+550+168 m,主跨较小 ② 有利于沿线互通、主线收费站及服务区的布设,且三者合址建设,有利于节约建设及管理费用 ③ 桥隧比例较低,工程量较小	占用福鼎码头游艇规划区边缘部分区域	推荐方案（本方案沙埕湾特大桥规模较小、互通布局合理、总投资较小）

(续表)

路线	优点	缺点	推荐意见
A线方案	A线避开了福鼎码头游艇规划区，K线占用福鼎码头游艇规划区外侧小部分区域，对规划区存在局部影响	① 主桥跨径布置190＋620＋190 m，主跨较大 ② 双华主线收费、双华互通分址建设，管理及建设费用增加 ③ 双华主线收费站地形陡峭，布设空间局促；服务区无法布置 ④ 双华、店下互通位置距离隧道口较近，布局不如K线合理 ⑤ 与立新修造船厂（规划5万吨级）存在严重干扰，需对该船厂进行征迁，征迁费用较大 ⑥ 双华互通与国省干线"纵一线"走廊存在干扰，平交口距"纵一线"隧道口较近，不利行车安全 ⑦ 与江南造船厂厂区边缘存在干扰 ⑧ 桥隧比例较高，工程量大 ⑨ 与国省干线"纵一线"存在多处平行干扰。局部段落改路工程量较大	比较方案
A1线方案	A1线起点至江南造船厂段与A线平纵线位相同，均避让了福鼎码头游艇规划区。之后，A1线沿立新修造船厂后方展线，避开厂区，与船厂无干扰	① 主桥跨径布置190＋620＋190 m，主跨较大 ② 双华主线收费站地形陡峭，布设空间局促；服务区无法布置 ③ 无法布设店下互通，不设店下连接线，故本项目对地方带动作用削弱 ④ 双华互通位置距离隧道口较近，布局不如K线合理 ⑤ 双华互通与国省干线"纵一线"走廊存在干扰，平交口距"纵一线"隧道口较近，不利行车安全 ⑥ 与江南造船厂厂区边缘存在干扰 ⑦ 桥隧比例最高，存在特长隧道，工程量较大 ⑧ 与国省干线"纵一线"存在平行干扰	

第5章 高速公路工程全生命周期投资控制

工程投资控制作为工程建设管理的核心要素之一,是指在工程决策阶段、设计阶段和实施阶段,力求实现项目实际投资不超过计划投资而开展的管理活动,即把投资的发生控制在批准的投资限额内,随时纠正发生的偏差,保证工程投资目标的实现,以取得良好的投资效益和社会效益。投资控制主要工作内容包括编制投资估算、审核设计概预算、编制并控制资金使用计划、控制工程付款,以及监理合同中委托的有关投资控制工作。

高速公路工程建设是一个长生命周期、建设情景复杂、多主体参与、数量庞大的工程活动,其自然环境、社会环境、技术标准、设备材料价格、汇率等都是影响高速公路建设投资重要因素,面对这些不确定性因素,高速公路工程的投资控制是一个动态调整的过程,需要在战略前瞻性、科学系统性上进行全面平衡的系统考虑。本专题将以系统性与动态性的视角,对福建省高速公路工程的投资控制面临的困难、原则、资金筹措与保障、投资控制体系等进行梳理,并总结福建省高速公路工程投资控制的措施与经验,为今后类似工程提供参考。

本章节的研究框架如图 5-1 所示。

5.1 高速公路投资控制背景与原则

5.1.1 高速公路投资控制背景

工程投资控制贯穿于工程建设全生命周期,需要根据工程建设的环境情景的变化、工程自身的变动而动态调整。高速公路工程投资控制的难点,就在于如何在不断变化的宏微观环境中适时调整投资量及投资手段,实现投资效益最优。以福建省为例,高速公路工程建设投资控制的复杂性主要体现为以下几个方面:

1. 现有工程定额标准不能适用于高速公路工程建设全部项目

高速公路工程具有非常大的规模、技术难度高,且在福建"八山一水一分

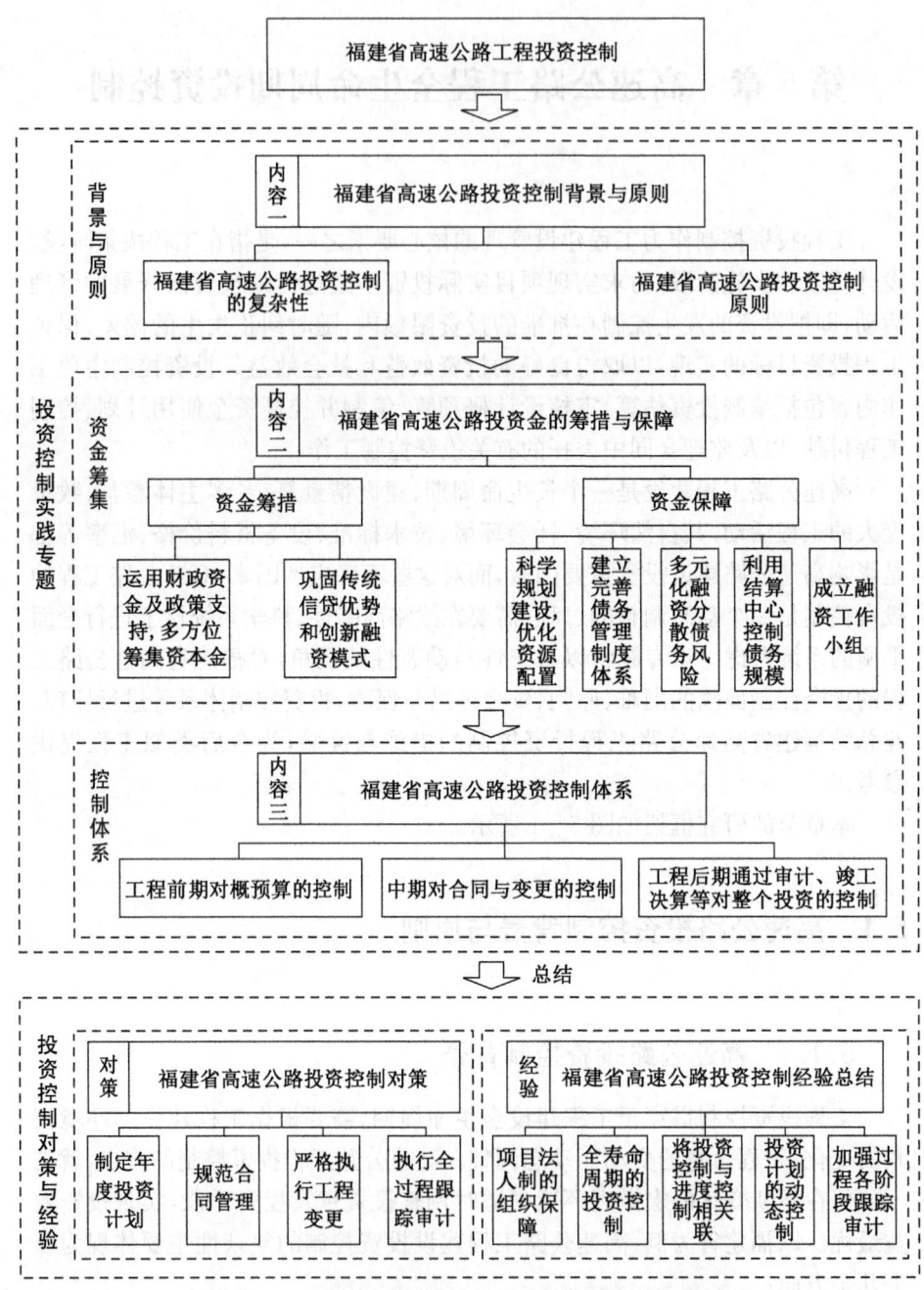

图 5-1　福建省高速公路工程投资控制研究框架图

田"的地理环境下,福建省高速公路多数为跨山大桥以及隧道。因此,福建省高速公路工程建设存在大量技术创新以及大型设备的应用。而国家现行工程概算定额标准是在对以往众多工程实际操作数据统计分析的基础上,并考虑全国范围内区域平衡后制定的,从而适用于常规工程。而福建省高速公路工程新的施工方案、新材料与新技术的应用,会导致现有技术标准和费用定额不能完全准确地反映高速公路建设所需要消耗的工时、材料和机械台班数量。部分定额标准明显偏低或原部分定额考虑不足。例如部分大型和专用设备以及大临工程用钢量摊销比率过大、现行公路定额中缺少大型水上船机设备的定额标准、针对高速公路工程的定额数量明显不足、国家对大型工程机械设备折旧规定次数较多等。

2. 高速公路工程建设存在设计变更

高速公路涉及桥梁基础和交通工程、水文、气象、地震等多方面,需要在工程建设过程中进行深入开展研究,在初步设计时较难将所有要素考虑周全。因此,在高速公路建设过程中易出现设计变更,从而增加投资控制难度。例如泉厦漳城市联盟路泉州段工程发生设计变更共计 69 份,其中土建合同段共 62 份,路面 B 合同段共 3 份,交安共 4 份,其中较大变更 4 项、重大变更 1 项。泉州湾跨海大桥工程在建设过程中发生了涉及 A1 标南岸陆地区引桥第十至第十三联、第十九联上部结构变更;A5 标秀涂互通出入口变更、杏坑通道桥桥跨布置变更;A6 标张坂互通出入口变更等。

3. 高速公路工程长周期建设中原材料价格变动

高速公路工程建设时间周期较长,在长周期建设中,钢材、水泥、砂石料等原材料价格易发生变动,而概算的编制是以初步设计时的材料价格作为基数,从而使得投资控制较难与概算精准相符。

4. 国家政策性因素调整引起费用变化

国家为了调控宏观经济,会动态性出台相关政策,给工程投资增加了不确定性。例如,国家为解决"三农"问题出台了一系列政策,引起征地拆迁单价、安置补助标准的提高;概预算编制办法的调整也引起的建设项目管理费的增加;贷款利率的变化引起了贷款利息增加等。与此同时,高速公路工程技术创新会引发研究试验费、国内外专家技术咨询费、勘测设计费、建设单位管理费、贷款利息以及交通工程设备购置费和其他外部协调、结构健康监测等相关费用的增加。

因此,工程投资控制面临多方面的困难,高速公路工程的投资控制很难完全按照概算来进行固定不变的机械控制,需要以工程建设目标为引导,在国家批准概算的基础上,进行动态调控、规范使用、稳定供给。

5.1.2 高速公路投资控制原则

高速公路建设投资控制的载体与物理对象是工程项目,其主体则是人的管理活动,目的是合理使用人力、物力、财力,降低成本,增加效益。因此,围绕科学、合理、有效的投资控制理念,高速公路在全生命周期的投资控制中以人为本,遵循以下原则:

1. 市场主导、制度保障原则

根据市场经济原理,建立项目各利益主体的激励机制、约束机制、风险机制和竞争机制,进一步落实业主负责制、招标承包制、建设监理制三项制度的建设,坚持权责利一致的市场主导、制度保障原则。

2. 静态控制、动态管理原则

静态控制是指以政府批复的投资概算为控制指导,但是投资控制是在不断变化的环境下进行的管理活动,所以必须坚持动态控制的原则,将计划、比较、分析与调整结合起来,对高速公路建设过程中投资控制中出现的非结构性、关键性问题进行管理。在动态管理过程中坚持节约为先,但绝对不是消极的限制与监督,而是要积极创造条件,要着眼于成本的事前监督、过程控制,在实施过程中经常检查是否出偏差,以优化施工方案,从提高项目的科学管理水平入手来达到节约。

3. 全面控制、目标管理原则

全面控制即全员控制和全过程控制。成本控制应充分调动每个部门、班组和每一个员工控制成本、关心成本的积极性,真正树立起全员控制的观念。高速公路项目投资涉及项目的整个周期,从施工准备开始,经施工过程至竣工移交后的运营期。因此,投资控制工作要伴随项目的每一阶段。高速公路的投资与费用控制是把计划的方针、任务、目标和措施等加以逐一分解落实,实施目标管理。在实施目标管理的过程中,设定的目标要切实可行,落实到部门甚至个人;目标的全面责任,既有工作责任,更有成本责任;做到责、权、利相结合,对责任部门(人)的业绩进行检查和考评,并同其工资、奖金挂钩,做到奖罚分明。

5.2 高速公路建设资金的筹措与保障

5.2.1 资金筹措

合理可行的融资方案,恰当有效的运用现代融资技术、技巧,对建设项目的实施将起决定性作用。福建省高速公路工程建设筹融资举措多元化发展,形成了如下的相关方式:

1. 运用财政资金及政策支持,多方位筹集资本金

按照交通运输行业固定资产投资资本金比例标准,福建省高速公路建设资本金比例基本维持在35%左右。随着高速公路建设里程加长,建设资金需求加大,资本金筹措压力也日益加大。为保障高速公路建设资金需求,省高速公路集团积极争取加大中央车购税交通专项资金及省级财政资金投入,引导地市加大资源整合以及土地、财政资金等投入,争取相关政策支持,提高资本金筹措能力。

(1) 中央车购税交通专项资金投入

利用加快建设海峡西岸经济区的历史机遇,主动对接、努力争取中央有关部委在高速公路审批、车购税交通专项资金、土地年度指标方面给与政策扶持,争取中央对福建原中央苏区、革命老区资金补助的倾斜政策,有力增强金融机构对高速公路的贷款信心。

(2) 省级资本金投入及相关政策支持

为缓解高速公路建设规划和资金存在的矛盾,福建省加大了政府财政投入,有力地减轻建设路段公司的筹资压力。省政府还加大了对高速公路建设的政策扶持,从用地政策、税收收入、财政补贴等方面给予了政策优惠。

一是税费支持政策。福建省相关支持政策主要包括:收费还贷公路所征收的通行费收入免征营业税、所得税、地方水利基金等,施工单位建安营业税由地市财政预算安排做市级资本金;泉厦、福泉等经营性高速公路上缴省财政土地租金收入从基金支出预算中安排作省级资本金投入;将征收的森林资源补偿费用于高速公路两侧红线内造林绿化。税费优惠政策的相关规定为贷款偿还和高速公路建设提供了有力的保证。

二是土地储备政策。2012年10月福建省出台《落实高速公路资本金及还贷资金实施办法》(以下简称"办法"),办法规定按照"一项目一平衡"的原则,由相关县市为各省市合作高速公路项目配置相应的土地储备,并依法实施

出让,将优质土地资源注入项目公司,各项目公司通过盘活土地存量资产,采用开发、出让、抵押等方式获得土地增值收益,专门用于高速公路建设和运营还本付息。2015年7月,省人民政府办公厅《关于做好高速公路存量土地资产处置工作的通知》,支持以划拨方式取得的土地使用权,变更为国家作价出资(入股)方式,转增国家资本金,支持高速公路存量土地使用权及其地上建筑物实行多元化经营,支持高速公路公司对条件成熟的土地进行综合开发。

三是财政贴息支持。2014—2018年度,省交通运输厅每年在成品油价格和税费改革中央财政转移支付资金年度部门预算中安排不少于3亿元用于高速公路省级资本金债务贴息。省财政每年根据高速公路项目建设融资需要及财政增收情况统筹考虑给予贴息支持。对于成品油价格和税费改革中央财政转移支付资金增量部分不再计提水利建设基金,全额用于高速公路省级债务利息贴息或省级资本金投入。此外,福建省政府分年度安排地方政府债券资金用于高速公路项目建设。

(3) 创新市级资本金筹措机制

① 积极争取落实财政性资金。积极争取将建设项目资本金纳入地市财政预算,统筹考虑高速公路项目对各县区经济社会的带动作用,明确由市本级和高速公路沿线各县区共同分担项目市级资本金投入。争取将征收的施工单位建安营业税全额返还用作项目市级资本金投入。2011—2015年度还通过争取地方政府债券资金40亿元转作地市项目资本金。

② 搭建融资平台,拓宽直接融资渠道。为促进高速公路建设的良性循环,有效盘活资产存量,提供有力的资金保障,各设区市陆续组建市级筹融资平台,利用平台优势,创新筹融资渠道,拓宽融资方式,加强资本运作,积极采用多种融资方式筹集资金。福州、漳州、三明、龙岩、南平、宁德等地市均通过发行债券筹集解决了部分建设资金需求。2015年度泉州、三明、龙岩、莆田四地市争取到光大信托资金筹集资金50亿元。2015年福州、龙岩、宁德、泉州、漳州、三明、南平七地市还引入国开专项建设基金17.5亿元,缓解市级资本金压力。

③ 制定激励措施,多方面提高市级资本金到位率。一是出台了市级资本金提前到位的鼓励措施,促使各设区市抓住时机,充分发挥各市级融资平台作用,利用直接融资渠道,增加和提前到位项目市级资本金。二是支持地市债券融资,福建高速集团为福州市发行的债券提供担保。三是通过省级收购部分已通车项目地市股权,约定地市股权转让价款继续用于该市其他后续建设项目。通过该方式省高速公路集团累计支持地市资本金16亿元。四是分配项目还贷剩余资金,用作支持地市项目资本金投入,促进地市项目滚动发展。

(4) 通过股权及经营权转让筹集资金

① 泉厦改制上市、收购福泉、罗宁项目及股份增发

福建省高速公路集团通过资产剥离上市方式实现高速公路经营权转让。经福建省人民政府批准,福建省高速公路集团以效益最好的泉厦高速公路经营性净资产为主体,设立福建发展高速公路股份有限公司,完成 IPO,募集资金 13 亿元。为做大做强上市公司,先后通过将所持有的福泉高速公路股权,福泉及泉厦高速公路的机电工程、所属罗宁高速公路子公司股权转让给股份公司,同时获得资金 24 亿元。为满足福泉、泉厦扩建工程巨大的资金需求量,股份公司通过增发新股的方式在资本市场融资,成功增发 A 股 3.5 亿股,募集资金 22.5 亿元。

② 通过服务区经营权转让筹集资金

福建省高速公路集团通过将在建项目的服务(停车)区推向社会建设与运营,加强沿线用地、广告等的综合利用与开发,缓解建设资金压力。福银路段服务区在建设期即引入战略投资者——中石化福建石油分公司,在承担了服务区大部分建设资金和建设任务后,拥有了在运营期与高速方共同投资设立服务区管理公司的权力,共负服务区今后持续经营的责任。

在以往转让已建成高速公路的服务区、停车区、加油站等非主营资产收回投资的基础上,进一步探索服务项目经营权的转让、合作开发新模式,在满足高速公路配套功能和规范管理的前提下,加大引入各类社会资金投资建设的力度,缓解了建设资金压力。

(5) 引入社会资金,推动投资主体多元化

为缓解高速公路在大步伐加快建设的同时面临的建设资金紧张困难的局面,福建省在坚持省市共建为主的基础上,还大力推进 BOT、BT 等投资主体多元化改革,吸引社会资金参与高速公路建设,见本书 4.2 节。

2. 巩固传统信贷优势和创新融资模式

由于高速公路建设需要巨大的资金投入,而各级政府投入的资金有限,因此,大部分建设资金还需通过省、市自筹及项目贷款等方式解决。为了保障建设运营资金需求,福建省高速公路集团在福建省委省政府正确领导及各部门的鼎力支持下,大胆探索融资创新之道。

(1) 深化银企合作,巩固信贷融资渠道。信贷资金是高速公路建设的主要资金来源,通过深化银企战略合作,巩固信贷融资渠道与多家银行建立战略合作关系,共签署授信总额度协议近 3 000 亿元。为了加强与银行对接,还成立了省、市、项目公司筹融资专项工作小组,形成三级协调机制,推进建设项目贷款评审,落实银行贷款规模,协调降低贷款利率。

(2) 创新融资模式,拓展直接融资渠道。为优化资本结构,降低融资成本,打破过度依赖银行贷款的局面,始终密切关注资本市场新产品、新政策,不断探索新的融资模式。

① 通过盘活存量资产筹集资金。2010 年以来福建省高速公路集团引进融资租赁方式进一步盘活了高速公路存量资产,促进国有资产保值增值,还进一步优化资本结构。与国银金融租赁公司、兴业金融租赁公司、昆仑金融租赁公司等 8 个高速公路项目以高速公路路面设施和配套基础设施等固定资产为标的,通过售后回租方式筹集资金。

② 通过公开市场发行债券筹集资金。早在 2005 年福建省高速公路集团就通过发行企业债券募集龙长及邵三高速公路项目建设资金 20 亿元。至 2015 年,省高速公路集团及下属子公司已经成功发行债券 356 亿元,并按照募集资金用途使用资金。债券资金的发行有效缓解了福建省的建设运营资金压力,改善了公司的债务结构,降低了公司的资金成本。

③ 其他创新融资方式。2014 年子公司南平浦南公司通过引入保险债权投资资金 10 亿元改善债务结构;2015 年引入国开专项建设基金 27 亿元用于安排省市资本金投入等。

5.2.2 资金保障

资金是制约高速公路工程建设发展的"瓶颈",福建省委、省政府历来十分重视高速公路建设资金筹措与管理工作,在十五年的建设运营管理过程中,福建省高速公路集团在筹融资工作上进行了积极探讨,突出融资体制、融资方式和融资结构等方面创新,取得了显著成效,有力地保障了高速公路建设发展。实行预算目标控制,完善定额、定员、绩效考核和预算管理,加强约束机制和内部控制,严格财务收支控制,运用科技手段,降低成本,提高效率和效益,形成促进滚动发展内部资金生成机制;强化资金集中管理,充分发挥福建省高速公路集团融资平台和结算中心资金管理平台作用,深化银企战略合作,争取最有利的贷款,加强资金统筹管理,提高资金运作效率;创新投融资方式,鼓励社会资金投入高速公路建设,同时鼓励股份公司、项目公司投资高速公路新项目,适时发行企业债券、中期票据及信托产品等筹集债务性资金。

可以说,福建省高速公路的组织模式在职能上被赋予了企业管理行为。福建省国资委对高速公路行使国有资产监督职能,确保国有资产保值增值;在积极争取交通运输部、省财政投入和国内外银行贷款、国债资金的同时,还在全省国有企业、交通行业率先进行资产重组上市、发行债券、短期融资券、信托理财产品等方式筹措资金,为高速公路建设提供了有力支撑。另外,由福建省高速公路集团控股的"福建高速",于2001年初成功上市,这是福建省高速公路一个重要的对外融资窗口。上市后积极强化主营业务,运用募集资金收购福泉高速公路收费权,盘活存量资产,同时投资罗宁、浦南等高速公路,大大缓解了福建省高速公路建设省级资本金不足的状况,推动了福建高速公路滚动发展。

福建省高速公路集团做好资金工作的同时,也加强了监管资金使用,防范债务风险:

(1) 科学规划建设,优化资源配置。制定福建省高速公路行业发展和投资建设规划,既要满足综合交通运输体系和现代交通运输业发展的需要,又要根据福建省经济增长、交通部门收入增长等情况,区别对待建设项目,避免地方交通盲目建设与重复建设。

(2) 建立完善债务管理制度体系。制订了《福建省高速公路资金管理办法》、《关于进一步加强路段公司银行贷款管理办法的通知》《关于进一步加强高速公路筹融资和资金管理的通知》等制度,避免债务规模盲目扩大,促进资金管理规范化。

(3) 实行多元化融资方式,分散债务风险。将单一的银行贷款转为多元化、多渠道的直接和间接融资方式,如发行票据、债券、引入保险资金等,从而有效优化债务结构,降低财务风险。

(4) 利用结算中心科学控制债务规模。2006年,组建了资金结算中心,加强资金集中管理,通过归集成员单位闲置资金统筹调度,合理控制资金存量,提高资金使用效率;统一协调和争取全省对外融资优惠利率,保障建设资金需求;加强资金监管,有效控制财务风险。

(5) 成立融资工作小组,统筹做好资金筹划工作。2011年,由福建省高指成立融资专项工作小组,统筹协调做好全省高速公路建设资金工作。一是负责会同省直有关部门、各设区市高指、项目公司争取财政部、交通运输部尽早拨付当年中央资金和争取更大支持;二是与各设区市高指、项目公司对接,了解核实项目贷款评审进展情况、项目贷款供求情况和项目贷款本息偿还计划等;三是与各主要合作银行省分行对接沟通,跟踪落实各行项目贷款评审、规模安排和高速公路偿还贷款腾出规模的滚动使用;四是协调推进各单位发行债券、中期票据、融资租赁和保险债权融资等专项融资。各设区市高指、项目公司也陆续成立融资专项工作小组,明确目标责任,共同推进融资任务落实。

5.3 高速公路工程投资控制体系

高速公路工程建设目标体系包含了质量、安全、进度、投资等综合目标系统，各要素相互关联与影响，共同引导高速公路工程的建设与管理。高速公路工程投资与费用目标是衡量高速公路工程建设经济效果的重要标准，受质量、安全、进度等目标的制约，同时也影响着这些目标的实现。因此，为了实现目标系统的均衡协调，高速公路工程投资控制体系必须与工程质量、进度、安全等相关联，在实现工程建设总目标的基础上，建立相应的投资控制体系。

5.3.1 前期对概预算的控制

高速公路项目的建议和可行性研究阶段，是工程费用控制的重要阶段，该阶段各项技术经济决策对工程费用以及项目的经济效益有着决定性的影响。这一阶段的投资控制主要是合理地设置控制的初步目标，即建立合理的投资估算。在可靠性研究报告批准后，估算就作为设计任务下达的投资限额参考，对初步设计概算起控制作用，并作为资金筹措及向银行贷款的依据。

高速公路建设在项目初期充分做好市场研究，结合市场分析、竞争力分析、不确定性分析等方面选取多种方案并加以分析。工程经济人员从建设方案的优选开始，渗透到设计的全过程中去，按照工程造价管理的原则，合理预测投资估算中各种动态因素的变化，使投资者充分了解项目的效益与风险。通过多方案比选，克服传统上技术保守、经济浪费的设计惯性，用动态分析法进行多方案技术、安全、经济比较，在满足高速公路建设技术要求的前提下尽量降低投资。

初步设计阶段是工程项目建设的关键阶段，对工程费用的影响度很高，是处理技术与经济关系的关键性环节，是确定与控制工程造价的重点，工程费用控制的效果很大程度上取决于设计阶段的控制。在高速公路初步设计过程中，重视设计方案的优化，从项目实际情况出发，以提高投资效益为前提，积极而稳妥地采用先进的技术方案和成熟的新技术、新工艺。高速公路设计以工程估算为基础，实行限额设计以控制工程造价，在保证达到使用功能的前提下，按分配的投资限额控制设计，严格控制不合理变更。

高速公路在完成初步设计以后，需要将初步设计进行细化，将工程各部分的组成元素如工程量、概算额等向下分解，集成考虑工程建设中的各项问题，将各种影响因素综合后形成工程施工的详细方案，并形成工程各部分实施的实际费用,作为工程招标的基础。施工图设计阶段形成的预算,将作为工程投资的最终控制目标。

5.3.2 中期对合同与变更的控制

项目中期的实施阶段是高速公路实体的形成阶段,是人力、物力、财力消耗的主要阶段。工程量大、涉及面广、影响因素多、施工周期、政策性变化、材料设备价格、市场供求波动等等都会影响工程投资的控制。要有效控制工程投资,提高投资效益,就要在实施阶段加强工程建设的管理和监督职能,从而加强对工程项目建设的全方位、全过程的造价控制。该阶段的控制主要是在施工图设计基础上拆分概算,形成招标合同价,然后通过招投标,确定承包商,签订合同,完善合同管理制度,严格控制工程计量和支付,严格控制变更,根据工程实施进度计划和合同制订各层次工程投资计划和资金筹措计划,并根据工程实施情况进行动态管理。

在实施阶段,即工程施工阶段,由于设计变更、工程量增减、索赔、违约责任等因素而导致合同价款的调整,突破投资控制目标的可能性仍然存在。在做好概算拆分与施工图预算控制的基础上,加强实施阶段的投资控制,是保证项目投资控制目标最终实现的重点。

福建省在这一阶段的主要控制体系包括以下几个方面:

1. 强化招投标管理

(1) 合同打包。除实行设计施工总承包和 BOT 项目外,福建省高速公路建设项目按勘察设计、勘察监理设计审查(咨询)、施工、施工监理、试验检测和重要材料采购等进行分类打包。标段划分以合理规模、利于施工、方便管理的原则进行。例如,按路基土建工程(含路基、桥涵、隧道、边坡绿化工程等)、路面及安全设施工程(含路面、安全设施、房建工程、景观绿化工程等)、机电三大系统(含监控、通信、收费系统等)、其他机电工程(含隧道通风、照明和沿线供配电工程等)分类打包。原则上,路基土建工程以概算建安费 3—5 亿元为一个标段;路面及安全设施工程以概算建安费 3—5 亿元或以 30 公里左右为一个标段;机电三大系统、其他机电工程分别以概算建安费 1 亿元左右或分别以一个项目为一个标段。

(2) 采用"除外包干"合同模式。为加强投资控制,路基土建工程施工采用"除外包干"合同模式。除招标文件(或范本)中列明的非包干项目外,其他项目实行总额包干。包干工程数量允许在合同签订后两个月内以施工图为准进行勘误,勘误结果经建设、设计、监理、施工单位共同确认后作为计量支付依据,包干数量在合同履行期间保持不变。非包干项目的工程数量按实计量,同时在招标文件中明确变更作价原则。合同中设定包干风险金,一般不少于第100章至700章清单合计价的1‰,由投标人在投标时自行报价。

(3) 调整主材价差。为公平合理地分担工程施工期间价格波动风险,对用于永久性工程的钢筋、水泥、隧道型钢、钢绞线、沥青以及柴油等主要材料进行价差调整。价差调整的原则应根据省交通运输厅下发的价差调整指导意见,对调价材料的权重采用价格调整公式进行调整,并在招标文件中明确调价材料的权重和基期价格,基期价格原则上为编制最高限价时参考的信息价。

(4) 调整中标人报价清单中各子目中标单价。执行清单勘误、不平衡报价调整制度,即为防止不平衡报价,招标人在签订施工合同时,对中标人报价清单中的各子目中标单价,依据招标文件工程量清单中列明的工程数量和同标段所有被宣读的投标价(去掉超出招标人最高限价的投标价和低于最高限价的75%的投标价)中各子目单价的平均值,按中标价与投标人平均报价的比例进行调整;暂估价、低价风险金、保险费、奖励金、安全生产费等按招标文件规定计算,中标总价保持不变。

(5) 合理设定投标控制价。投标控制价由招标人负责委托造价咨询机构编制,在投标截止期7日前由福建省高指会同省交通运输厅、省交通造价站、地市高指、建设单位共同审定后告知各投标人。投标控制价按照国家有关造价管理规定,适当考虑施工成本和合理利润进行编制。投标控制价控制在批准的概算内。投标价超出投标控制价的,按无效投标处理。

2. 严格合同管理

高速公路项目建设单位严格履行合同义务,创建良好的施工环境和条件,确保按设计施工、按规程施工、按合同要求施工。所有设计变更按规定程序经批准后实施。加强投资控制和资金管理,严格计量支付和工程造价控制,做到专款专用,专户储存,不得挤占挪用、不得拖欠工程款。

3. 推行标准化管理

在施工阶段,推行生产场站制度;在工程实施阶段,通过对各分项工程推行统一的作业标准和施工工艺,能有效避免施工过程中的质量通病和安全死角;在道路运营阶段,工程质量显著提高,运营单位的养护维修费用得以减少,因此,推行标准化后,工程造价等到更为有效的控制。

4. 强化设计变更管理

为加强高速公路工程建设项目管理,规范设计变更行为,严格投资控制,福建省高指下发《福建省高速公路工程设计变更管理规定》,对设计变更分类、审批程序及权限、变更费用的确定和支付、设计变更的监督等提出明确规定。

为进一步规范设计变更管理工作,强化落实分级管理责任,防控廉政风险,提高工作效率,福建省高指对设计变更管理规定进一步补充:一是明确设计变更工作应遵循从严原则、合理原则、合规原则、优化原则、逐级审查原则。较大及重大变更方案必须由项目法人初审确认后报市(区)高指,经市(区)高指组织审查并提出明确意见后书面上报福建省高指,未提出明确意见或由项目法人直接上报的将不予受理。二是明确部分变更审批权限,桥梁、隧道、特殊路基处置等技术较成熟、涉及造价较小的工程设计变更,由项目法人负责审批,简化审批程序,方便工程建设顺利有序推进。

5. 推行信息化管理

高速公路项目建设单位以科技手段、信息技术、网络管理为支撑,建立并应用覆盖高速公路项目建设管理全过程的信息平台,将工程质量、安全、进度、投资以及设计变更和试验检测等管理内容纳入平台,实行动态管理,提高工程现代化管理水平。

6. 制定年度投资计划

福建省制定年度投资计划,并通过信息系统的运用,加强投资动态跟踪管理,编制投资月报,动态地反映费用的控制状态,让项目管理层随时掌握项目的预算情况、承诺情况、费用最终估算情况和费用的支付情况,以便采取相应的对策,使费用控制在目标内。

5.3.3 后期通过审计、竣工决算等对整个投资的控制

项目后期竣工结算也是工程投资控制的重要阶段,通过核对竣工工程内容是否符合合同条件要求、工程是否竣工验收合格、合同中约定的结算方法、计价依据、取费标准、主材价格和优惠与承诺条件的实现情况,检查核对隐蔽工程验收记录,落实设计变更签证审批,按竣工图、设计变更、现场签证进行工程量的核实等,严格、合理、公平、公正地履行工程合同,实现对承包商的工程支付,完成工程建设期投资最后阶段的控制。

竣工阶段的投资控制措施主要有:

(1) 委托有资格的工程造价咨询单位依据施工合同、招投标文件、建筑工程施工发包与承包计价管理办法、竣工图、设计变更通知单、现场签证、隐蔽工程验收记录及签证、交工验收证书等进行工程竣工结算审查,出具由注册造价工程师签署的工程竣工结算审价报告,作为项目竣工验收、编制竣工决算、核定和办理资产移交的依据。主要是核对合同及招投标文件条款,包括工程竣工结算内容、结算方法、计价方法、合同价格调整索赔处理等是否与合同及招

投标文件规定一致,工程内容是否全部验收合格;检查隐蔽工程验收记录、签证是否完整、是否符合规定;检查设计变更、现场签证是否符合项目变动控制程序规定、手续是否完整、时限是否符合规定,对竣工后、结算前补办的签证手续进行合法性检查;严格按照国家级的工程量计算规则依据竣工、设计变更单、现场签证等逐项核算,严格控制计算误差,结算工程实物量;按竣工图、实物工程量、设计变更修改增减、现场签证和甲方供应材料价差的增减、索赔事项处理等审查核定,并按招投标文件及施工合同中明确的固定合同单价结算,由注册造价工程师签署审价报告。

(2) 竣工决算审计。竣工决算包括高速公路从筹建到竣工投产全过程的全部实际投资,包括建筑工程费、安装工程费、设备器具购置费、工程建设其他费、预备费、建设期贷款利息、铺底流动资金等。依据批准的设计文件及投资概算、设计交底及设计图会审纪要、招标文件、承包合同、设计变更及现场签证、索赔记录、工程结算审价报告、竣工验收资料及证书、历年财务决算及批复等有关资料,编制竣工决算,经内部审查核准后,报交通运输部审核。由有资格的审计单位进行竣工决算审计,出具项目竣工决算审计报告,据此进行竣工财务决算。在竣工决算审查及审计中,重点审查有关方针、政策、财务制度的执行情况;审查设计变更是否经有关部门批准;审查有无计划外扩大规模、提高标准;审查工程增减有无签证确认手续和依据;审查有无违反财经纪律的情况;审查报废工程损失、非常损失等是否经过有关部门批准;审查建设剩余物资、建设结余资金是否真实等等。

(3) 处理高速公路在保修期限和保修范围内所发生的维修返工等各项保修费用。保修费用应按合同约定和有关规定合理确定和控制。建设工程质量保修制度、最低保修期限、保修义务和赔偿责任;同时应弄清造成问题的原因以及具体返修内容,按照《建设工程质量管理条例》规定和合同约定与有关单位共同协商确认。勘察、设计方面的原因造成的质量缺陷由勘察、设计单位负责并承担经济责任,委托施工单位负责维修或处理、勘察、设计单位应继续完善勘察、设计,减收或免收勘察、设计费并赔偿损失;对施工单位未按国家有关规范、标准和设计要求施工,造成质量缺陷,由施工单位负责无偿返修,并承担经济责任;由施工单位采购的设备、材料、构配件质量引起的质量缺陷也应由施工单位承担经济责任;因业主招标采购的设备、材料质量原因造成的问题,应按设备供需合同规定条款处理,向设备供应商索赔;在运营期因使用不当或使用后有新的要求而进行的返修或局部处理以及因地震、洪水、台风等不可抗力造成的返修问题,由业主负责处理,一般报有关部门批准后由项目投资支付。保修期满后,按照上述处理原则,及时与各合同单位办理保修费用结算,结清质量保证金。

5.4 福建省高速公路投资控制对策

工程建设的投资实现,是在建设实施过程中,通过业主与承包单位、咨询单位等签订合同,根据合同规定的支付条件,将建设资金按监理审批程序拨付给建设实施单位的过程。这个过程包括了前期的投资决策、工程建设招投标和合同管理、工程建设过程中的工程计量、资金审批与拨付的管理等。

为了规范高速公路工程建设资金的使用,保证资金及时到位,满足工程建设需要,降低资金筹措成本,提高资金使用效率,福建省制定了一系列制度和管理办法。通过建立科学有效的决策机制,为在复杂的工程建设环境中正确决策、有效控制提供了保证;同时依据工程建设总体实施计划和工程进度,分阶段、分目标制定工程建设资金保障预案,对高速公路建设资金实行集中管理、统一调度、计划控制,负责建设资金的平衡、调度、支付结算和分析管理,在工程建设实施全过程进行资金使用规范管理。

5.4.1 制定年度投资计划

高速公路建设中,计划管理工作在投资控制与管理方面发挥了巨大的作用。首先是保证工程建设需求资金的全额、及时到位,其次是有效控制预算外项目的发生,避免项目因预算外支出而影响工程正常施工对资金的需求。

福建省高指每年均会下发当年高速公路建设投资计划的通知。例如,2019年,福建省高指建设投资计划通知中指出,2019年全省高速公路建设投资计划要完成245亿元,力争完成260亿元。其中,计划建成顺昌至邵武、长乐至平潭高速公路、福州绕城公路东南段等11个项目(路段)约195公里;续建长乐前塘至福清庄前、莆炎高速公路三明境尤溪中仙至建宁里心段等20个项目634公里;计划新开工泉南线永春互通至汤城枢纽扩容工程、国高网厦沙高速公路汤城枢纽至德化段改扩建工程、厦门第二东通道工程等3个项目44公里。

总体来说,福建省高速公路十三五投资完成情况及通车情况如表5-1所示。

表 5-1　福建省高速公路十三五投资完成情况及通车情况

年份	计划投资（亿元）	完成投资（亿元）	占比（%）	当年通车里程（公里）	累计通车里程（公里）
2016	290	296.467 3	102.2%	18.188	5 019.783
2017	320	327.321 3	102.3%	207.97	5 227.753
2018	310	311.139 8	100.4%	116.293	5 344.046
2019	245	261.436 2	106.7%	191.272	5 535.318
2020	260	261.623 6	100.6%	468.469	6 003.787
合计	1425	1 457.988 2	102.3%	1 002.192	

5.4.2 规范合同管理

1. 加强合同管理，避免合同条款缺陷

一是合同措辞严密。二是合同条款详细，特别是一些牵涉到投资增减的条款，诸如设计变更的确认及其计价依据、某些特殊材料的调价方法等都要详细而明确。注重对合同变更，特别是施工过程中发生的现场签证与设计变更的管理，建立完善的变更审查、审批制度。手续不完善的签证，一律不予认可。三是严格执行过程承发包合同，合同价即为中标价。在合同履行过程中，通过有关的合同条件，将合同各方的投资工作密切联系起来，促进投资工作的开展和投资控制目标的实现。

2. 加强计量管理，严格按合同约定及实际完成的工作量支付工程进度款

具体如下：(1) 对每个施工标段均制定并单独下发对应工程量清单及计量支付规则；(2) 严格执行计量支付规则，核实现场完成工程量，避免提前计量、超计量等情况发生；(3) 现场施工与施工图设计不符，且未办理相关变更手续的工程，坚决不予计量；(4) 配备较高素质的合同管理人员，严格审核工程量，根据施工承包合同要求，对施工过程中出现的设计变更、现场签证等进行审核，不能多算或不按规则计算，要求审核人员对施工图纸、现场情况、现行预算定额中的说明、规定、计算规则都很清楚，而且要有一本明账。做到客观、公正、合理，准确进行计量审核。(5) 审核项目单价，有些模棱两可的项目，要求不得任意就高套用，应符合实际情况，对定额缺项的不得任意高估，要结合现场的实际情况分析计算。(6) 审核分项正确性，不得重复列项，要求审核人员对图纸内容、定额项目的划分及定额项目所包含的内容要很熟悉，且要有说服力。

5.4.3 严格执行工程变更

1. 以福州莆炎高速为例

为严格控制工程投资,依据合同文件及上级主管部门的相关规定,福州莆炎高速公路项目公司结合项目实际情况,制定了《国高网莆炎高速公路永泰梧桐至尤溪中仙段公路(福州段)项目工程计量支付实施细则》和《莆炎高速公路永泰梧桐至尤溪中仙段公路(福州段)工程设计变更管理实施细则》等实施文件,并及时传达学习福建省高指相关变更规定,使变更项目的结算工作做到有章可循,确保维护合同双方合法权益。在工程变更管理上,做到制度到位、程序到位、审查到位。

(1) 确定成因

施工、监理、业主、设计各方现场勘察后,分析变更成因,对比原设计图纸,确定变更方案,出具各方签认的变更会议纪要。变更会议纪要作为变更的依据,为变更工程重要组成部分。

(2) 明确程序

工程变更方案确定同意后,施工单位即可实施,同时施工单位应根据实际情况在福建高速公路建设管理系统网上及时申报并纸质报送《工程变更申请单》、《申请变更费用报告单》等相关资料。施工、监理、业主各方应对变更前后的工程数量及费用进行申报、确认、审核;设计单位应对变更前后的工程数量进行确认,做到建设管理系统与纸质报送同步,让变更管理工作更加有序,变更审批程序更加透明,确保变更管理台账清晰明了。

(3) 强化审核

变更上报至公司后,先经公司工程部初审,再由计划合同部审核,经公司领导同意批准后,出具变更审批单并下达变更费用,最终由总监办出具变更令,对新增项目根据合同条款的规定严格作价。真正做到程序层层把关,费用层层审核。施工单位根据变更令,在建设管理系统上填报并进行计量支付。

(4) 定期梳理

针对各施工项目部的实际情况,定期召开变更梳理会议,参建的施工、监理、设计单位以及工程部、总工办、计划合同部等有关人员参加,及时解决、清理变更问题。督促施工单位按时进行变更申报工作,要求监理及相关单位及时审批,使变更管理工作紧跟工程进度,缓解施工单位资金压力。

经施工、监理、业主、设计等各方共同努力,福州莆炎高速各项目部变更工作管理井然有序,审批工作及时,审批程序严格,审批费用符合要求。

2. 泉厦漳城市联盟路泉州段工程

再以泉厦漳城市联盟路泉州段工程为例。项目结合各参建单位合同约定，制定了《海西高速公路网泉厦漳城市联盟路泉州段工程设计变更管理办法（试行）》，一般设计变更由中交泉州高速公路有限责任公司组织有关各方（勘察设计、监理、施工单位）会商审查确定（必要时，组织有关专家进行经济、技术论证）。较大、重大设计变更建议（方案）由福建省高指确定。必要时，福建省高指可以组织专家审查，并邀请项目跟踪审计组参加，确保由五方共同确认变更方案，同时采用动态管理模式，建立工程变更台账和变更形象图，避免出现重复变更的问题。

5.4.4 执行全过程跟踪审计

高速公路建设项目投资大、建设周期长、情况复杂、技术性强。在以往的竣工决算审计中，经常发现项目超概算、预算的情况，设计变更多、工程决算难的问题。为克服传统竣工决算审计存在解释难、纠正难、整改难等问题，切实加强对高速公路建设项目的有效监督，福建省开始对高速公路建设项目进行全过程跟踪审计。2006年底，省审计厅、交通厅、省高指联合出台了《福建省高速公路建设项目全过程跟踪审计暂行办法》、《福建省高速公路建设项目全过程跟踪审计工作规程》，成立了福建省高速公路建设项目全过程跟踪审计领导小组，由审计厅分管副厅长任组长，省交通厅分管副厅长及福建省高指分管副总指挥任副组长，成员由省审计厅、省交通厅、福建省高指相关处室负责人组成；领导小组下设协调办公室，由领导小组的三家成员单位抽调专业人员组成，挂靠福建省高指办公，具体负责跟踪审计工作的日常监督、协调、管理等工作，并监督被聘请的社会审计机构的审计进度、审计力量的配备情况、审计深度和范围等，指导其按照既定的审计实施方案开展工作；经公开招标择优选定有财务审计或工程造价审核资质的社会审计机构，由社会审计机构派出专业审计人员作为跟踪设计组成员参与跟踪审计工作。

跟踪审计协调办公室根据《暂行办法》的规定，相继制订并不断完善了《福建省高速公路建设项目全过程跟踪审计工作规定》（以下简称工作规定）和《福建省高速公路建设项目全过程跟踪审计操作规程》（以下简称操作规程）；其中工作规定对审计工作组织、工作程序、全过程跟踪审计内容、审计的质量控制及审计责任与纪律作出了明确要求；而操作规程在工作规定的基础上，对审计程序、审计内容和审计方法制订了更加详细的实施办法。还制订了《福建省高速公路建设项目全过程跟踪审计质量考核暂行办法》，以加强对全过程跟踪审计质量的监督和管理。

全过程跟踪审计由审计机关、跟踪审计协调办公室、聘请的社会审计机构或具有与审计事项相关专业知识的人员组成审计组,组长由审计机关委派。包括日常审计业务和重点审计业务。日常审计业务主要指按照审计机关规范要求实施日常审计并提交成果,包括取证是否充分、手续是否齐备,资料保管是否符合规范,审计证据是否真实完整,审计底稿是否书写正确、表述完整、引用法规准确,审计成果是否内容完整、定性(量)准确、评价合理,档案移交是否及时完整等。重点审计业务主要指根据跟踪审计的要求和高速公路建设项目的特点,需要进行重点监督的审计内容,包括对发现重大审计问题的紧急处理、跟踪审计关键点的审计、对审计意见或建议整改情况进行核实等。跟踪审计关键点是指根据同步跟进原则,选择对工程的质量、投资和进度影响较大,且事后审计难度大,必须进行现场跟踪的事项。审计组按照"适时跟进、迅速反馈、预防为主、促进规范"的原则,以项目概算执行流程主线,重点关注建设资金使用的合法性和规范性。主要跟踪招标投标、合同签订、设计变更、隐蔽工程等关键控制点,及时提出有针对性的合理化建议,纠正不规范行为,完善建设项目管理。对设计、施工、监理履约履职情况加强审计监督,促进工程建设规范、健康、有序进行。

2007年率先对泉三高速公路项目实行全过程跟踪审计,至2015年底,福建省高速公路跟踪审计工作经历了试点项目(2007年泉三)、小幅推广(2010年宁武等)、全面展开(2011年永武等)、跟踪审计与竣工决算审计(2012—2014年福泉等项目)并行四个阶段。在此过程中,省审计厅起着主导、推进的作用,特别是2011年省审计厅授权九地市审计局开展区域内高速公路项目的跟踪审计工作,解决福建省高速公路项目审计任务的同时也锻炼了各地市审计局的投资审计力量,为今后投资审计工作积累了经验。至2015年底,全省高速公路已经完成竣工决算审计项目33个,大大加快竣工决算审计进度,为项目顺利通过竣工验收奠定坚实的基础。2007年后,经过公开招标,选择社会审计机构的人员参与跟踪审计工作,先后对泉三高速公路三明段、泉州段、宁武高速公路宁德段、南平段、南惠支线等项目进行了跟踪审计,取得了良好的效果,得到了领导的充分肯定和相关单位充分认可,大大地促进了项目的决算进程。

全过程跟踪审计增强了审计力度,使审计监督工作常态化,较好地适应了高速公路建设项目的特点,维护了相关各方的合法权益;促进管理和廉政建设,促进各参建单位不断改进管理薄弱环节、完善运行机制,有效制止违法违规行为,有效地控制了变更工程的造价,避免损失浪费,节约建设资金,提高投资效益,促进了高速公路的竣工决算工作;为福建省高速公路出台和完善工程招投标、工程设计变更、信用考核等规范性管理文件提出建设性的审计意见,促进交通建设市场健康开展。

5.5 福建省高速公路投资控制经验总结

投资控制方面,通过构建包含有效冲突解决机制、高效决策系统的管理组织,通过以人为本、科学化的管理制度体系,保证了投资控制目标的螺旋形推进,使其不断接近"真值",解决了投资动态最优管理、投资突破概算时各控制目标无结构变化的扩散管理、投资控制目标与其他系统目标的统一与协调等大型复杂工程系统的伴生问题,为工程建设投资控制系统性、科学性、适应性的发展积累了经验。

5.5.1 项目法人制的组织保障

福建省高速公路建设的组织管理模式采用的是公司法人的组织管理结构。高速公路建设的责任主体为项目公司,项目公司作为建设责任主体采取的是公司化管理模式;根据公司章程和董事会有关决议,公司管理层设置董事长、总经理、副总经理、总工、总经理助理等岗位;内部机构设置工程部、计划合同部、财务部、综合保障部等多个职能部门。

其中,计划合同部负责贯彻执行国家和上级领导部门有关公路建设及相关行业的政策、法律、法规;负责建设项目合同管理和计量支付工作;负责对工程投资执行概、预算情况进行控制,并完成建设项目进度、资金计划的制定和执行情况的统计、分析、上报工作;负责编制招标文件,组织对投标单位进行资格审查及招标(议标)、评标工作及签订合同等工作;负责审核设计变更,批复费用等。财务部负责按照国家财经法规和有关制度,建立、健全本公司的财务管理制度,规范各项资金、经费的运作行为;负责编制年度项目投资计划、筹资计划和经费预算,抓好资金计划拼盘和建设资金的到位,保证工程建设所需;负责对公司的经济活动进行审核和会计核算;负责开展财务收支的分析、预测、计划和控制工作;负责编制报送各项财务报表等其他需报送的资料;负责参与工程造价审定、技术改造、科技研究、劳动价格和工资奖励等方案的制定;参与招标、评标及经济合同和经济协议的谈判、签订工作,监督合同的执行;负责开展财务业务的内部稽核,保证收支合规、合法并积极配合各级有关部门开展财务检查评价工作。因此,福建省高速公路通过权责明确的项目法人制保障投资控制的实现。

5.5.2 全生命周期的投资控制

在高速公路全生命周期投资控制过程中,通过确立全局观念,系统地考虑投资,进行全面、整体的计划和控制,采用结构化和过程化的系统分析方法,将投资进行分解,研究其内部结构和联系,观察其实施阶段和过程,掌握投资控制的规律,最终实现全周期投资效益的最大化。

高速公路建设的决策阶段是工程建设投资方案的形成阶段,除了确定投资的意向和目的,还必须对以后各阶段的投资有一个大致的计划,形成全生命周期投资控制体系的雏形。设计阶段是在决策投资设想的基础上具体确定项目功能与费用的过程,基本上决定了工程建设的规模、标准及功能,形成了设计概算费用,确定了投资的最高限额,明确了实施阶段投资控制的目标与标准。在此阶段运用价值工程的原理和方法,在保证功能的前提下,优化功能结构,力求降低费用,这一阶段是提高工程价值的关键阶段。实施阶段是项目业主运用价值工程实现功能、取得效益的决定阶段,借助价值优化判断,选择工程实施方式,通过合同明确价值优化的目标,同时通过优化施工组织设计、合理配置施工资源、协调处理工序接口、提高施工质量、加快施工进度等方式,实现设计阶段设定的目标与标准,同时为运营阶段的投资控制打下基础,这是投资控制最主要的实施阶段。运营阶段重点研究运营功能的提升,研究不同的运营维护和设备维修模式,考虑社会化、专业化服务对降低费用的作用,最终实现整个投资的成果,获得收益。从高速公路项目的投资实施过程分析,各阶段的投资控制目标既是相对独立的,又是相对联系和不断深入递进的,相互之间存在着紧密的联系,应该系统考虑项目建设的目标和实施手段,平衡各阶段投资控制的关系。

高速公路的投资控制将高速公路工程作为整体来考虑,包括工程从开始到结束所经历的各个阶段。由于投资价值是通过建成后的运营实现的,因此,各个阶段的控制都要求资源、组织、技术、过程一体化,即在决策、准备和建设过程中充分考虑运营的情况,通过决策、建设、运营等环节的充分结合,使工程项目面向运营最终功能,以较低的全寿命费用,实现功能,创造最大的经济效益、社会效益和环境效益。

5.5.3 将投资控制与进度控制相关联

高速公路在项目建设初期为了识别所有的任务,并使工程参与者明确所要负责的项目内容,建立了科学的工作分解结构,并随着工程的不断深入而细化,直至连接了任务以及每一项子任务,为项目预算、进度计划、人员安排和控制提供了最终基础。高速公路通过工作分解结构来定义项目的所有元素,并按照工作的相互关系建立了层级结构,将项目变成所有基础工作要素的总和,这样就为对项目所有层次上的成本、时间和技术性能进行评价奠定了基础。通过项目管理信息系统,项目工作分解结构被应用于计划、进度安排以及与分配预算的关联。它构建了一种框架来跟踪成本与工作绩效,通过将较小工作包的预算与实际成本汇总成更大的工作元素,由组织单位和工作成就来度量绩效。工作分解结构还与合同编码和概算编码相对应,实现了对项目概算的严格控制;与会计科目编码相结合,实现了对计量支付、合同管理以及进度执行情况的动态控制。在高速公路投资控制中,主要通过会计科目与工作分解结构标准编码的关联对应来实现投资控制目标分解与实时跟踪。

5.5.4 投资计划的动态控制

高速公路以国家相关工程技术标准与工程定额为基础,参考已建成或在建高速公路项目在设计、施工等各方面的经验,根据高速公路项目可行性研究与项目设计的相关情况,针对高速公路项目建设的具体要求,在初步设计的基础上科学估算高速公路建设所需的征地拆迁、设计施工、工程材料、设备安装、工程管理等一系列费用,完成工程概算。通过交通运输部审批和进行科学修正后,形成工程建设投资与费用控制的法律依据与初步总体目标。在完成高速公路施工图设计后,通过制定总体实施计划与确定工程建设标段划分、确定高速公路建设工作分解结构WBS等,将概算分解到各标段,并与概算拆分相对应,形成投资与费用控制的标段层次的初步控制目标。通过工程招标,各标段分别形成当前条件下实际的市场价格,这些价格的汇总,形成了工程的实际投资。根据实际投资的规模,科学分析产生偏差的原因,部分根据现实情况退让,部分根据工程建设需要要求整改,最终核算出调整概算。最终工程竣工后根据工程最后实际支出进行决算,形成工程最终投资额。

5.5.5 加强过程各阶段跟踪审计

委托社会审计机构进行建设全过程跟踪审计,借助其擅长工程造价审计的特点,突出工程造价审计,以实现节约投资,减少损失浪费,促进提高投资效益的目的。针对土地征用及征迁补偿资金"专款专用"、政策性强的特点,组织开展征迁资金使用内部审计,堵塞漏洞,杜绝各种违法违纪行为,确保征迁资金及时足额到位。积极配合国家设计机关开展的项目建设跟踪审计。通过发挥三大审计主体的不同优势,实现了对项目建设审计监督的全面覆盖,同时,对投资额大、关系人民群众切身利益的项目有重点进行审计,为竣工决算审计奠定坚实的基础。

第6章　高速公路科技创新与信息化建设

"八山一水一分田"、"闽道更比蜀道难",近十多年福建省高速公路飞速发展的背后,是超出想象的艰辛。由于福建省地质环境情况特殊且复杂,福建高速公路建设一直面临着工艺、技术、设备、材料等方面创新的挑战。另一方面,当前全世界正处于新一轮科技革命加速演进过程中,新一代信息技术蓬勃发展、持续迭代,并与传统公路建设行业融合创新,深刻影响着工程建设管理方式、模式的转变,推动工程建设管理创新。

强化技术创新、提高科学管理水平,一直是福建省公路建设不断发展的内生动力。过去十年来福建省高速公路不断研发新技术、新工艺、新材料、新设备;并且在新一代信息技术引领下,福建省不断尝试采用和推广新的管理方式和模式,不断使高速公路建设高效率、高质量、安全环保等各个方面都得到提升。

本章从科技创新和信息化建设两个维度对福建省高速公路多年来开展科技创新和信息化建设工作进行梳理,总结其演进历程和发展成就,并针对管理组织、管理模式、经验成果与典型案例等多角度进行系统性总结。

6.1　高速公路科技创新

6.1.1　福建省高速公路建设科技创新的背景

本节对福建省高速公路建设技术创新在工程层面、行业层面、国家层面的背景进行总体性介绍。

1. 国家层面的时代背景

科技是国家强盛之基,创新是民族进步之魂。党的十八大以来,我国科技事业取得了历史性成就,实现了从"追赶"到"并跑"甚至"领跑"的转变。党的十九大报告指出,创新是引领发展的第一动力,坚持创新在我国现代化建设全局中处于核心地位,要把科技自立自强作为国家发展的战略支撑,围绕"四个面向"提升企业技术创新能力,深入实施科教兴国战略、人才强国战略、创新驱

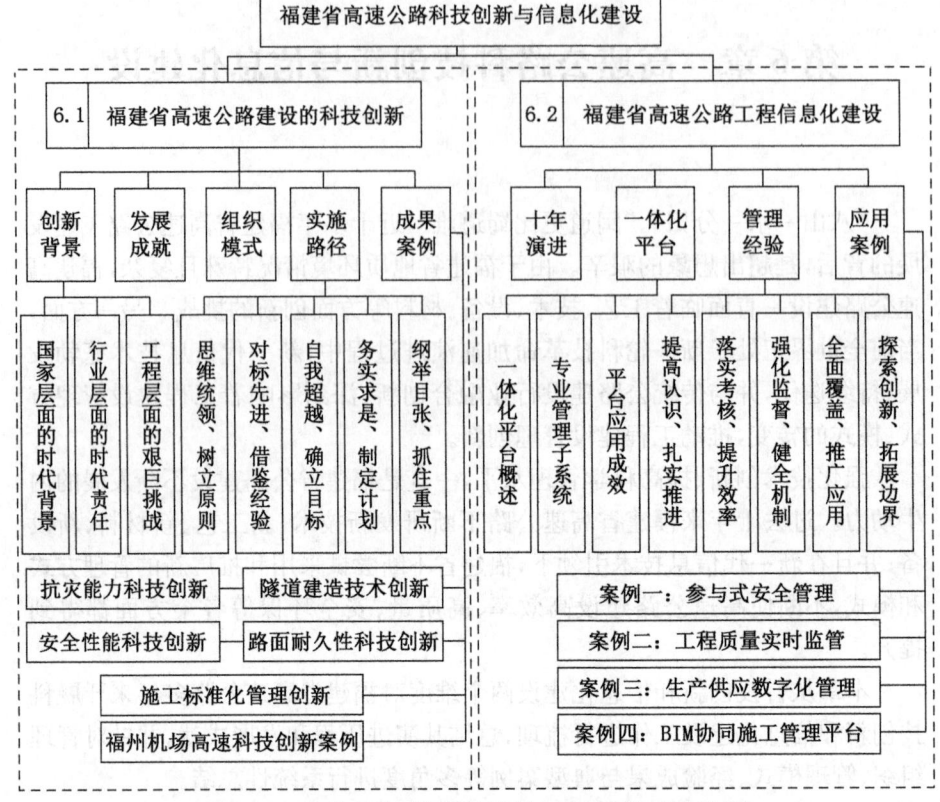

图6-1 高速公路科技创新与信息化建设研究框架图

动发展战略,激发人才创新活力,完善科技创新体制机制。

高速公路作为我国基建的重要领域,在保障传统基础设施建设稳步推进的同时,迫切需要建设具备增量效益的新型基础设施,加快推动依靠传统要素驱动向更加注重创新驱动转变,以有效对冲经济下行压力,支撑现代化经济体系。面对新机遇和新挑战,唯有科技、唯有创新,才能化危为机,才是掌握发展主动权和赢得全球竞争优势的根本之道。

而福建省作为联通国内市场和国际市场的重要交汇点,为服务"一带一路"建设、乡村振兴战略、赣闽粤原中央苏区振兴发展、中国(福建)自由贸易试验区等重大战略实施,迫切需要完善高速公路网布局建设、提升路网管理的信息化和智能化水平。为此,必须将科技创新摆在全局的核心位置。特别是,要立足福建与台湾一海相隔的区位优势,瞄准高质量发展超越的战略目标,着眼"21世纪海上丝绸之路"建设,以科技创新提升高速公路服务周边地区发展新对外开放通道的功能,强化与国家综合运输大通道的交通联系,为推动"一带一路"交通互联互通提供有力支撑。目前,福建省各行各业正在积极认真贯彻落实习近平总书记对福建工作的重要指示批示精神,围绕全方位推动高质量发展超越这一主题,主动担负起以习近平同志为核心的党中央赋予福建的重大政治任务和重大历史机遇,突出补齐科技创新等方面短板,加快科技自立自强,加快发展现代产业体系,积极打造国内大循环的重要节点、国内国际双循环的战略通道等方面发力。围绕"科技是新发展第一动力源"的理念,以强化战略科技力量、优化科技资源配置、提升企业创新能力、激活科技人才活力、完善科技治理机制为着力点。福建省高速公路审时度势,抢抓机遇,主动谋划开展科技创新体系的研究制定工作,推动科技创新体系全面升级,其战略制定具有重要意义。

2. 行业层面的时代责任

除了上述在国家层面的时代要求外,在高速公路建设行业也担负着新的时代责任。改革开放40多年来,我国交通基础设施规模实现了跨越式发展,高速公路从无到有,直到里程排名世界第一,覆盖全国97%的20万人口以上城市,高速公路建设行业发展迅速。随着时代的进步,为顺应新时代高质量发展要求,高速公路建设行业也有着新的使命,要尽快建立适应现代经济社会发展需要的快速交通网络,推进交通运输现代化发展。虽然目前已经有了不少新技术投入使用,例如不停车收费、互联网、车联网、电动汽车以及工程建设中BIM、智慧地球、智能施工等新技术,但交通基础设施在自动化作业、产业联动融合及全生命周期的可持续发展上也存在一定短板。所以仍需要加快新一代信息技术与交通运输深度融合,抢占制高点,大力倡导"高速公路+"新理念,创造价值增量,显著提高交通运输资源利用效率和管理精细化水平,全面提升交通运输行业服务品质和科学治理能力。

2020年以来,新冠疫情也对产业带来了新的冲击和要求,劳动力成本的上升和后疫情时代防控的常态化,自动化、无人化作业俨然成为新形势下的必然发展趋势。因此,加快推动新型交通基础设施建设,全面推动交通运输发展从传统要素驱动向更加注重创新驱动转变,实现数字转型、智能升级、自动作业,既是时代发展的需要,也是行业发展肩负的新时期责任。当前,福建省被列为交通强国建设试点单位,交通运输部正在加速部署交通运输新型基础设施建设。随着福建省经济发展的新动能加速成长,迫切需要加快推动新一代信息技术等前沿技术与交通运输的融合发展,重点围绕智慧高速公路、路网运行监测、智能建造、智慧出行等项目,打造一批智慧高速建设工程,推动交通运输数字化升级改造,抢占科技革命和产业革命制高点,培育交通运输科技领域领先优势,不断攻克关键技术难题,努力形成可以在高速公路建设行业推广应用的关键创新技术,开展前沿关键科技研发,大力发展智慧交通,在交通基础设施领域实现"全方位推动高质量发展超越"。

3. 工程层面的艰巨挑战

高速公路纵贯福建沿海和山区,经历多种地质、地形、地貌、气候等施工环境的考验和挑战,是建设领域的一本"百科全书"。

(1) 地理条件复杂

首先,福建境内峰峦叠嶂、丘陵起伏。地貌形态复杂多变,类型多样;地质构造复杂,岩浆活动频繁,是全球构造—岩浆活动最活跃的地区之一,因此地层岩性、岩石强度复杂多变,岩石类型达数百种;表壳构造以各种脆—韧性断裂及推覆、滑脱构造为主,尤其是脆性断裂极其发育。复杂的地貌使得高速公路许多地段位于高山峡谷,桥隧比达40%以上,工程建设异常艰巨;脆弱的地层构造使得现场施工出现多种不良地质情况。

其次,福建地处东南沿海,陆地海岸线长达3 000多千米,居全国第二位,海岸曲折,岛屿星罗棋布,共有1 500多个,沿线港湾众多,大小港湾共125个。此外,福建水系密布,全省拥有29个水系,663条河流,内河长度达13 569公里,河网密度达0.1公里/平方公里,水文地质条件极其复杂。受地理环境条件约束,高速公路建设不仅需面临严峻的地形条件考验,还需要跨越多个海湾,建造大型跨海跨江大桥。海峡水域宽、风大、浪急且水深,同时存在强台风、海啸等海洋气候灾害的可能,对工程建设海上作业要求以及工程自身质量安全保证都是一项重大考验。

(2) 气候环境不利

福建属于亚热带季风气候,气候炎热、高温持续时间长,多雨潮湿,是全国年均降水量最丰富的省份之一。一方面,降雨降低了工程建设进度控制准确性,另一方面,大气降水经地表植被和松散地层持水后,极易经破碎岩体或构造破碎带入渗深部地层,造成施工过程突涌水及坍塌破坏现象。此外,高温多雨气候不仅加大了高速公路的铺筑难度,还极易损坏高速公路沥青面层,造成沥青水损害、松散、坑槽、车辙、泛油等病害,对沥青路面新型材料与结构研究及应用提出更高要求。

(3) 工程要求严格

基于上述自然环境,福建高速公路建设工程难度大、要求高。首先,高速公路要求工程寿命长,一般都在百年,且所处环境气候潮湿或海水浪溅,因此对路面长期性能与结构耐久性等工程目标有更高的要求;其次,跨海大桥建设跨越海峡,海水含盐度高,海上作业首先面临防腐问题,需充分考虑工程防腐技术;第三,福建部分海峡水运交通繁忙,航行密度大,而跨海大桥桥区附近的航道较为复杂,可能有暗礁和沉船,如操作不当,船舶甚易与桥梁通航孔发生碰撞。因而跨海大桥的建设还需对桥梁护栏进行研究,提高防撞等级;最后,部分高速路段位于地震高烈度区,对结构抗震强度要求高。

面对福建省高速公路建设的巨大挑战,福建省高速公路坚持不懈致力于创新研发新技术,不断提升工程技术水平。

6.1.2 福建省高速公路工程科技创新发展与成就

一直以来,福建省高指针对福建高速公路建设的特点、难点,聚焦高速公路建设行业内公认的关键技术难题,进行攻关与突破,开展了福建山区、沿海路基工程成套技术科学研究和技术创新,解决了山区和沿海地区路基工程建设关键技术问题,对类似公路工程建设起到了示范作用。同时重点提升建设养护与运营管理技术、提高运营管理效率和服务水平、提高企业效益、促进企业发展和行业技术进步,从公路、桥梁、隧道、安全、智能、节能环保、软课题研究、技术标准制修订等方面的科技创新成果丰硕。

近年来,福建省交通运输行业按照国家稳增长、调结构、促改革、惠民生的总体要求,围绕"四个交通、两个体系"建设,科学发展、跨越发展,初步形成了包括公路、水路、铁路、航空、管道五种运输方式的综合交通运输基础设施网络骨架。综合交通运输体系的结构功能进一步完善,基础设施的技术水平不断提升,综合交通运输服务能力、质量和效率显著提高,运输安全及应急保障能力不断加强,科技信息化、节能环保迈上了一个新台阶。同时,高速公路的建设不仅在数量上有了明显的飞跃,在建设过程中的技术创新上也有了很大的突破。

历史跨入21世纪,福建省高速公路提速前行,年均新开工建设高速公路3条、200公里以上。到2020年底,通车里程突破6 000公里和全省85个县(市区)"县县通"全覆盖,路网密度达4.12公里/百平方公里,达到世界先进水平。

福建省高指在项目实施的过程中高度重视科研课题的研究及新技术、新材料、新工艺的采用,秉承着参考历史项目经验的同时充分结合了福建的地理特征的原则,结合实际情况,贴合地质特色,在路面、隧道、桥梁等方面进行技术创新,开展课题研究,取得了丰硕的成果。

据不完全统计,近年来的成果如下图所示,在"十三五"期间,在上述方面开展新的课题研究65项,其中53项列入福建省交通运输科技发展计划项目;共取得56项省级及以上科技创新成果。获得了9个省级及以上科技创新奖励,其中,获得国家科技进步奖二等奖1个,福建省科技进步二等奖1个,福建省科技进步三等奖5个,中国公路学会科技进步特等奖1个,中国公路学会科技进步二等奖1个。

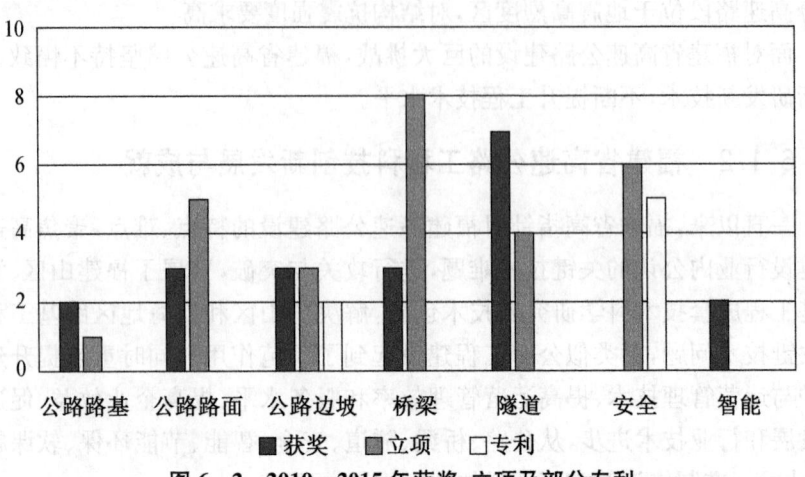

图6-2 2010—2015年获奖、立项及部分专利

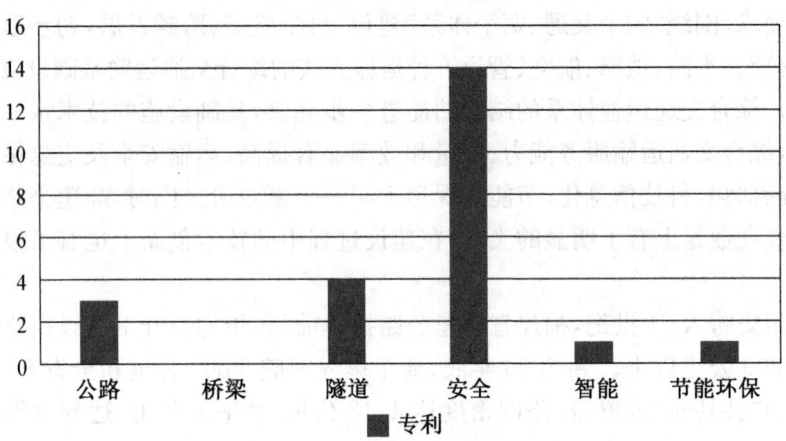

图6-3 2015—2020年专利情况

通过近些年的获奖情况以及立项、专利情况可以看到,福建省高指在公路、桥梁以及隧道方面取得了很突出的科技创新成果,在传统技术的基础上,不断引入新工艺新技术。在路基方面,对软基处治方法研究、对高填方路堤稳定与施工控制技术研究、对填石路堤的研究及应用以及高液限粘土路基填筑技术研究等。在高速公路路面的应用材料和结构上,也取得了突破,使用高速公路沥青层厚度差异化设计技术、高速公路沥青新材料应用技术以及温拌沥

青应用技术,解决了福建省高速公路沥青路面主要问题,实现路面材料、结构技术的综合提升;在隧道方面,提升了隧道建造水平,填补了国内相关领域的空白,科研成果被收入新修编的行业规范。在进行建造技术创新的同时,结合福建的高速公路沿线地质复杂、高边坡多的特点,充分考虑安全性的问题,开展的安全方面的研究也颇有成效,直接应用于工程建设。

在"十三五"期间,福建省在公路、桥梁、隧道方面的技术体系相对成熟、有了一定创新的基础上,继续对相关细节进行创新,比如桥梁构件等进行进一步创新提高,在智能建造领域方面进行创新的同时更加重视了安全、管养领域和节能的技术创新发展,应用科技创新手段提升工程建设管理水平、降低综合管理成本、延长道路使用寿命、提升道路使用品质,达到了科技创新、节能减排和生态环保的目的。

同时,面向未来,福建省高速公路擘画了一张全过程的科技创新蓝图。

福建省高速公路以"打造东南沿海交通运输领域最具活力的创新高地"为创新定位,以全过程的创新链强化科技创新顶层设计。聚焦高速公路建管养运服全过程,联合4个院士团队共同编制高速公路智能建造、智能管养、智慧出行等领域科技创新实施方案,通过了由院士为组长的专家评审,并在2021年12月第二届福建高速科技创新论坛发布《福建高速科技创新实施纲要》,作为未来5—10年福建高速科技创新发展的路线图、作业书,围绕产业链部署创新链,形成具有福建高速特色的政产学研用一体化创新新模式。福建高速还建立了50亿元产业基金和5亿元科创子基金,"十四五"期间研发投入预计不少于25亿元、年增长率不低于20%,将保持在全国平均增速2倍以上的科技研发投入强度,为科技创新提供强有力的资金保障。

充分发挥福建高速建管养运一体化,全省路网"一盘棋"的优势,把科技创新工作当作"一把手工程"来抓,各单位一把手亲自挂帅,成立科技创新工作小组或团队,探索采用"揭榜挂帅""定向委托"等方式推进科技创新工作。整合集聚各类资源要素,加强创新平台的创建和维护,吸引省内外创新实体、高端企业在福建高速领域进行应用研究、成果转化,探索实行"一技术一公司"、"一产品一公司"或"混合所有制产业公司"的成果转化落地形式,共同培育高新技术企业,打造福建高速科技产业园。

6.1.3 福建省高速公路工程科技创新的组织体系与制度建设

立足于服务高质量发展,福建省高速公路创新性地构建了以科技创新委员会为组织领导、以主要科技创新平台为支撑、以实体化公司为载体,集组织领导、科技创新、技术服务、成果转化与产业化为一体的"1+4+N"科技协同创新体系；还研究出台了一批具有较强突破性、可操作性的科技成果转化、高层次人才认定支持、科技创新奖励、容错纠错等制度，推进"政产学研金服用"深度融合发展，吸引和激发人才创新活力。

1. 福建省高速公路工程科技创新的组织体系

构建了一个"开放、共享、协同、融合"的全产业链"1+4+N"的科技协同创新体系。其中，"1"是由福建高速公路集团主要领导担任主任，其他领导班子成员任副主任的科技创新委员会，负责科技创新的组织领导。"4"指的是自动化作业技术交通运输行业研发中心、坝道工程医院福建交通分院、福建省高速公路企业工程技术研究中心、福建省高速公路工程重点实验室"四大基石"，开展行业关键核心技术攻关、前沿应用技术研究、优秀科技成果转化应用。"N"包括了以集团科技创新实体——福建高速科技创新研究院为代表的所属公司、建设项目、成果转化公司等，是承接技术研发、成果转移转化、培育产业公司的重要载体。

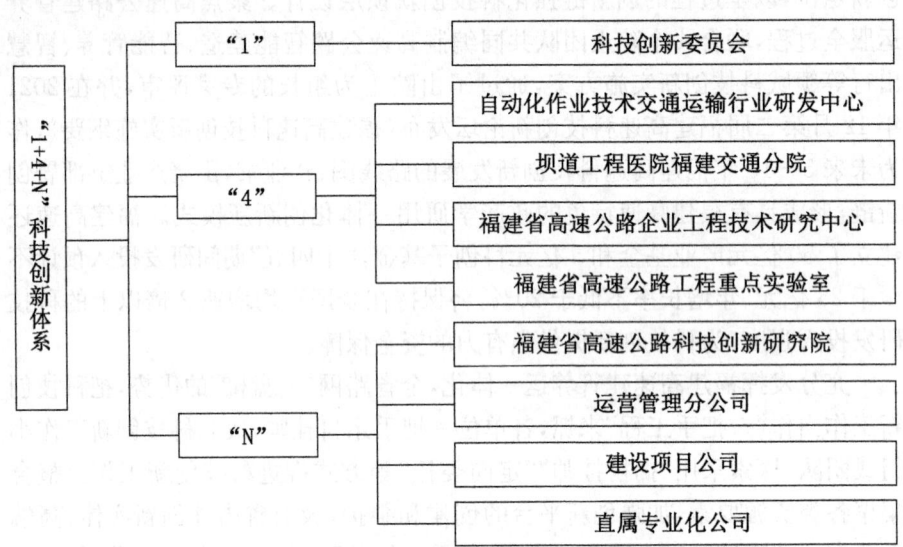

图6-4 福建省高速公路科技创新组织模式

科技创新委员会深入贯彻落实国家和福建省关于科技创新的决策部署、方针政策、总体方案和重大措施，研究审定了福建省高速公路"十四五"科技发展规划、年度科技项目立项、智能建造科技创新实施方案等重大事项。与多个院士高端团队建立了跨行业、跨领域、多学科组成的产学研用合作模式，与一流高校、科研院所、高新企业、装备企业形成战略合作关系，加快推动科技成果在多行业、多领域的推广应用。

(1) 成立科技创新委员会

为大力实施创新驱动发展战略,提升技术创新能力,建立和完善统筹领导协调全系统科技创新工作的体制机制,福建省高速公路成立了科技创新委员会,其主要职责为:

① 贯彻落实国家、省关于科技创新的决策部署、方针政策、总体方案和重大措施;

② 研究审定科技发展、重大布局、优先领域、人才队伍建设、科技成果转移转化、科技对外交往与创新能力开放合作等方面的规划、政策;

③ 组织推进创新体系建设和科技体制改革,健全科技创新激励机制、制度;组织协调科技重大专项的申报与实施;推动高新技术成果转化及应用技术的开发和推广,加强高新技术企业培育,促进科技创新创业;组织开展科技合作与科技人才交流;

(2) 建设一批开创新技术创新平台

科技创新平台主要为研发中心、工程医院分院、福建省高速公路企业工程技术研究中心、福建省高速公路工程重点实验室。

① 推进研发中心建设内容

研发中心利用协同创新模式,联合科研院所、高等院校、生产应用型企业等,汇聚整合各自优势资源,针对安全、便捷、高效、绿色、经济的现代综合交通运输体系建设,开展前沿引领技术、现代工程技术、实用新型技术创新,为工程化、产业化提供成熟、配套的技术、标准、工艺、装备、新材料和新产品,推动科技成果转移转化,培养聚集高层次人才队伍,开展国内外科技合作与交流,力争建成国家一流研发中心。

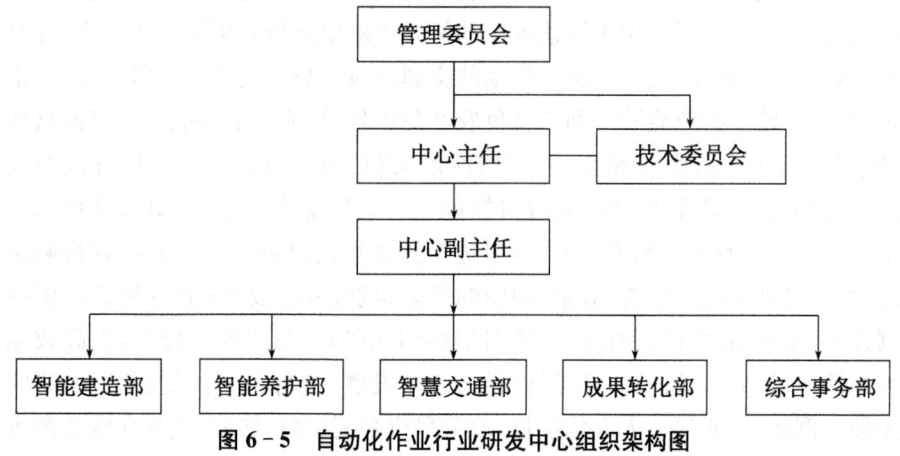

图 6-5 自动化作业行业研发中心组织架构图

② 发挥工程医院分院的智库支撑作用

工程医院福建分院依托坝道工程医院建立，在福建探索创新"政产学研用"协同合作模式机制，利用总院汇聚的国内外高端专家团队、特色工程技术、专业施工队伍、典型工程案例等资源，诊断处治福建省公路、市政、地铁等工程建设、养护、运营过程中"疑难急险"病害，开展科技创新、成果转化、产业培育、人才培养、技术培训、科普教育等方面工作，打造近海山区交通基础设施"体检—诊断—修复—抢险"的综合服务体系，实现"检测在现场，诊断在云端，专家在全球，服务在身边"协同高效功能。基于此，分院充分发挥高端专家智库作用，盘活现有科技成果及试验设施等资源，为提升基础工程设施安全运维水平提供技术、产品及人才支撑。

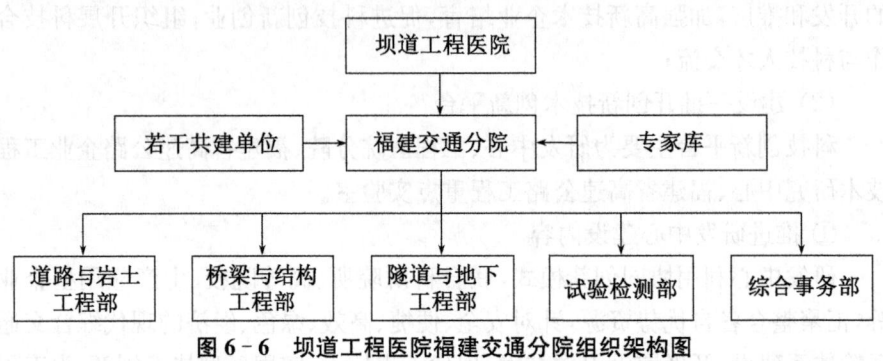

图 6-6　坝道工程医院福建交通分院组织架构图

在坝道工程医院总院的指导下，福建交通分院积极开展各项工作，取得了良好的成绩，具体包括：a. 对技术服务提供强有力支撑。例如，工程建设技术方面，采用连续式纤维微表处施工工艺对高速公路路面进行预防性养护，有效控制病害发展；采用适用于快速施工的桥梁支座更换技术更换桥梁支座，提升施工效率和灵活性，减少因施工带来的交通影响；另外，技术咨询服务方面，聚焦"高速公路＋特色旅游"、助力特色农产品销售等，完成五条服务乡村振兴典型示范路设计；采用"加密立柱，双层波形梁板"方案对护栏进行提升改造设计，防护能力提升至 SB 级，吸收碰撞能量和防护能力更强，大幅提升行车安全系数。三是专项检测项目方面，引进全国先进的高铁三维激光视频检测系统，实现对现场病害位置、数量、规模的精确识别；采用激光式高速路面弯沉检测技术，检测路面弯沉指标时无需对道路封闭处理，减少安全隐患，提高数据准确性与可靠性。b. 进一步促进科技创新发展。包括了省部级重大科研的突破。例如，智能建造无人化项目，攻关单机智能、多机协同、质量在线监测等关键技术，完成压路机组智能改装，已在泉南扩建、沈海路面提升改造中应用。

无人机智能巡检项目,攻关低空航路规划、机群组网、病害 AI 识别、桥下特种巡检无人机等关键技术,已在罗宁、福泉高速等示范应用。c. 推进数项科技成果转化落地,成效显著。例如,UHPC 产品、可导向防撞垫、新型组合式护栏等成果产品,新增产值近亿元,支撑了新材料、海丝环保等多家高科技产业公司运行发展。防撞缓冲车、高亮排水标线等新转化产品正加快中试、定型。无人机智能巡检、智慧长隧道群等多个技术产品,获得业界好评。

③ 夯实福建省高速公路工程重点实验室等省级平台建设

根据福建省高速公路既有的技术创新成果和本行业领域发展进步方向,在路基路面结构与材料、隧道工程材料与检测、桥梁工程检测与加固、边坡检测评价与维护、公路机电工程技术、公路试验检测仪器设备、旧路材料再生循环利用技术等领域建设省级科技创新平台,按照福建高速公路领域技术需求和行业发展趋势,规划在"路基路面"、"桥隧结构"和"安全与设备"三个方向形成 10 个研究团队,与省内福州大学、福建农林大学形成战略伙伴关系,联合长安大学、东南大学等科研单位共同开展了科研项目攻关。未来,借助重点实验室平台将进一步与国内外科研单位进行多方位的合作创新,加快提升本重点实验室的专业水平与创新能力。

(3) 产业推广应用公司

除福建高速公路集团及其子公司以外,引入其他企业、科研机构、经济组织等社会资本,按照混合所有制要求,组建专业化、市场化的成果孵化及转化公司,具体承接技术研发、成果转移转化、产业化,形成以企业为主体、市场为导向、产学研融合的创新实体,成为科技创新的载体和平台。

2. 福建省高速公路工程科技创新的制度建设

(1) 强化科技统筹。经过广泛调研,印发了《关于加强全省高速公路科技创新统筹工作的通知》《关于研发经费确认为业绩利润相关事项的通知》《福建省高速公路研发投入统计工作暂行规范》等,统筹各单位科技选题的方向,避免同质化、低水平研究;同时确保研发投入的足额投入,规范研发投入归集,为科技创新工作保驾护航,激发科技创新活力。

(2) 规范科技项目管理。编制了《科技项目管理办法》,从科技项目的征集、申报、立项、实施、验收及成果推广应用、项目经费管理,实行科技项目全过程管理,确保科技项目规范有序开展。

(3) 加大科技创新奖励。编制了《科技创新奖励办法》,按照科技成果、创新平台和科技标兵 3 大类,在国家行政补贴和相关科技奖励的基础上,对科技人员、科研团队和单位再进行叠加奖励,主要贡献人员可获得奖励总额的 70% 以上。

(4) 提升成果转化收益。编制了《科技创新成果转化实施办法》，通过对系统内外部共 3 类转化方式，分别明确了重要贡献人、成果所属单位和转化服务单位的转换收入比例，成果转化重要贡献人最高可获得成果转换收益的 70%。

(5) 支持高层次人才认定。编制了《集团高层次人才认定和支持办法》，明确了对优秀科技领军人才、精英人才、骨干人才的认定条件和流程，在专项奖励、工资薪酬、住房、家属、教育、评奖等方面提供了强大的资金支持和政策保障，最高可给予 100 万元的专项奖励。

(6) 建立容错纠错机制。印发了《容错纠错实施办法》，明确了在符合相关情形下开展的科技创新工作，可以予以容错减责免责，为优秀科技创新人才在福建高速潜心研究、成就事业提供全方位保障。

(7) 创新政策探索。在三次相关科技创新政策的基础上，积极探索、先试先行，结合科技创新工作实际，编制了《科技项目选择合作单位暂行办法》《兼职研究员管理办法》《开放课题管理办法等》等一批开拓性、可操作的政策制度。

6.1.4 福建省高速公路科技创新建设的实施路径

1. 思维统领、树立科技创新建设原则

近年来，福建省高速公路建设坚持创新是引领发展的第一动力的指导思想，大力推进以科技创新为核心的全面创新，着力构建科技创新平台，着力建设创新型人才队伍，着力扩大科技开放合作。基于此，制定科技创新建设的五条基本原则：

(1) 创新引领，服务发展

充分发挥科技创新在促进交通行业提质增效升级中的引领支撑作用，以提高自主创新能力为核心，力求重点突破，实现跨越式发展。改革完善省内外科技资源配置机制，发挥全产业链优势，服务行业持续健康发展。

(2) 统筹兼顾、深化改革

强化科技资源的统筹协调，深化科技创新机制改革，以人为本、以市场需求为导向，深入实施创新驱动发展战略，统筹推进高效协同的创新体系建设，有序推动各类科技创新平台不断完善管理机制、运行机制和激励机制，切实增强各类创新主体的创造力和活力。

(3) 凝心聚力，整合集成

积极调动科技创新集成体系内各创新主体、各构成要素，构建良好创新生态，凝心聚力，同谋共创，合力共建。加强技术创新综合载体建设，建立统一开放的技术创新平台,着力提高自主创新能力、成果转化能力、支撑服务能力。

(4) 超前部署,合理布局

瞄准世界科技前沿和产业变革趋势,聚焦战略规划和社会发展需求,结合项目实际及科技创新资源现状,持续加强基础性、战略性、前沿性研究,全面布局、前瞻部署,突出优势科技创新领域,全力推进"1+4+N"体系建设。

(5) 开放融合,协同发展

坚持合作、开放、共享的理念,以技术市场、资本市场、人才市场为纽带,以资源开发共享为手段,围绕产业链部署创新网络,构建行业联动、内外协同的创新格局,健全跨行业、多学科的技术集成体系。

2. 自我超越、确立科技创新建设目标

基于福建省高速公路建设技术管理的基本特点,确立科技创新建设目标:"到2025年,基本建成适应福建省高速公路高质量发展所需的科技创新体系,部分关键技术取得突破性进展,重点领域'卡脖子'技术难题大幅度缓解,先进适用技术与交通运输融合发展加速,科技成果转化实效明显增强,科技创新体系效能不断提升,形成一支由高层次领军人才引领、青年骨干人才组成的科技人才队伍,打造一批具备国际影响力、一流创新水平的科技创新平台,支撑高速公路高质量发展取得积极进展。",具体包括以下几个方面:

(1) 关键核心技术实现新突破

基于国内外一流技术水平和行业发展大势,聚焦前沿技术与交通运输深度融合应用,依托"十四五"期间重大工程项目,明确行业综合性、基础性、创新性、颠覆性技术研究方向,重点围绕智能建造、智慧交通、智能管养、绿色养护等领域,形成一批具有核心知识产权和产业转化能力的关键核心技术成果,支撑福建省高速公路建设高质量发展。

(2) 科技创新体系释放新效能

建成"1+4+N"科技创新体系,实现高速公路"建管养运"全过程的科技创新,完善"创新—应用—改进—推广—赢利—创新"的良性循环机制,形成集研究、转化、诊断、应用、服务、施工、管养为一体的全产业创新链。

(3) 科技创新机制展现新思路

建成具有一流水平和国际影响力的科技创新平台,形成"开放、共享、协同、融合"的科技创新生态,在科研资金支持、科研人才评价、科技成果转化、科技合作交流等机制上取得显著成效,培养出一批具有学科尖端水平的创新领军人,锻造出一支充满创新活力的人才队伍,全面提升科技创新效率和科技创新水平。

（4）国际合作交流取得新进展

以推动高质量发展超越为目标，以国际高速公路前沿技术为导向，不断提升全省科技创新国际合作的深度与广度，提高科技创新国际会议的参与数量，显著提升国内外科技创新人才的交流频数。

3. 务实求是、制定科技创新行动计划

福建省高速公路建设项目通过对整合现有科技资源、组建研发团队、完善组织构架、健全管理制度四个方面的深入研究，制定出全面翔实的行动计划。

第一阶段，建章立制。2021年底前，首先根据"1＋4＋N"科技创新体系编制实施方案，并进一步完善科技项目管理、经费管理、奖励激励等方面的标准规范；其次加快推进行业研发中心、工程医院分院建设步伐，构建完备的运行机制。

第二阶段，完善硬件。2023年底前，第一，建设完善福建高速研发中心实验室、成果展示厅、办公场所，围绕公路材料测试中试要求，配备在环境、化学、物理等方面科研设施及仪器设备，并按照国内甲级测试实验室标准建设，满足并符合国家级平台申报条件要求投入；第二，建设配套的预制装配生产车间及成套产品研发、量产的生产基地；第三，推进交通科技产业园建设，打造服务科技发展的产业孵化基地；第四，根据发展形势开展筹备申报行业野外观测基地等科研平台。

第三阶段，提升软件。2024年底前，布局建设院士工作站，博士后站点及校外实践基地；结合重点研究方向，采用1＋N模式（1位技术带头人配备N位专业技术人员）组建智能建造、智能养护、智能运维、智能出行、智能物流、工业化施工6个创新团队；在绿色公路、品质工程、智慧高速、智能制造等领域的自有专利、软著上一个台阶，在全国同行业中具有相对优势。

第四阶段，国家级平台突破。2025年底，基于国内相关科研机构调研结果，按照边申请、边开展研究的工作的思路，申报"公路建设养护智能化国家地方联合工程研究中心"，开展工业物联网在交通建设领域高度融合应用关键和核心技术研究，形成公路建设养护智能化研究转化基地，推广工业物联网在公路建设行业的大规模、资源化、高附加值应用。

第五阶段，到2030年，实现福建高速公路产业升级，综合竞争力大幅提升。针对高速公路传统市场和新兴市场实施不同的发展战略。一是以绝对的技术优势强化高速传统业务市场，推动现有技术及装备向高端化发展，着力攻克一批核心技术，打造一批核心装备，以绝对领先的技术实力、装备实力和履约实力，实现传统高速业务在国内的绝对优势。二是以BIM、自动化作业、智能施工装备等高端创新技术抢占新兴市场，进一步整合科技资源，突破一批战略性、前瞻性、前沿性的关键技术，打造一批全国领先的高端技术品牌，以一流的自主创新能力，增强核心竞争力的优势，抢占制高点。

第六阶段，到2035年，建立全国领先的高速科技创新体系，以适用技术和配套标准影响全国市场。在国家"全方位高质量发展超越"的战略布局指引下，针对福建省高速公路建设自然条件差异较大及对基础设施建设技术和装备要求更高的特点，解决好技术和标准的适用性问题，攻克一批重大关键技术，加强技术标准的主导地位，推动标准走向国际化，用行业标准"话语权"奠定在行业的科技创新地位。

4. 纲举目张、抓住科技创新重点任务

基于福建高速科技创新战略定位、发展目标及行动计划，抓住科技创新建设三方面重点任务，分别是创新完善体制机制、打造科研平台梯队、培育专业技术队伍。

科技创新建设重要任务		
创新完善体制机制	打造科研平台梯队	培育专业技术队伍
科技创新规划与管理制度：规划实施体系、管理制度	行业研发中心：科技创新基地、成果转化平台、技术孵化平台、行业服务载体、人才培养中心	跨学科复合型人才培养模式
成果转化政策：知识产权创造与应用激励机制、成果转化应用、成果转化激励、成果中试制度	坝道工程医院	多维度的科技人才评价机制
科研资金支持机制：投入产出比、创新产业基金使用、科研基金申请渠道	省级科研平台	引进、使用高层次人才机制
合作交流运行机制：跨团队交流、国际交流、一带一路交流	国家级科创基地	

图 6-7　福建高速科技创新建设重要任务

（1）创新完善体制机制

① 健全科技创新规划与管理制度

实现创新发展需要有明确的创新规划以及完善的管理制度作为保障和基础，福建高速坚持科技创新是引领发展的第一动力，加强各单位协调，认真落实规划重点任务，形成统筹规划、明确职责、齐抓共管、注重实效的良好科技工作局面。并以创新主体、创新动力、创新行为为基本要素,建立新型科技创新管理机制,依据福建省高速公路建设实际需求,在科技创新全方面建立健全针对性强、切合实际的管理制度,出台多项针对性、精细化、体系化的管理制度。

② 建立开放共享的合作交流运行机制

为实现突破技术瓶颈、加强技术攻关、实现"一带一路"网络构建,必须要加强与多方、多领域专业人员的交流合作,以破解跨学科和新兴融合型重大技术瓶颈为导向,以重大项目为依托,着力破除体制障碍和学科壁垒,加强与院士、长江学者等高层次人才以及清华大学、部公路院等高水平机构的合作,进一步加强技术支撑,实现科研成果转化。积极建立、维系与世界主要发达国家的企业、高校、科研院所、协(学)会的沟通渠道,联合开展与高速公路建设相关的前瞻性、战略性技术攻关。基于福建省"21世纪海上丝绸之路核心区"定位,对内加强与广州、深圳、湛江、宁波等城市的高速公路科技交流,形成东南沿海推动落实"21世纪海上丝绸之路核心区"科技创新工作的合力,为推动福建高速技术、装备、标准和经验走出去提供支撑。

③ 完善科技创新成果转化政策

为推动知识产权与创新成果的转化应用,建立知识产权创造与应用的激励机制,加强宣传保护,并强化其在发展战略中的导向作用。同时推广成果转化机制,以需求为导向,精准匹配供需。完善成果转化激励,加大科技攻关奖励,确保研发与转化并重;建立健全成果中试制度,整合资源,解决技术与市场问题,降低试错成本,为创新成果的规模化应用提供有力支撑。

④ 强化科研资金支持机制

在"十四五"期间,注重提高科研经费的投入产出比,资金分配优先支持基础性、关键性、共性、前瞻性技术,同时加强项目表现的监督和评估,确保投入产出符合预期;为强化创新产业基金利用,组建高新技术公司,设立指导委员会,保障政策环境,并撬动社会资本,促进高速公路科技创新产业链、服务链的整合。此外,优化科研基金申请渠道,建立个性化申请系统,并提供指导和支持,以满足科研人员的个性化需求。

(2) 打造科研平台梯队

创新平台的构建是重大工程技术创新管理的首要任务,而创新主体的选择是创新平台的基础。在重大工程建设过程中,单个主体因资源与能力的局限难以单独完成全部创新要素的整合,因此,重大工程技术创新主体多是由业主、设计单位、施工单位和大学、科研机构等组成的联合体,他们共同构成了重大工程的创新平台。其中,不同主体功能互相补充,在重大工程技术创新平台中发挥着不同的、相互不可替代的互补作用。

建立以行业研发中心为牵头,坝道工程医院福建分院为智囊、福建省高速公路企业工程技术研究中心、福建省高速公路工程重点实验室为领域专注点的平台梯队,开展基础研究、应用研究、成果转化研究、技术标准制定、重点工程智能作业、智慧交通及大数据应用等活动,建成具有鲜明区域特色、行业领先、国内一流的创新科研平台体系,在该体系中,各平台相互依托,共同助力福建省高速公路技术创新事业。

① 建设行业研发中心

自动化作业技术交通运输行业研发中心是代表行业最高层次的科研平台,是开展智能化交通基础设施建设前沿技术的"试验田"。行业研发中心积极发挥依托单位、合作单位的各自优势,构建长效的产学研用的合作机制,基于现有科技创新技术和研究成果,对其进行进一步研究和转化,推动交通基础设施建养等数字转型、智能升级,使其成为相关科技创新、成果转化、技术孵化、行业服务、人才培养及科普教育的重要基地,以科研成果、产业转化和社会效益的方式形成收益和自身的"造血功能",打造出国内交通运输领域一流水平的创新高地,形成全方位科技创新优势。

② 利用好坝道工程医院

坝道工程医院由中国工程院院士王复明教授倡导成立,旨在汇聚一流专家、特色技术及信息资源,融合互(物)联网、大数据、人工智能等现代信息技术,创建"体检—诊断—修复—抢险"综合服务体系,搭建工程病害诊治与除险加固、产业发展与培育、科学研究、人才培养及工程技术人员培训的开放共享公益服务平台,推动"体检在现场、诊断在云端、专家在全球、服务在身边"理念。福建省成立由院士牵头的坝道工程医院福建交通分院,实现国内工程建设领域的院士、知名专家和急难险重的处理案例资源以及本省的自有专家资源共享的新局面,为行业重大工程难题的诊断、咨询、处理提供强大技术支撑。

③ 巩固好省级科研平台

根据相关要求,提升科技研发创新平台的持续创新能力,支持有研发能力、技术产品和人才团队的科技研发创新平台按照现代企业制度组建专业化研发公司;充分发挥软硬件优势和环境优势,完善科技支撑条件,配置相应的研发机构和试验条件,推动省级科研平台带动下属子公司"N平台"及合作单位入驻,共享科研场地和设备,融合发展;推动省级技术研究中心实体化的发展路径,提升福州西试验检测基地的软硬件条件,结合有相关资质的技术咨询公司,逐步实现业务项目化、当地化,形成脱产集中骨干人员开展科研创新的人力条件,实现技术研究中心实体化,真正具备开展、参与、管理、应用科研项目和创新成果的能力水平,强化核心竞争力。构建完备的人才管理办法,通过员工持股、优质的科研条件等方式,吸引、聚集并留存管理、技术方面的高端人才。

④ 申请国家级科创基地

以"自动化作业环境智能感知技术与装备"和"自动化施工技术与装备"为主题,力争组建国家级工程研究中心,为全省公路建设的智能化提供专业技术服务与支持。通过发挥福建高速的区位优势,持续发挥其在高速公路建设中的引领作用,加大科技创新投入,推动交通基础设施的自动化、智能化建养。依托跨行业、跨领域、多学科的产学研用合作模式,推动自动化技术与装备向标准化、数字化、网络化、智能化方向发展,逐步建立技术与标准体系,以支持工程品质效能的提升。积极拓展应用领域,形成产业联盟,开展基础研究、跨界融合、成果推广应用、行业服务及人才培养,集中力量推动重大技术及装备的研发应用,加快科技成果转化,促进产业成果联动。

(3) 培育专业技术队伍

① 建立多维度的科技人才评价机制

基于大人力资源观念,建立一套统一标准和模式的人才评价系统,并自上而下指导实施;丰富科技人才评价的维度,建立健全容错纠错机制,从学历、项目经验、任职资格、专长、性格等多维度对科研人员进行全面评价;建立相应的科技人才记录机制,为科研项目合理化选人、用人提供更客观和详尽的依据,加强对现有科研人才的管理和利用。

② 构建跨学科复合型人才培养模式

学习借鉴欧美日等发达国家的有益经验,打造产学研一体化的人才培养模式,采取"高校教学＋企业实践""校企双导师"等方式,定向培养和招收擅长高速公路与新一代信息技术学科融合的复合型人才,拓展人才培养合作方式,打造具备国际影响力、一流水平的高速公路科技高端智库;积极组织实施科技创新人才培养计划,加快建立有利于技术人才成长的管理制度和激励机制,加大对优秀中青年科技人才培养力度,支持中青年科技人才承担重点科技项目、重要科研平台建设等任务,激发一线工程技术人员开展独立性、原创性研究工作,培养一批技术带头人。

③ 构建引进、使用高层次人才的机制

以"高精尖缺"为导向,加大人才引进力度,制定高层次专业技术人才培养标准、评估体系和激励机制,吸引、集聚国内外优秀专业技术人才;实施青年拔尖人才工程,引导青年科技人才明确主攻方向,走专业化发展道路;促进人才对外交流,积极组织高速公路科技人员参加国家级或省级高层次人才选拔,打通全省专业化人才队伍的交流、培养通道,加快形成科研创新与技术服务双向流转机制；加强与科研院所、院士专家、行业协会的合作与交流,组建有竞争力的创新型人才队伍。

6.1.5 福建省高速公路工程的科技创新成果与典型案例

1. 福建省高速公路建设技术创新成果

福建省基于创新引领的原则,以科学技术指导高速公路建设,围绕设计和施工两条主线,将科研与工程实践紧密结合,与国内顶尖科研院校联合攻关,不仅解决了高速公路建设中的技术难题,提升工程质量,有效控制工程造价；同时也锻炼了技术队伍,初步建立了自主创新的研发梯队。福建高速公路建设科技创新成果斐然,在全国乃至国际处于领先地位。

(1) 隧道建造技术创新

福建省境内峰峦叠嶂、丘陵起伏、河流众多,江河切割导致山脉支离破碎,这种地形特点造就了福建山区高速公路建设中隧道建造的重要地位。且福建地貌形态多变,地质构造复杂,隧道建造技术创新需求巨大。

福建在特大跨度隧道、特长隧道、特殊结构隧道、海底隧道等方面的修建技术均走在全国先进的行列。在隧道施工过程中,福建严格推行标准化管理,并配套出台隧道施工安全措施,改善隧道施工作业条件,全面保障隧道建设安全,以良好的设备和技术、快速施工的能力以及科学的制度和方法助力福建省高速公路特长隧道的建设,并从处理地面塌陷等地质灾害过程中不断积累经验,总结出一套先进的不良地质隧道施工技术,研究成果总体上达到了国际先进水平。

此外,在隧道建造中,福建省高速公路建设因地制宜,依据项目自身特点对隧道建造技术进行攻关,取得了显著成果。其中,不仅针对典型的隧道型式设计出新型隧道及排水结构型式,还为提升隧道建造水平,开展了小净距隧道、八车道连拱、隧道原位拓宽等关键技术攻关,并取得突破性进展,提出众多施工方法、工序以及相关控制标准,填补了国内相关领域的空白,其科研成果被收入新修编的行业规范。

(2) 抗灾能力科技创新

福建高速公路纵贯福建沿海和山区,经历了多种地质、地形、地貌、气候等施工环境的考验和挑战,山地灾害较为严重。随着高速公路建设向山区延伸,高边坡和不良地质边坡工程问题相对较为突出。

因此,福建省高度重视高边坡与滑坡病害,提出和接受对待滑坡工程"早发现、早治理、不留后患"的原则,在勘察设计阶段进行专项投入,通过多方案的比选论证,力争以最小的代价保障高速公路安全稳定通过,并对滑坡病害进行预防和整治。

此外，福建省积极开展路堑高边坡安全监测、防护和滑坡病害处治技术研究，并将成果直接用于高速公路工程建设。其中，通过多次工程实践，在锚固工程结构新技术开发和锚筋长度及锚下应力快速检测技术方面不断改进创新，达到了国际领先水平；针对滑坡的稳定性分析问题，提出了岩石力学智能反馈分析方法及其工程应用，获得国家科技进步奖二等奖。福建省高速公路在历次暴雨、台风等自然灾害中经受住考验，在2010年闽西北特大暴雨灾害中成为抗灾救灾的唯一通道，抗灾能力位于国内前列。

(3) 路面耐久性科技创新

福建气候炎热、多雨潮湿，高温持续时间长，是全国年均降水量最丰富的省份之一，高速公路路面施工的外部条件比较复杂，不仅铺筑技术难度大，而且沥青面层损坏情况严重，高速公路沥青路面新型结构研究的重要性不言而喻。

因此，以提高高速公路沥青路面长期性能和耐久性为目标，福建进行了路面耐久性科技攻关。首先，开展福建省高速公路沥青路面新型结构研究，提出了南方湿热地区高速公路沥青路面的新型结构；其次，针对省内高速公路交通量大小不同的问题，开展高速公路沥青层厚度差异化设计技术，提出沥青层厚度设计方法和标准；接着，由于现有沥青材料难以满足高速公路严酷自然条件和荷载条件要求，因此开展了高速公路沥青新材料应用技术，提出福建省高速公路沥青胶结料性能等级分布图，以及新沥青胶结料技术要求；最后，针对公路隧道内热拌沥青混合料施工时有毒有害气体聚集、作业环境温度高，影响人体健康和作业安全等问题，开展了温拌技术研究。在实际应用中成功降低施工温度，减少烟雾排放和能源消耗。

上述研究成果不仅提高了福建省沥青路面高温稳定性与早期水损坏防治的技术水平，也丰富了我国沥青路面类型与路面损害治理经验，成果在多省份得到推广应用。

(4) 安全性能科技创新

福建省属于台风多发地区，又位于东南沿海地震带上，省内高速公路建设及运营需提高抵抗自然灾害能力。此外，福建山区高速公路长大下坡多、事故频发。因此，提高高速公路建设安全性能问题迫在眉睫。

针对上述问题，重点围绕提高高速公路安全防护能力，开发出新型高速公路桥梁护栏——闽华防撞护栏，具有较强的防撞能力和良好的导向功能，能有效减少交通事故中人员伤亡，目前已在全国推广应用。为解决山区高速公路长大下坡事故率高的问题，福建省开展高速公路长大下坡成因分析及防治对策研究，提出长大下坡事故路段安全保障成套技术，可有效降低长大下坡的事故数量，减少生命和财产损失，提高高速公路的通行能力和服务水平。

随着省内高速公路路网的不断延伸和加密以及目前交通安全设施的设计和运营中显现出的问题，福建省开展了交通安全设施设置标准研究与公路隧道运营安全与防灾救援技术课题研究，全面提升高速公路交通安全设施的设置水平，加快构建隧道应急安全预警体系。

（5）施工标准化管理创新

福建高速公路建设积极探索管理创新，在行业内率先推行施工标准化管理，编写了《福建省高速公路施工标准化管理指南》，形成材料、工艺、工法、验收全过程的标准化管理体系，解决了建设规模扩张与管理不足的矛盾，有效提升了建设质量和效率，实现传统粗放式管理至现代工程精细化管理的升级，具有里程碑式的意义。

2009年起，福建高速公路通过"三集中、两准入"，对工地建设、施工工艺、施工设备、施工材料以及现场的施工管理行为全面实行"标准化"，不仅提高了生产效率，带来直接的经济效益，且施工过程中的质量通病和安全死角得到有效控制，提高了质量与安全管控水平。十三五以来，福建省高速公路全面贯彻落实交通运输部"绿色公路"和"品质工程"理念，不断推陈出新，将标准化管理向"三准入、四集中、五提升"的新体系、新内涵转变，实施有规范、操作有程序、过程有控制、结果有考核，有力推动标准化管理再上新台阶。

高速公路标准化管理开创了资源节约、绿色和谐、综合高效的公路发展之路，为全国公路建设积累了经验，为全面提升公路行业建设总体水平做出应有贡献。

2. 典型案例——福州机场高速科技创新典型案例

福州机场高速沿线穿越的地貌单元较复杂，主要为低山丘陵地貌及冲海积阶地，间夹高差及范围不等的山间盆地及狭长河谷，地形起伏较大。该区域具亚热带海洋性季风气候，沿线降雨量较多，雨量充沛，项目施工难度大。因此，在福州机场高速的规划建设中，项目组攻克了多项科技创新难题，在科技创新成果转化上有显著的成效。尤其是在隧道建造中，建成了国内第一个八车道连拱隧道和国内首座扁平大跨度三车道小净距隧道，接下来具体介绍一下在该项目中的科技创新。

（1）路面耐久性科技创新

① 设计新结构

为防止路面裂纹、反射，以及解决排水问题，本项目设计了"半刚性底基层＋级配碎石基层＋沥青稳定碎石层＋沥青砼"的组合式沥青柔性路面结构。

② 应用新技术

本项目对移动路脊法的施工采用了 ABG325 伸缩式摊铺机一次摊铺成型,施工采用热接缝,摊铺后路拱较为明显,排水效果较好,节约了时间和人力。

③ 应用新材料

为提高经济效益,福建高速公路根据沥青砼和碎石的性能在配合比中增加了抗剥落剂,取得了一整套科学合理的混凝土配合比,节约大量沥青砼。

④ 运用新工艺

在施工中将沥青砼温度有效的和碾压工艺结合在一起,既节省了碾压时间也节省了机械燃油和损耗。

(2) 隧道建造科技创新

① 金鸡山隧道八车道连拱和小净距隧道施工关键技术研究

金鸡山隧道全长 295 米,线路较短,地质条件差,为国内第一座八车道连拱隧道,形成"小净距+连拱+小净距"复杂多孔隧道群体,采用复合式洞室支护结构,保证了工程施工安全、降低了工程造价、加快了施工进度,为国内外成功建成双向八车道连拱隧道和双向八车道小净距隧道提供了有力的技术借鉴。接下来对罗汉山、金鸡山隧道开展特大断面小净距隧道施工监测和研究。

a. 特大断面小净距隧道围岩压力计算方法研究:对魁岐 2 号特大断面小净距隧道进行了围岩压力计算,并与现场实测结果进行了比较,为工程顺利的施工提供了保证。

b. 特大断面小净距隧道断面形式优化分析:以魁岐 2 号隧道为工程背景,得到了隧道拱顶下沉和塑性区随隧道扁平率变化的规律。

c. 特大断面小净距隧道合理施工方法优化分析:根据魁岐 2 号隧道现场按照原施工工序施工具体反映情况,优化施工工序图使施工难度降低,加快了施工的进度,缩短了施工工期,降低隧道的整体造价。

d. 节理展布特征对特大断面小净距隧道稳定性影响分析:通过节理调查、统计等方法得到围岩中节理的展布特征、力学强度参数,并对隧道的破坏过程进行分析,得到隧道最不稳定和最容易破坏的区域,为隧道支护设计和中间验证加固提供了依据。

八车道连拱和小净距隧道施工关键技术研究是 2007 年度福建省重点科技项目计划之一,项目成果已在国内外核心刊物发表论文 9 篇,申请专利 7 项,已经获授权发明专利和实用新型专利各 5 项,研究成果达到国际领先水平,编制了《双向八车道公路隧道设计与施工指南》,并提供了施工最小扰动准则等多项技术标准。形成了双向八车道特大断面公路连拱隧道、双向八车道特大断面小净距公路隧道设计与施工的关键技术,节省动迁和土地费用数亿元人民币,并缩短了建设工期,保护了自然和人文环境,具有巨大的经济效益和社会效益。

② 鹤上隧道建造科技创新

鹤上隧道为国内首座扁平大跨度三车道小净距隧道。

a. 应用新材料

在该隧道设计中,应用了新型防水材料——复合型防水板进行初期支护和二次衬砌之间的防水施工,减少了施工工序,同时满足设计要求。

b. 应用新技术

由于该隧道穿越地段岩性变化较大,并且是大跨径小径距隧道,对施工工艺有很高的要求,易造成围岩恶化。为保证施工安全和及质量,本项目利用13项隧道监控量测辅助指导施工,进行信息反馈及预测预报,确保隧道施工的安全与质量,为优化施工设计提供了依据,特别是对小净距隧道的信息化施工积累了数据和资料,提高了小径距公路隧道的施工和安全技术水平,对提高工程项目的社会、经济和环境效益有重要意义。

c. 应用新工艺

本项目新奥法施工借鉴在以往应用经验,根据设计要求,结合量测数据,因地制宜的调整型钢支撑和格栅支撑的使用,提高了支护的整体性、稳定性和耐久性。并通过严格控制进尺距离,形成了严控步距、量测紧跟合理支护的大跨径小净距隧道新奥法施工的成熟工艺。

最后,本项目边坡绿化生态防护引进推广边坡挂三维网植草和镀锌网植草及土工格室喷播植草、金三角等边坡绿化生态防护技术,有效地减少了水土流失,在恢复植被,保护环境方面取得显著成果。

6.2 高速公路信息化建设

随着现代信息技术的发展,现代信息技术也在工程建设领域得到广泛应用,尤其近年来物联网、大数据、云计算、BIM 等兴起,不仅推动工程建设管理领域朝着信息化方向发展,也对工程管理方式产生深刻影响。在工程管理领域采用现代信息技术,充分、有效地开发和利用各种信息资源,以提高工程管理者的管理和决策能力,提高工程组织工作效率,提升工程物理质量和管理质量,以及工程企业的竞争力,促进工程管理现代化发展。信息化成为引领建设工程管理向更高质量发展台阶迈进的一股重要力量。因此,大力推进工程信息化管理,成为当代我国各地乃至世界各地推动工程管理高质量发展的重要战略之一。

工程信息化管理是以建筑产品为核心,以建筑生命周期为主线,应用建筑生命周期管理的战略思想与方法,在建筑生命周期各阶段全面、持续推广应用以人工智能为主的新一代信息技术,在实现工程管理信息化、工程建造资源数字化的基础上,依靠规范化建模、网络化交互、可视化工具、高性能计算以及智能化决策支持,并通过人机交互、感知、决策、执行和反馈提高品质和效率的工程活动,实现数字驱动下的工程立项策划、规划设计、施工生产、运维服务一体化集成与高效率协同,不断拓展工程建造价值链、改造产业结构形态,促使管理体系、制度、方式和组织变革。

6.2.1 福建省高速公路工程信息化管理的十年演进

福建高速公路工程信息化管理依次经历了信息系统建设阶段,决策支持、数据科学、物联网等技术融合阶段,以及大平台集成化管理阶段。信息系统建设与决策支持主要是运用信息技术辅助工程数据管理和决策;大数据、物联网等技术的推广使工程信息的共享成为可能;而大平台大系统集成化管理强调工程全生命周期和各参与方的集成。大平台大系统集成化管理是工程行业信息化的终极目标。十年来福建高速公路工程信息化管理的演进过程体现了信息技术应用从低级到高级、业务管理范围从局部到全局、主体参与从以人为主到人机协同的发展趋势。

1. 第一阶段(2011—2013年):信息系统建设与决策支持阶段

福建省交通运输厅发布《关于运行福建省交通建设项目信息管理系统的通知》。管理信息系统是对一个组织(单位、企业或部门)进行全面管理的人和计算机相结合的系统;是综合运用计算机技术、信息技术管理技术和决策技术与现代化的管理思想、方法和手段结合起来辅助管理人员进行管理和决策的人机系统。管理信息系统具有改进一个企业组织的管理的作用,是协助领导做出决策的工具。现代的管理信息、系统都以计算机技术为手段。一个完善的管理信息系统是把企业中各个子系统联结起来的纽带,是把它们凝聚成一个统一力量的"胶粘剂",它使得企业中各级管理人员可以按照系统方法去组织和协调各个子系统的行动,从而借助于协同效应最有效地实现企业的目标和目的。福建省建立公路水运工程信息管理系统,建立信息录入、公开发布平台,组织相关建设单位、从业单位通过《信息管理系统》录入项目、企业基本信息、良好行为、不良行为和信用评价信息,逐步建立各交通建设项目、从业单位、从业人员信息档案,提高信息化管理水平。同时对交通运输部《全国公路建设市场信用信息管理系统》涉及我省业绩信息及我省企业基本信息,组织专人及时进行审核。

针对高速公路项目建设,2011年12月,福建省高指发布《关于全省高速公路建设项目安装远程视频监控系统的通知》。运用信息化管理手段,及时全面了解建设现场情况,提升高速公路工程管控水平。在监控技术方面,先后开展视频监控系统的新技术研究和应用,包括数字压缩视频传输技术、视频非压缩传输数字矩阵技术、视频监控联网升级与外联技术、视频事件检测技术,以及全省视频会议系统三级联网技术,提升视频联网技术在高速公路的应用水平。2013年2月,福建省高指发布《关于在建高速公路项目推广工地试验室数据管理系统的通知》。

2. 第二阶段(2014—2016年):数据科学、物联网等技术融合阶段

在这一阶段,信息化持续推进,目标是要从信息系统和一般决策支持发展到与数据科学、物联网等技术深度融合的智能化管理。2014年4月,福建省高指发布《关于高速公路建设项目信息化实行常态化管理的通知》。倡导各施工企业进一步推进信息化。

在工程建设方面,智慧工地就是充分利用新一代信息技术,来改变施工项目现场参建各方的交互方式、工作方式和管理模式。智慧工地应充分体现了感知化、互联化、物联化、智能化的特点。在物联网技术的应用下,智慧工地的实施将实现工地的各级管理人员将不必到现场便可及时、准确地掌握工地现场的具体进展情况,福建省高速公路应用物联网技术建设智慧工地,重点对监控板块进行改进,内容涵盖监控技术改进、施工安全预警、机械设备操控情况、施工材料使用情况等,以实现对工地施工进度的全面掌控。

此外,建设物联网的建设信息化管理、在线监控平台,实现数据远程视频监控系统联网,让工地现场具备了"感知"功能。在工地现场设置摄像头监控,通过现场图像采集、录像存储、网络传输。让工地由传统转向更全面透彻的感知,让工地管理更全面的互联互通,以识别工地中的安全风险与人员违规操作行为,实现报警接收和发送功能。通过现场智能监控系统,管理者可以随时了解到工地的施工进展情况和工人的操作情况,也可以远程监控现场物资材料的安全与机械设备的使用安全,实现项目的远程监管。智能监控各个子系统如下:1)拌合站信息化管理。在拌和站入口和拌和机位置均设置远程视频监控探头,并确保能24小时监控,实时上传沥青混合料的拌和参数,实时监控沥青混凝土实际配合、拌合时间、温度等并及时示警。2)边坡勘探管理。加强高边坡和滑坡工程的施工监测,监测开挖揭露的地质情况和坡体监测数据,及

时变更优化设计,以保障工程的安全与合理性。3)预应力张拉压浆监控。实时监控预应力张拉压浆情况及预警。4)长大隧道监控。所有长大隧道配备电子门禁、视频监控、安全广播,试点监控量测数据自动监测,远程上传,自动预警。通过监控平台的建设,把数据进行转化运用,对数据进行分析并进行预测,辅助管理者进行决策,让工地管理变得"智慧化"。及时掌握进展,及时发现异常,最终实现物与物、人与人之间的自动化信息交互与处理的智能网络,以提升工地管理效率、实现绿色施工、提高工地安全与环保管理、保证工程质量等各项目标的目的。

3. 第三阶段(2017年以后):项目群协同一体化管理阶段

本阶段福建省高指提出了高速公路工程大平台、大系统集成,目标是要实现从单一项目到项目群协同一体化管理,从单一业务到全局全生命期集成化管理。大平台一体化集成管理就是集成主体(管理者或组织)以集成思想为指导,将集成的基本原理和方法创造性运用到管理实践中,从集成新视角看待、分析人类有组织、有目的的社会活动,将人类认识与实践活动的各种资源要素纳入管理的范围,拓展管理的视野和疆域,并将组织内外的各种集成要素按照一定的集成模式进行整合,综合运用各种不同的方法、手段、工具,促使各集成要素功能匹配、优势互补、流程重组,从而产生新的系统并使得系统整体功效倍增的过程。

2016年8月,福建省交通厅发布《福建省交通运输信息化"十三五"发展规划》,提出"构建省市两级交通信息化基础架构"、"推进协同互联的行业综合管理体系"、"建立健全交通运输信息化治理体系"。2019年7月,福建交通厅组织召开智慧交通建设工作推进会,会议部署了福建省交通运输信息化总体框架设计方案,该方案以"大平台"、集成"大系统"、应用"大数据"、形成"大服务"为目标,全力推进"智慧交通云""1151"结构建设。这些政策都指向交通工程构建"协同、智慧"的集成管理平台。

"协同、智慧"的集成管理大平台,需要数字化模型、实时的管理信息、覆盖全面的智能感知网络,在该目标下,传统模式信息离散的建造方式已经无法满足要求,必须通过高度集成的信息化平台为项目管理决策提供数据支撑和指导,利用"协同、互联、智慧"方式来实现模式的转变。该平台本质上是由数据采集系统、计算机处理与存储系统、高速通信信息网络系统、大量分布式数据库系统与以及由研究、开发、维护与使用人员系统等共同组成一个巨大的、复杂的技术系统数字工程。

福建省高指建立了工程建设综合监管一体化的云计算平台。云计算平台以数据为中心,以虚拟化和调度技术为手段来整合和调配分布在网络上的大量的服务器集群以及其他网络设备的处理能力,提供安全、可靠、高效、便捷的施工管理数据服务。该平台还提供了通用的、集成的、便捷的使用所有计算资源的手段和人机交互接口,让用户通过无所不在的网络方便高效地获取服务和进行信息处理,预留未来扩展的空间和接口供省市行业监管部门、各参建单位对接,且制定统一的通信接口协议、规程和技术标准,进一步提高系统兼容性和运行效率,以便对工程主要区域、重点部位、关键数据全天候、多元化远程监管。

6.2.2 福建省高速公路工程建设监管一体化平台

1. 福建省高速公路建设监管一体化平台概述

在我国经济持续发展的推动下,公路基础设施的快速发展,截至2022年,全国高速公路里程达到17.73万公里,规模居世界第一。同时,随着互联网信息技术在工程建设项目中的逐步融合、应用,高速公路建设管理理念和手段措施也得到了较好提升,但受制于监管效率和监管时效性,还没有形成体系内的多元监管和闭环监管,且随着建设规模的扩张和建造精细化的新要求,此问题也愈加凸显,引起行业的关注。

福建省高速公路建设在全面推行现代工程管理、创建绿色公路品质工程等进程中,也面临着要求标准高、工作量增大、技术人员短缺、信息化建设分散、时效性要求强等困难。同时,为避免重复建设、节约费用、节省时间,确保建设过程形成的数据能为今后运营管养提供基础支撑,在积累了比较丰富经验的情况下,利用互联网技术与高速公路建设行业有机结合,进行信息化和智能化的构建,开发了福建省高速公路建设监管一体化平台(以下简称"一体化平台"),将现场工程建设、监督管理中的一些关键内容集中从线下转移到线上,形成一个统一、规范、高效、共享、协调的管理信息系统,促进各主体协同,提升整体性地管理成效。全省高速公路建设项目统一推广使用一体化平台,成为福建省高速公路建设项目管理有力的手段。

福建省高指按照"整体规划、分步实施;同步部署、各方共享;分级管理、数据溯源"等目标,采用"1个平台+N个子系统+N个单位"的建设模式。一体化平台执行统一数据标准和接口规范,整合接入已有的建设管理系统、远程视频监控系统、工地试验室数据监管系统、混凝土拌和站监控系统、沥青拌和站监控系统、预应力张拉数据监管系统、构件二维码存储系统、工地党建系统等八个专业化子系统,并预留后续扩展空间。一体化平台承载了工程进度、质量、安全、投资、验收等多级多维工程建设应用,解决工程建设过程中快速计算、优化处理、云端存储、信息共享等技术瓶颈,为建设单位、参建单位提供数据资源、专业管理和技术应用服务,实现基础设施即服务、平台即服务、应用即服务。

同时,分布在全省的各高速公路建设项目,也积极响应省级要求,完成了路段级信息化管理系统建设,使一体化平台得到进一步细化和落地。如,宁古高速公路有限责任公司发布了宁德至古田高速公路段的建设监管信息化系统建设与技术服务招标指南,信息化建设内容主要包括一体化平台实施配套所需的机房建设、路段级应用系统、物联网数据采集监测系统、视频监控建设、组网建设及网络租用以及项目驻点技术服务等内容。对于单个高速公路建设项目而言,路段级信息化管理系统是根据工程建设项目的特点和管理需要,在一体化平台框架下,建设若干个结构与一体化平台架构匹配,功能相呼应的若干个项目级子系统,侧重于具体项目各类管理所需的数据采集、传输、处理、分析、调度、预警、处置。正是许多项目单位对省级信息化建设的积极响应和配合落地,一体化平台得到了进一步完善并涌现出远大于单项目管理的整体性管理能效。

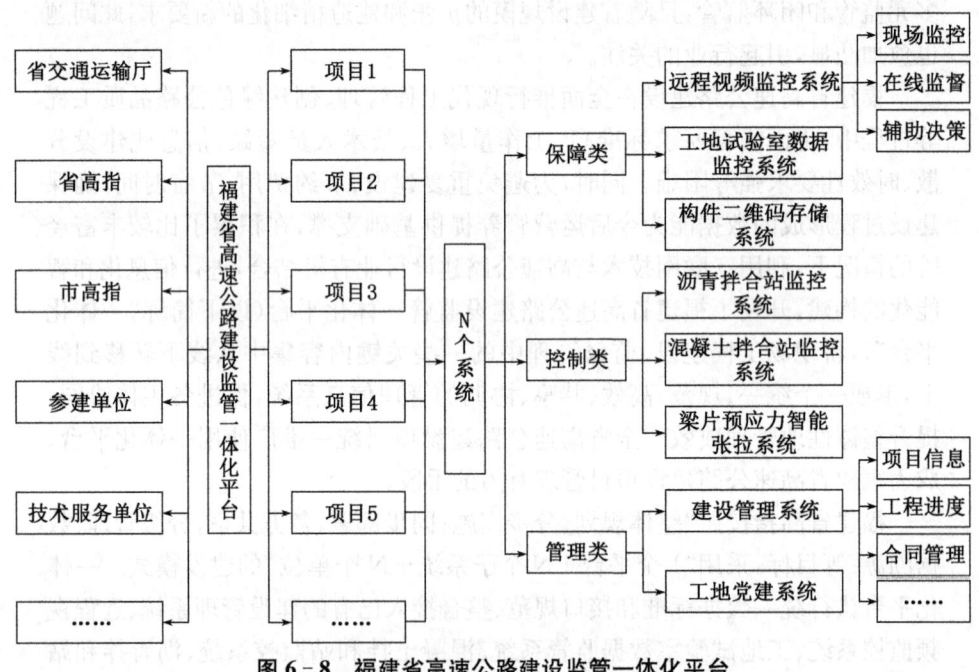

图6-8 福建省高速公路建设监管一体化平台

2. 一体化平台专业管理子系统

一体化平台包含许多专业化子系统,其中最主要的八个专业化子系统的名称和功能分别为：建设管理系统（项目的所有信息和计量系统）、远程视频监控系统（重要工点视频监控）、工地试验室数据监管系统（万能、压力和抗折试验机试验数据实时上传预警）、混凝土拌和站数据监管系统（实时监控混凝土实际配合比预警）、沥青拌和站数据监管系统（实时监控沥青混凝土实际配合、拌合时间、温度等和预警）、预应力张拉压浆数据监管系统（实时监控预应力张拉压浆情况及预警）、构件二维码存储系统（墩柱、梁片等构件信息二维码）以及工地党建等专业管理系统。

通过上述这些专业管理系统，从省域层面实现对各个工程的"人、材、机"等各维度的信息化管理与工程管控。以试验室数据管理系统为例，各工地试验室负责对工地试验室试验设备进行数字化改造，并建立工地试验室数据管理系统。通过互联网络，将各试验设备自动采集的数据自动传输到一体化平台。各相关管理部门可通过互联网随时登录省一体化平台，实时查看其管辖内的任一试验室的试验资料，对试验检测数据进行监控、抽查和分析统计。

从功能角度看，一体化平台的专业化子系统体现了福建省高指在工程建设过程的三个重要维度的信息化建设，分别是：(1) 工程保障类信息化建设；(2) 工程控制类信息化建设；(3) 管理类信息化建设。下面分类对各子系统进行逐一介绍。

(1) 工程保障类信息化建设

① 远程视频监控系统

远程视频监控系统主要是对全省高速公路工程的重点部位、控制性工程安装网络视频摄像设施，各级建设管理人员通过互联网或移动终端能够清晰查看各监控点，监视室内加工、制作和试验检测工作状况以及室外施工现场进展状况，形成24小时全天候管控。重点部位、控制性工程一般包括预制场、钢筋加工场、拌和站、特大桥、特殊结构桥、长隧道、特长隧道、地质复杂隧道以及施工、监理、试验检测单位的试验室等。

② 桥梁构件信息二维码存储系统

构件二维码存储系统主要是对预制梁片、支座、伸缩缝、墩柱的生成构件二维码"身份证"，存储内容主要包括相关责任主体、构件属性、施工信息及设计图纸4个部分。用户可以批量导入构件二维码基本信息，在移动端通过二维码为载体进行扫码，即可加载、录入构件相关动态信息，做到责任落实到人、构件信息便捷传递、动态更新、永续保存，为工程结构物全寿命周期管理和建管养一体化服务。

③ 施工数据捕捉与监管系统

施工数据捕捉与监管系统可以分为三部分，第一部分为工地试验室数据监管系统,该系统具有工地试验室数据实时采集、数据监控、综合查询、统计分析、问题数据预警等功能。将工地试验室的压力机、抗折机、万能机等进行数字化改造,确保钢筋原材、钢筋焊接与机械接头等拉伸试验以及水泥、砂浆、喷射砼、砼、砼芯样等抗压试验项目能够做到试验自动完成、数据实时上传、结果自动化处理,并同步传输至平台。可实时通过互联网查看全省任一试验室的试验资料,对试验检测数据和曲线进行监控、抽查和分析统计,消除人为干扰,从源头杜绝假试验数据,提高试验检测数据准确性和客观性。第二部分为影像管理系统,为实现管理可追溯,平台开发了对桥梁、隧道、路基、路面等关键工序影像资料展示及下载,并可在线添加工序和上传影像的影像留存管理系统。第三部分为随手拍系统,平台支持匿名拍和实名拍,随手拍照片结合定位位置统一上传到后台,由管理员进行甄别及问题的发起,进入异常处理流程,可进行异常的下发整改及逐级上报,最后由管理员进行闭合。工地随手拍发动一线班组及广大职工积极参与质量安全监督,构建全员监督覆盖网络体系。

(2) 工程控制类信息化建设

① 预应力智能张拉系统

要求预应力张拉设备具备智能张拉、联网、张拉数据实时上传等功能,张拉全过程按规范要求自动完成,不受人为因素干扰;监管系统对张拉施工进行远程同步管理,实时存储张拉数据,不合格数据实时预警,提供历史数据的查询、统计分析等功能,实现预应力施工质量管理"同步跟踪、过程控制、实时补救",保证预应力张拉施工质量。同时,通过梁号编制规则设定,把预应力张拉数据与预制梁片构件二维码进行关联,打通数据孤岛问题,提高应用能力。

② 混凝土拌合站监控系统

混凝土拌和站监控系统通过实时采集混凝土各原材料投料重量信息,计算混凝土实时施工配合比,自动与生产配合比及规范要求对比分析、计算偏差,制订指标偏差超限分级告警标准,实现自动分级预警,混凝土拌和数据定期统计,参建各方分级管控。

③ 沥青混凝土拌合站监控系统

此系统与混凝土拌和站监控系统功能类似,增加采集主要的沥青混合料实时拌和参数,如拌和温度、拌和时间等,同时对指标偏差超限的分级预警标准进行了相应调整,达到对沥青混合料拌和质量的动态管理。

沥青混凝土拌合站监控系统通过采集沥青混凝土实时拌和参数,与生产配合比及标准化指南相关要求等进行对比分析,实现矿料级配、沥青用量、拌和温度、拌和时间等偏差超限自动实时预警,并对沥青混凝土拌和数据定期统计分析,由参建各方分级管控。

(3) 管理类信息化建设

① 建设管理系统

建设管理系统归集全省高速公路项目建设从立项到竣工的全过程资料，主要包括项目信息(如项目概况、基建程序、主要工程、参建单位等)、工程进度、合同管理(如合同登记、清单管理、设计变更、履约、农民工管理、材料调差、索赔等)、计量支付、质量安全管理(如开工交工、责任人、质检资料、整改反馈、评定等)、考核通报、廉政建设、竣工管理、工程决算等功能支持，其数据来源由前端人工采集向智能化设备采集、对系统供给并行转变，实现高速公路建设过程中项目集成管理的要求。

② 工地党建系统

该系统动态管理工地党组织、党员等基础信息，实时发布党建动态，提供政策宣传和指导，并具备考评、追踪等功能。

③ 可视化汇报系统

在一体化平台数据汇聚基础上，基于项目全线建立项目综合汇报应用，接入相关业务系统关键数据进行展示与动态监测，直观全面的掌握项目的进度、质量、安全、关键构件施工状态等项目要素情况。

3. 一体化平台应用成效

一体化平台的应用有利于实现建设项目全寿命周期管理，提高工程设计、施工和运营管理的质量和工作效率，消除信息传递过程中的漏斗效应现象，促进技术进步和提升建设项目管理绩效。首先，建设项目全周期信息包括项目决策阶段、设计阶段、施工阶段和运营管理阶段等阶段的信息。随着工程阶段的推进，工程信息从宏观到微观，从模糊到具体逐步积累完成信息的集成。此外，项目实施过程中对外涉及业主、监理、设计、地方政府和上级管理机关等多方利益关系人，涉及合同管理、现场施工管理、财务管理、概预算管理、材料设备管理等多个环节。一体化平台的建设考虑了不同参与方的需求，建立一个涵盖施工现场管理、项目远程监控、项目多方协作、企业信息和情报管理等多层次的软件系统和网络信息平台，将原来独立运行的多个单元系统无缝集成，实现各个主体高效协同作业。

事实上，自一体化平台运行以来，已全面覆盖福建省所有已建成和在建高速公路项目，在提高管理效率、保障工程质量安全、节约项目投资上取得了很好的应用成效。

(1) 建立起了全省统一标准、统一尺度、统一模式的信息化管理系统，形成了结构科学、流程合理、追溯有源、界面亲切、开放共享的监管平台。信息化系统可与项目开工同部署，海量数据永久保存不丢失，且避免重复开发造成的投入浪费、开发滞后、标准不统一等情况,经济效益显著。

(2) 实现项目建设重要环节、质量控制关键数据的全过程实时监控,对各专业化系统的数据分析、比对,问题信息自动分级发送至责任人并自动跟踪整改情况,一体化平台已累计实时预警万余次,预警率呈下降趋势,从之初的全省预警率7%降至当前低于1%,做到了实时研判、实时预警、实时调度、实时处置,大大提升了工程建设监管的针对性、有效性和即时性,保障工程质量。

(3) 创新了项目建设向运营、养护的数据传递模式,在管养阶段可现场调用、查询工程建设期间的关键数据信息,为管养现场快速决策提供帮助,实现工程建设过程质量信息可溯源及工程全寿命周期数据共享。

通过一体化平台的建立,实现了四大转变,一是在监管模式上由各自为政到全省统一;二是监管主体由单一封闭到多元开放;三是监管手段由事后监管到实时监控;四是监管数据由分散孤立到集中共享。

6.2.3 福建省高速公路工程信息化管理应用案例

1. 案例一——参与式安全管理

从系统的观点来看,工程现场是一个管理与技术高度综合的复杂系统。从安全管理的角度来看,可将工程现场视为一个现场安全系统。现场安全系统是一个由与工程现场施工安全有关的相互联系、相互作用、相互制约的若干个因素组合而成的具有特定功能的有机整体,其中的关键因素主要包括人、技术系统和环境。工程现场安全管理是指安全管理者运用经济、法律、行政、技术、舆论、决策等手段,对施工过程中的人的行为、物和环境的状态进行管理与控制,排除不安全因素,在功能、时间、成本等规定的条件下,避免系统中人员和技术系统受到伤害,减小事故发生的可能性,从而达到安全状态。

传统工程安全管理主要有以下几个弊端:传统巡场管理对人力资源造成浪费,且易形成安全死角;多是事后管理,难以做到安全事故有效预防;安全管理人员专业水平较低,人员构成复杂、管理混乱。

通过信息化技术,可以提升工程的安全管理水平。具体包括以下几个方面:

(1) 现场安全的远程监管

在施工阶段,安全问题更是贯穿于施工作业的全过程,涉及每一道工序、每一个工种、每一个操作工人。可以这样说,只要保证安全的对象存在,导致不安全的因素就动态存在着。现场安全的远程监管的重点在于实时识别安全风险,预防安全事故。例如,为工程建设现场各个作业面搭建的泛在智能感知体系,构建全面工程状态感知体系,实现建设现场、参与各方的无障碍传输,形成立体移动传输体系,建设物联网的建设信息化管理、在线监控平台,实现数据远程视频监控系统联网,让工地现场具备"感知"功能。在工地现场设置摄像头监控,通过现场图像采集、录像存储、网络传输。让工地管理由传统转向更全面透彻地感知,让工地管理更全面地互联互通,以识别工地中的安全风险与人员违规操作行为,实现报警接收和发送功能。通过现场智能监控系统,管理者可以随时了解到工地的施工进展情况和工人的操作情况,也可以远程监控现场物资材料的安全与机械设备的使用安全。通过多种定位跟踪和图像采集等手段,实现项目的远程监管。

(2) 安全风险的识别与发布

现场安全风险识别是安全管理的重要一环,安全管理人员只有正确识别现场安全风险,才能针对性地制定与实施安全管理措施,预防安全事故的发生。传统的安全风险识别方法大多是基于历史经验进行的,无法在动态变化的施工过程中正确识别风险。例如,通过物联网和移动互联网技术,将安全风险识别和安全事故预测信息发送至移动终端,使安全预警信息能够被快速、精准地推送给各相关人员。之后,根据发布的预警信息,提前做出响应,处置安全风险。详细的安全预警信息有利于安全管理人员和施工人员做出快速、正确的响应。根据安全预警信息和现场安全态势,及时调整施工安全预案,形成安全施工应急处置措施,进行快速的安全风险控制,及时排除安全隐患,防止安全事故发生。

(3) 智能化的人员管理

通过大数据存储运算平台,可以对人员状态实行远程的云端控制管理,并且对采集到的数据进行数据分析和挖掘,从而达到人员状态的智能化分析和管理。通过智能可穿戴设备、脑电信号等信息,利用行为学、人工智能技术,运用大数据系统,对操作人员的工作状态进行管控,将采集到的数据发送给管理系统,由操控者对信息进行判断,根据数据形成可行性报告,制定干预措施,也是一种人员监管手段。采用安全分析+跟进培训的方式开展安全业务知识培训,组织大型培训,定期组织安全知识考试,修订应急预案,使每个岗位的人员熟知预案的步骤,组织各种应急处置操作演练,提高全员消除隐患、处理突发事件的应急反应能力,并将培训与现场检查进行有机接合。围绕安全管理规范、岗位操作规程等进行学习,将隐患和安全意识薄弱的问题进行深入剖析,进行全方位、全过程的立体跟踪管控,并实行安全等级评估和项目积分考核,保证工作的安全高效完成。

福建海西高速公路网泉厦漳城市联盟路泉州段,项目应用信息化助推安全管理,实现了全员参与安全管理。系统基于微信平台,使用无门槛,无需采集相关数据,充分发挥"双员"作用,推动全员参与安全管理,线上线下立体互动,创新实现了"从上至下"的"封闭式少数人监控安全"到"自下而上"的"开放式全员参与安全管理"的工地安全管理模式转变,有效地保障了项目施工生产安全。结合当下互联网＋技术,将项目管理与二维码信息、微信平台、APP等进行有机结合、动态关联。一是利用省级一体化平台,集成1＋N功能信息管理平台,含构件二维码信息管理系统、实验室数据监管系统、梁片张拉监管系统、远程视频监控系统、门禁管理系统、混凝土生产全过程监控系统、工程影像资料留存系统。二是积极推动互联网＋工程管控平台的开发,开发《施工现场安全生产全员监控管理系统》并在全线进行推广使用,实现了"从上到下"的"少数人监控安全"到"从下到上"的"全员监控安全",由封闭式向开放式的安全监管模式转变;开发《施工班组安全生产全员包保网格化应急管理系统》,按照"条块结合,以块为主"的原则,根据"红橙黄蓝"预警级别,建立施工生产安全应急网格化等级响应,全力确保安全生产形势稳定向好。三是应用BIM技术指导施工,采用BIM技术建立安海湾特大桥钢混混合梁连续刚构桥主桥模型,模拟主桥施工,通过BIM技术完成横向、竖向、纵向预应力与钢筋碰撞检查,优化结构设计等。各系统在建设中逐步进行各系统的完善及维护工作,通过信息化实时管理全面提升项目建设质量安全水平。

2. 案例二——工程质量实时监管

试验检测结果是衡量工程质量的最主要依据,福建省通过推行试验数据信息化可有效解决数据造假问题。为推进高速公路试验检测信息化建设,规范试验检测及管理流程,提高试验检测数据准确性和客观性,推广试验室数据管理系统。省高指负责建立全省统一的高速公路试验室数据监管平台,各工地试验室负责对工地试验室试验设备进行数字化改造。通过互联网络将各试验设备自动采集的数据自动传输到一体化平台。各相关管理部门可通过互联网随时登录一体化平台,实时查看其管辖内的任一试验室的试验资料,对试验检测数据进行监控、抽查和分析统计。工地试验室数据管理信息化是提高高速公路建设质量管理水平和监管效率的重要举措,是进一步提升标准化管理的重要手段,也是试验室标准化建设的重要内容,对参建各方履行质量管理职责,及时发现质量问题,遏制数据造假行为具有重要作用。通过建立工地试验室数据管理系统,做到现场检查与网络监控相结合,不断提高试验检测数据的准确性和客观性,有效发挥试验室数据管理系统在控制工程质量和指导工程建设的作用。

3. 案例三——生产供应数字化管理

沥青作为高速公路的最重要的原料之一,其生产、供应过程关系到整个高速公路的质量。以京台线建瓯至闽侯高速公路福州段工程的质量信息化管理为例。该项目在拌和站入口和拌和机位置均设置远程视频监控探头,并确保能 24 小时监控,实时上传沥青混合料的拌和参数,实时监控沥青混凝土实际配合、拌合时间、温度等并及时示警来实时控制沥青混合料的质量控制。此外,该项目还建立了预应力张拉压浆数据监管系统,实时监控预应力张拉压浆情况并及时预警。在质量追溯方面,它构件二维码存储系统,并以墩柱、梁片构件为试点配备了信息二维码,管理者可扫描二维码查看该构成的生产过程及相关责任人。

4. 案例四——BIM 协同施工管理平台

福建赤岭大桥为高墩连续变截面现浇箱梁,项目整体施工难度大,施工风险高,在施工过程中易产生工程变更,引起成本失控。因此引入 BIM 技术辅助工程成本管理。具体措施是建立桥梁、各施工阶段模型,进行可视化进度交底、工程量统计、施工工艺模拟等技术创新应用,并通过 BIM 协同管理平台进行可视化成本管理、材料管理、施工全生命周期信息集成管理等管理创新应用,通过 BIM 技术的应用节省劳动力成本,提高工作效率,实现了"降本增效"。

第7章 福建省高速公路建设标准化管理

福建省高速公路建设的标准化管理是从试点示范的选择,到经验总结,到尝试推广,再到全面应用的系统推进过程,在行业内率先推行施工标准化管理,形成材料、工艺、工法、验收全过程的标准化管理体系,解决了建设规模扩张与管理不足的矛盾,有效提升了建设质量和效率,实现传统粗放式管理至现代工程高质量管理的升级。

自2009年起,福建省制定形成了一系列较为完整的建设管理制度,对工程涉及的施工技术、管理制度、安全生产、工程质量、工程监督等各方面内容和问题,明确设置符合实际、符合规范的标准要求,以期做到"标准成为习惯、习惯符合标准、结果达到标准"。福建省高速公路建设坚持探索、积极创新形成了从局部标准化到整体标准化、从物理标准化到行为标准化、从系统标准化到系统均质化的复杂性思维范式,提出了"实施有规范、操作有程序、过程有控制、结果有考核"的345标准化管理体系,并进一步积极探索更高层次的均质化管理实践,取得了丰富的理论与实践成果。

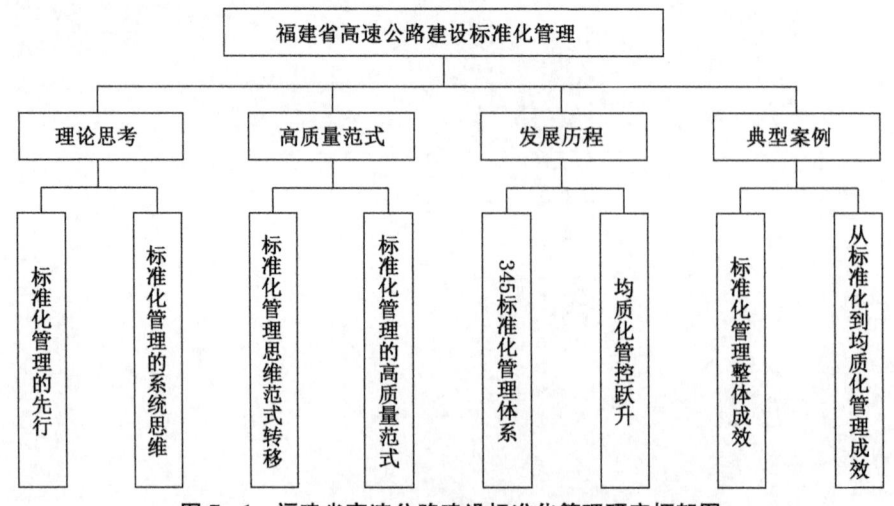

图7-1 福建省高速公路建设标准化管理研究框架图

7.1 理论思考

7.1.1 标准化管理的"先行"

标准化是现代工程管理的有效工具,广泛应用于各类工程项目管理过程。标准化管理能够有效应对高速公路建设技术难度大、专业性强、施工难度大、投资规模大等复杂性特征。推行标准化管理能够较好地保障高速公路建设质量安全、提高建设效率、改善施工文化、树立工程形象,进而促进高速公路领域可持续发展,对经济社会具有积极的重要意义。

早在1995年4月,福建省就要求高速公路建设做到"一流的材料、一流的设备、一流的工艺、一流的管理",并编制施工"小册子",作为施工指南、规范施工管理,要求所有参建人员了解建设标准,做到施工现场环境整洁、美观。至1998年,福建省高速公路编制了第一套路基、路面、桥梁、隧道、安全设施等工程的施工手册以及质量通病防治手册,用于培训一线施工、监理及业主管理人员,使高速公路建设符合标准,保证工程施工质量和安全。

2004年,在总结设计、施工、验收等相关标准、规范基础上,结合十年来高速公路建设实践经验,组织编制了一系列的标准化施工指南,包括隧道、桥梁、路基、路面及交通安全设施四个方面,在全省范围内大力推行标准化施工,并将《施工标准化指南》写入招标文件,推广执行。

2008年以来,结合多次深入施工现场调研实践,在要求加强质量通病治理、深化专项整治的基础上,细化、完善高速公路标准化管理提出了更加明确的要求。2009年以来,在总结实践经验的基础上,福建省不断修编和完善路基、路面、桥梁、隧道《标准化施工指南》,于2010年4月由人民交通出版社正式出版《福建省高速公路施工标准化管理指南》,包括工地建设、路基路面、隧道、桥梁、边坡生态恢复五个分册。这是结合现行最新的规范、办法,吸取各方面的先进施工技术及管理制度,并引入了不少管理新理念及施工新技术,而形成的规范化制度。这是对福建省高速公路建设标准化管理的经验总结,为全省高速公路新一轮发展奠定了基础。

在2010年7月中旬,中国公路建设行业协会召集各会员单位,在厦门召开了全国高速公路建设标准化管理经验交流会,并在龙岩双永项目进行现场观摩,号召高速公路建设行业认真学习福建省高速公路建设的先进经验,争当高速公路建设标准化的倡导者、引领者、实践者。紧接着,交通运输部又于当年 8 月中旬在同样地点召开了全国公路建设座谈会，充分肯定了福建省高速公路建设标准化方面的成功经验，并将高速公路建设标准化管理作为重要议题在会上进行讨论研究，出版的《标准化管理指南》也作为会议文件印发给各参会代表参考借鉴，许多兄弟省份也纷纷到福建来观摩学习。会上，冯正霖副部长作了重要讲话，认为在全行业推广工程施工标准化，条件已经具备、已经成熟，并就接下来公路建设推行标准化管理提出了指导思想和具体实施意见，开始在全国范围内全面推行公路建设标准化管理。

7.1.2 标准化管理的系统思维

1. 点面结合，系统推进

福建省高速公路近 30 年的发展历程，是标准化管理不断完善、不断推进的过程，从试点示范的选择、到经验总结、到尝试推广、再到全面应用，是一个系统的推进过程。一方面，在实施标准化管理的初期，认真考察高速公路项目的当前条件，精细化挑选部分项目标段、养护站、服务区等作为试点示范，在实施标准化管理的过程中注重经验的总结和反思，形成新的管理思路与管理手段，再进行进一步推广，在推广的过程中，标准化管理的实施领域也不断扩大，从在建项目到新建项目、从工程施工到项目运营，从小班组、小场站、小服务区到大班组、大场站和大服务区，循序渐进，确保标准化管理能够系统性地全面应用在福建省高速公路建设管理中。

另一方面，在循序渐进的系统性推进过程中，福建省高速公路标准化管理尤其注重"由点及面"的突破，找准一部分设备利用率高、管理较为集中、质量控制较为有序的环节进行"点"的突破，例如，在施工领域，从混凝土集中拌合、钢筋集中加工、构件集中预制，隧道二衬台车、桥梁模板准入验收这"三个集中、两项准入"突破口，创造性的利用"集中作业"的优势，实现施工领域的"工厂化"管理，为工程施工建设标准化的实施与推广创造有利条件。

2. 全方位覆盖，全过程控制

福建省高速公路标准化管理的历程是一个不断尝试、不断总结与不断反思的过程，在这一曲折的进程中实现了标准化管理在高速公路领域的全方位、全过程的覆盖。首先，通过实施统一的技术标准、管理标准、作业标准，规范高速公路项目建设行为，实现对工程建设过程、安全、质量、工期等目标的有效控制；并且通过统一"物"的技术标准化、"人"的行为规范标准化、"事"的过程控制标准化，在高速公路运营服务领域精心打造服务窗口、科学养护、文明执法、智能信息、经营开发、创新管理 6 大品牌，营造"畅通、安全、舒适、美丽"的交通出行环境。

其次,对项目勘察设计、施工等主要环节,切实做到项目建设事前、事中、事后的过程控制标准化,按照标准严格把关;对运营服务的主要环节,明确职责,制定科学化、量化的标准,以办公自动化、信息化为手段,按标准进行管理。进一步地,从推行"首件分析制"、隐蔽工程"四方验收制"抓起,保证工程局部和细节都满足技术要求、符合标准;从服务区人员定额、加油站设施、卫生死角、美化绿化等细微处抓起,杜绝管理漏洞、消除管理盲点。

3. 内外驱动,提升主观能动性

福建省高速公路标准化管理推进过程是一个不断制度化的过程,通过制度的设计、推广与完善形成外部驱动力,进而加强标准化的推行。在近30年的历程中,先后制定了《福建省高速公路施工标准化管理指南》、《高速公路运营服务规范》(DB35/T1258—2012),后者经福建省质量技术监督局批准,作为福建省地方标准正式发布。进一步地,根据不同项目的实际情况,实行"一月一督查、一月一专项、一季一分析、一季一通报"的督查制度。对督查发现的问题,分门别类、详细列表,确保整改到位。对整改不力或拒不整改的单位、班组,坚决清退出场。

另一方面,通过培训和考核等管理手段,促使标准化管理的理念融入工程文化中,把推行标准化从"我必须这么做"变成"我要这么做",生成标准化管理的内在驱动力。例如,对业主管理人员、项目经理、总工、总监等人员组织进行培训,并开展标准化管理考试,考试不合格的不予上岗,促使标准化管理的理念和精髓深入人心,让相关人员都全面熟知标准、正确运用标准、严格执行标准。进一步地,将推行标准化管理纳入参建单位绩效考核及施工监理单位信用考核范畴,对不达标的项目业主或标段进行通报,并约谈项目业主或施工单位的主要领导和分管领导。被连续两次约谈的,年度信用考核不得评为A级。同时,将推行标准化管理列入干部员工的考核内容,与薪酬、奖惩、评先评优、考核任用挂钩,充分调动各方主观能动性。

7.2 标准化管理"高质量"范式

7.2.1 标准化管理的思维范式转移

1. 从局部标准化到整体标准化的系统性思维

1994年,福建省第一条高速公路动工建设,历经近30年的发展,福建高速公路网"三纵八横"主骨架基本建成,与周边省份进出口通道达到17个,所有县城15分钟通高速公路,全省高速公路密度达4.12公里/百平方公里,人均高速公路密度1.44公里/万人,接近发达国家水平。福建省高速公路项目呈现点多、线长、面广,桥隧结构物比例大、跨江跨海桥梁多,施工难度大,且施工队伍素质良莠不齐,管理任务繁重等特点。如何使项目管理、施工更加科学、规范、系统,提高工程施工质量,保证施工安全文明,实现工程优质、干部队伍廉洁,就成为福建大力推行标准化管理的初衷。

1998年,福建省高指编制了第一套施工手册及质量通病防治手册,并着力推行"三个集中、两项准入",即混凝土集中拌合、钢筋集中加工、构件集中预制,隧道二衬台车、桥梁模板准入验收制度。随着福建高速公路的大规模建设,标准化管理的内涵也在不断丰富,标准化管理的理念也随着时代的发展不断进步。例如,2009年,进一步贯彻落实省领导提出"标准成为习惯、习惯成为标准、结果达到标准"的理念,以"三个集中"、"两项准入"为载体,完善了管理行为、工地建设、施工工艺、过程控制、施工机械设备和模板的5个方面的标准化体系。2010年,福建省高速公路公司组织编撰了《高速公路标准化运营及综合管理指南》,形成收费管理、养护管理、路政管理、服务区与广告管理、机电与信息管理、财务管理6本单行册。到目前为止,福建省高速公路标准化建设管理定形成了一系列较为完整的高速公路建设管理制度,对工程涉及到的施工技术、管理制度、安全生产、工程质量、工程监督等各方面内容和问题,明确设置符合实际、符合规范的标准要求,在实现"标准成为习惯、习惯符合标准、结果达到标准"基础上,将标准化管理向高速公路运营管理与服务纵深推进,实现全方位覆盖,形成"实施有规范、操作有程序、过程有控制、结果有考核"的标准化管理体系,呈现出从局部标准化到整体标准化的系统性特征。

2. 从物理标准化到行为标准化的动态性思维

福建省高速公路标准化管理发展进程实质上是一个从技术标准到行为标准的动态演进过程。从最初的"三个集中、两项准入"逐渐发展完善,最终形成管理制度标准化、过程控制标准化、建设成果标准化等一系列管理体系。

例如,管理制度标准化是指为解决高速公路建设管理力量有限、管理水平不平衡、管理行为不规范等现象,福建从高速公路建设管理体制、项目公司设立、勘察设计、工程招投标、征地拆迁、试验检测、设计变更、施工管理、质量安全监督,以及材料采购与供应、合同管理、计量支付、农民工工资发放、信息管理、信用考核、交竣工验收等建设施工各阶段管理工作入手,完善项目管理制度,规范高速公路建设管理行为,表现出福建省高速公路标准化管理从物理标准化到管理标准化的突破。

随着福建省高速公路建设规模的不断扩大,逐步完善管理行为、工地建设、施工工艺、过程控制、建设成果5个方面的标准化管理内容,对工程涉及的施工技术、管理制度、安全生产、工程质量、工程监督等各方面内容和问题明确设置标准规范和要求,突出了"标准成为习惯、习惯符合标准、结果达到标准"的理念,形成"实施有规范、操作有程序、过程有控制、结果有考核"的标准化管理体系。福建省高速公路标准化管理呈现出从物理标准化到管理标准化、行为标准化的动态性特征。

3. 从系统标准化到系统均质化的进化性思维

党的十九大作出中国特色社会主义进入了新时代这一重大政治论断,新时代对方方面面都提出了新的更高要求。加快建设交通强国、构建现代化高质量国家综合立体交通网、提升行业治理能力,对交通行业标准化提出了更高要求。面向新时代,面向交通强国的建设要求,高速公路标准化管理也应该具有新时代的使命感,充分发挥对标准化管理对高速公路建设管理的战略性、引领性作用。

在新时代高质量发展理念下,在建设交通强国的要求下,福建省高速公路立足于已有的标准化管理成效,在超越标准化的思维范畴下,提出了"均质化"的发展概念,均质化是新时代下对标准化的重新思考,是高质量发展理念下对标准化的重新定义,是建设适应高质量发展的标准化管理体系的有效补充。所谓均质化是指针对不同的工程主体,标准化管理体系的供给是充足的,其为了实施标准化管理体系所付出的资源是相对均衡的,其实施标准化管理体系的最终成效是差距不大的,最终的工程质量是水平较高的。"均质化"更加注重标准化管理体系的实施效能,以及标准化治理能力的提升。

7.2.2 标准化管理的高质量范式

1. 思维范式:遵循复杂性思维设计标准化

纵观福建省高速公路标准化管理的发展历程,在标准化体系设计的萌芽阶段就自觉或不自觉地包含了复杂性思维,即福建省高速公路标准化管理体系是遵循复杂性思维的实践产物。因此,福建省高速公路标准化管理体系是富有时代特征的复杂性思维产物,从以下多个维度构建了较为完善的系统结构,是一个具有顶层设计、具有实践可行性的科学管理系统。

纵观福建省高速公路建设与运营管理标准化发展历程,其标准化是因需而生、应势而变的,是在"全省一盘棋"的整体思维下对行业规范、技术标准、工程行为的科学总结,是不断结合时代发展的动态实践。通过统一的技术标准、管理标准和检验标准,规范高速公路项目建设行为和管理行为,进而实现对工程建设过程、安全、质量、工期等目标的有效控制。

具体而言,就是在整体性思维下,考虑能充分发挥设备利用率高、管理集中、质量有效控制的"集中作业"优势,重点推进管理制度标准化、过程控制标准化、工作成果标准化。

(1) 管理制度标准化。为解决高速公路建设管理力量有限、管理水平不平衡、管理行为不规范等现象,福建从高速公路建设管理体制、项目公司设立、勘察设计、工程招投标、征地拆迁、试验检测、设计变更、施工管理、质量安全监督,以及材料采购与供应、合同管理、计量支付、农民工工资发放、信息管理、信用考核、交竣工验收等建设施工各阶段管理工作入手,完善项目管理制度,规范高速公路建设管理行为。

(2) 过程控制标准化。把标准化管理的重点放在现场管理上,狠抓过程控制。严格执行"首件分析制",规范、细化路基、边坡防护、隧道、桥梁和路面等专业工程的施工工艺及操作规程。比如,通过路基标准化施工严格控制好压实度、平整度、厚度、宽度和横坡度"五度";沥青路面推行"零污染"施工;隧道施工严格执行"二衬台车准入制"、推广"零开挖进洞";桥梁施工严格执行"模板准入制",钢筋采用胎膜化安装等统一规范的标准化要求,让每个管理人员、技术人员有据可依,减少施工过程的随意性。采用先进的、标准的施工工艺,持续提升施工技术水平,消除各项目、各标段、各工点之间施工工艺水平参差不齐的现象,来提高施工效率、提升实体工程质量、遏制质量安全通病。同时,采取各种有效的质量检验手段进行质量控制,充分发挥"第三方"监控检测的作用,将各种质量、安全隐患消灭在施工过程中,确保最终工程的安全可靠。比如委托有资质的检测单位对隧道每段初支进行雷达扫描检测,对结构物台背回填、高填方处、陡坡填挖交界处等地段采用瑞雷波仪检测,对锚索抗拔力和锚索长度进行检测等。

(3) 工作成果标准化。持续深化隧道、路基、桥梁、路面等专项整治,从施工全过程抓起、从每一个细节抓起,强化监督、检查、验收,把技术标准、管理标准、作业标准等要求全面贯穿项目建设始终。按照标准对施工现场安全生产、工程质量进度、文明施工等进行严格把关,及时纠错、整改和提高,通过强化督查、强化整改、强化考核、强化奖罚、强化培训、强化组织、强化宣传,不断巩固和拓展福建省高速公路标准化管理成效,进一步提升工程质量安全、效率效益管控水平。

在整体性思维,进一步从工程建设过渡到运营管理,对高速公路运营服务涉及的收费(含电子收费)、综合执法、道路养护、服务区及广告业务、机电信息及综合管理,通过制定和执行统一的规范、标准,逐步形成优质、高效、文明的服务窗口标准化,规范、精准、有序的操作流程标准化,统一、适用、创新的科技应用标准化,可控、提效、激励的内部管理标准化,精心打造高速公路服务窗口、科学养护、文明执法、智能信息、经营开发、创新管理6大品牌,提供"畅通、安全、舒适、美丽"的交通出行环境。

2. 组织范式:通过工地党建保障标准化

高速公路建设管理存在主体多元性、人员高流动性、场域临时性、环境相对封闭等特征,但高速公路的建设管理又时时刻刻与社会环境、自然环境、人文环境等相关联,在高速公路建设管理的过程中往往面临着征地拆迁、纠纷阻工、工程质量管控及基层党建在建设管理领域的虚化、弱化和边缘化等难题。因此,实践中应坚持党对一切工作的领导,并考虑加快工程建设的现实需求,突出政治功能,积极探索工地党建创建工作,提升工地党支部的组织力,发挥基层党组织的战斗堡垒作用和党员的先锋模范作用,推动工地党建的组织范式。

党的十九大报告中明确提出"以提升组织力为重点,突出政治功能,把基层党组织建设成为宣传党的主张、贯彻党的决定、领导基层治理、团结动员群众、推动改革发展的坚强战斗堡垒"。在全面从严治党背景下落实党的全面领导,高速公路建设管理围绕"如何在高速公路建设管理过程中推进党的基层组织设置和活动方式"进行创新,包括如何设置党的组织、整合各级党组织资源、教育管理党员、开展党建活动、实现党建统领,从而保障高速公路建设管理整体标准化的推行实施。

福建省高指一直以来高度重视高速公路建设工地党建工作,历任领导对工地党建工作给予了大力关心与指导,参建各方厚积薄发自2017年起在工地党建工作中取得了系列成果和扎实成效。

2017年3月以前,受高速公路建设投资规模大、施工工艺复杂、点多线长面广、参建单位多等特点,各项目部均按要求成立党支部(党工委)、配有党支部(党工委)书记,设立党员先锋岗、党员突击队、党员责任区、工人模范岗、青年文明岗等创建载体,开展相关活动,对促进工程建设发挥了一定作用,但工地党建工作基本按施工企业有关要求开展,创建方式不一、效果不尽相同。

2017年3月起,在总结各单位好的经验基础上,在行业内率先开展了"支部建在工地上、党旗飘在岗位上"工地党建主题实践,着眼于把党动员、组织群众的优良传统引入工程建设中,有效破解工程推进难题,并初步开展了"六有、四亮、三化、双融"(6432)工作创新,2017年6月,在武夷绕城项目向中央党校专家调研组做了专题汇报,得到高度肯定。

2017年7月,在试点基础上,邀请相关专家加强指导,印发《关于将高速公路建设工地党建工作纳入标准化管理体系的通知》,推出"6432"工地党建标准化创建体系;9月,建立"六项工作机制",并逐步明确了"三个有利"成效检验标准、"五个不"工作推进原则、"三个满意"评价标准等工作方法。在全省高速公路建设项目推进工地党建工作。

3. 行为范式:运用信息平台推广标准化

随着国家对交通行业质量管理的要求越来越高,各级交通质量管理部门也在利用各种手段加强对交通工程质量的管理,计算机信息管理作为一种现代管理手段参与了对交通工程质量的管理。信息化、网络化管理将是高速公路管理中的一项常态化、制度化的工作,能促进工程项目管理的系统性、实时性、准确性、客观性和科学性,是提升建设管理标准化的一种有效途径。

为进一步推进工程管理信息化,提升工程建设管理水平和工程质量,落实全寿命周期、建管养一体化、信息互联共享等理念,福建省在全省在建高速公路项目推行福建省高速公路工程建设监管一体化平台。

(1) 福建省高指:负责组织制定全省高速公路建设的信息化规划、政策和标准等;制定全省高速公路建设信息化框架;根据需要适时推广应用新的专业子系统,提升信息化管理水平;对一体化平台应用进行组织、指导、协调和监督,适时通报情况。

(2) 设区市高指、平潭综合实验区高指:负责对本市(区)高速公路建设项目信息化建设工作的领导、协调、监督,参与一体化平台的监督、应用。

(3) 建设单位:负责一体化平台在本项目的具体实施工作,做好本项目建设信息化和一体化平台应用;牵头协调各专业化子系统与一体化平台的接入工作,检查专业化子系统承建单位履约,督促整改存在的问题;制订、落实信息化管理制度,检查和督促各施工、监理、检测等单位的一体化平台应用、问题整改、现场相关设备保护等,及时处理预警信息。

(4) 信息科技公司:负责一体化平台的具体开发、运行、推广、维护、监管和专业培训工作,及时优化、完善、更新功能,保障一体化平台各功能正常运行;为各项目信息化建设提供技术支持,做好与各项目专业化子系统的接入工作,及时排查存在的问题、跟踪解决,定期提交一体化平台运维情况。

(5) 施工、监理、试验检测单位:负责一体化平台在本合同段的具体应用,落实信息化管理制度,承担一体化平台发现问题的处理整改主体责任,按照规定做好一体化平台的各项工作,及时上传数据,配合排查存在的问题。

7.3 标准化管理发展历程

7.3.1 "345"标准化管理体系

牢固树立党建统领和工程管理现代化的新理念,建设过程强化工地党建工作,突出信息化、精细化和专业化,高起点高标准严要求,强调绿色环保,标准化管理内涵由"三集中、两准入"向"三准入、四集中、五提升"提升,唱响"全面提升标准化、支部建在工地上"的口号,致力于打造一批省级典型示范项目,争创部级品质工程,实现"省级有示范、市级有重点、项目有特色、标段有亮点",并总结适应我省省情的可复制、可推广的经验,带动福建省高速公路建设质量安全水平稳步提升。

1. "三准入"审核标准

全面推行项目开工条件、驻地场站设备等投用清单式管理,符合条件的清单上墙公示。严格把控进场的模板、设备和人员质量,不符合要求的模板、设备不得进入施工现场,经考核不合格的人员不得从事我省高速公路建设。

(1) 模板准入

所有用于高速公路建设的模板均实行准入制,项目业主、监理严格把关,实行"统一设计、驻厂监造、进场验收"制度。

除支架式现浇桥梁允许采用竹胶板外,所有混凝土工程的模板均采用大型组合钢模板、高强塑钢模板或高等级的维萨板。模板加工应在专业工厂内完成,严禁在施工现场自行加工。超过允许周转次数或破损、变形的模板严禁继续使用。在长福、云平、泉厦漳城市联盟路、平潭京台等项目试点采用不锈钢模板、透水性模板等新型模板,提高混凝土外观质量。现浇满堂支架统一采用盘扣式支架。

(2) 设备准入

合同(含标准化指南)要求的所有机械设备均实行准入制,招标文件规定的机械设备必须进场,项目业主、监理严格把关,机械设备进场后即组织核对确认。

试行增加机械设备提升费,促进高速公路施工机械化水平提升。全面推行预应力智能张拉压浆、二氧化碳保护焊设备、钢筋笼滚焊机器人、钢筋数控弯圆机、自动镦粗车丝一体机,在莆炎、沙埕湾大桥、泉厦漳联盟路、龙岩东环、长福等项目试行钢筋自动送料调直剪切一体机、桁架式辊轴桥面摊铺机、360

度锚杆机、整体式仰拱栈桥、隧道多臂凿岩机、多功能隧道支护台车、防水板半自动铺挂台车、自行式二衬台车等先进的自动化智能化机械设备。

(3) 人员准入

所有从事我省高速公路建设的工程技术人员均经过标准化管理培训和考试,考试不合格及不符合招标文件要求的人员予以更换,不允许上岗。

市高指及项目业主人员配备满足工程管理需要,不得身兼多职。施工、监理、试验检测单位进场人员资质满足招标文件要求。在建设过程中若发现实际工作能力水平不足、责任心不强的人员,予以清退和更换。所有特种作业人员持证上岗,强化班组规范化管理,加强施工班组一线人员培训和技术交底未经培训合格和交底的工人不得参与施工。

2. "四集中"管控标准

贯彻落实混凝土、钢筋、预制构件集中生产、集中配送,鼓励生产场站、驻地、试验室等临建设施"大集中规划建设",并在此基础上从外观形象到先进设备、智能控制等方面进行强化。工程信息数据逐步实现集中化管理。

(1) 混凝土集中拌和

所有用于永久性工程的混凝土均集中拌和,一个标段原则上只设置一座混凝土拌和站,采用高精度计量拌和设备,现场杜绝小型拌和站和拌和设备。隧道洞口严禁设置喷射混凝土拌和站,喷砼集中供应,确保湿喷工艺落到实处。小型构件预制场原则上不单独设拌和站。现场砌体用的砂浆均采用机械拌和。用于房建工程混凝土原则上也集中拌和。

(2) 钢筋集中加工

一个标段内所有钢筋均集中加工配送,原则上只设置一座钢筋加工厂,严禁小型钢筋棚和施工现场加工钢筋。所有新建的钢筋加工厂面积均满足标准化和生产要求,所有钢筋均集中在钢筋加工厂内采用智能数控设备加工。隧道用钢拱架及钢格栅也集中在钢筋加工厂内加工。在长福、龙岩东环项目试行2—3个标段的钢筋集中生产,统一配送。

(3) 构件集中预制

一个标段内所有预制构件均集中生产,杜绝现场零散生产。若标段预制梁片总数少于600片,则只允许设置一座梁片预制厂。新增预制场预制的梁片数量不得少于300片。所有小型预制构件均集中在小型构件预制厂预制,采用多个标段的小型构件集中在一个标段预制配送的生产模式。在沙埕湾项目试点单独设一个梁片预制标,负责项目所有梁片的预制生产。在三明莆炎项目试点项目所有钢结构桥梁集中设计、施工。

(4) 数据集中管控

规定范围内的数据集中管控,替代数据分散化管理。全面推行混凝土拌和站拌和数据实时采集,并集中上传至省级平台。工地试验室的万能试验机、压力试验机和抗折试验机数据自动集中上传至省级工地试验室数据监管平台。各项目均统一接入省级信息一体化平台,强化数据管控,初步实现工地试验室、混凝土拌和配合比、预应力张拉压浆等数据和远程监控、构件二维码、隧道门禁等信息数据集中实时管理。

3. "五提升"整体标准

结合工程建设实际,通过提升管理专业水平、施工精细程度、智慧管控能力、绿色环保实效和党建融合作用,不断拓展标准化管理内涵,有效促进标准化管理的提升,保障质量安全、保护生态环境、强化基层党建,推进党风廉政责任落实。

(1) 提升管理专业水平

加强专业化管理团队建设,推进专业化队伍施工,遏制业余队伍进入福建省高速公路建设工地,实现专业化管理、专业化施工,提升管理专业水平。推进专业分包,施工招标按专业划分进行合同打包,在沙埕湾项目试行高边坡锚固、梁板预制安装等施工专业化打包,引进有经验、信誉好的专业队伍。全面推行项目建设信息化管控系统统一打包招标。

加强品质班组建设。推广施工作业"架子队"模式,推动施工班组 6S 管理,积极培育产业工人,促进传统农民工向产业工人转变。各地市及在建项目积极开展技术工人职业技能比武,评选优秀施工班组,加大正向激励。

充分发挥监理作用。严格落实监理工程师责任制和总监的关键人作用,落实监理人员从业登记,加强对监理从业人员的管理。在福州莆炎项目试行自管模式,在长福、武夷绕城项目试行"代建监理一体化"模式,强化专业化管理,减少管理层级,提高管理效率。

强化管理力量和技术服务。对项目内涉及斜拉桥等技术复杂工程的项目,项目业主聘请专家组建顾问团队,加强技术服务。

(2) 提升施工精细程度

严格遵守技术规范和操作规程,优化各分项工程施工工序工艺,克服各个细节质量缺陷,注重工程内在品质,从管理精细化到施工精细化再到产品精细化,提升工程建设全过程的精细程度。

采用分部分项工程十一个 3D 动漫视频、缩尺实体三维模型等对工人进行精细化技术交底。推行班组首件分析制,除重要分项工程必须进行首件分析外,新进场的班组均要求进行首件分析,各分项工程首件完成后立即组织召开首件分析会,严禁边批量施工边首件分析或不合格的班组批量施工。

隧道强调机械化施工,引进多臂凿岩台车等设备,应用轴向不耦合切缝聚能光面爆破施工法、二衬钢筋套筒挤压连接工艺等技术。桥梁强调精细化施工,创新预制梁片"三表一卡"制度并全面推广,精确制梁;负弯矩预应力采用智能张拉等。路基、路面施工强调过程管控,在漳州厦蓉、长福项目试行采用压实过程远程智能监管。强调工厂化流水线作业,采用钢筋场内钢筋加工、胎模绑扎工业化生产;推广移动式台座梁片预制流水线和室内蒸汽养生;试点小型预制构件全自动流水线生产。

(3) 提升智慧管控能力

从 2007 年开始试行信息化管理到现在全面推行信息化管理,功能、范围不断扩充,将各项信息化管理工作落实到位,做到管用、好用、实用,提升工程建设的精细化、智慧化管控水平。

所有建设项目全面应用福建省高速公路工程建设综合监管一体化平台,即"1 个平台+N 个建设项目+N 个专业管理系统"的模式,包括建设管理系统(项目的所有信息和计量系统)、远程视频监控系统(重要工点视频监控)、工地试验室数据监管系统(万能、压力和抗折试验机试验数据实时上传预警)、混凝土拌和站数据监管系统(实时监控混凝土实际配合比预警)、沥青拌和站数据监管系统(实时监控沥青混凝土实际配合、拌合时间、温度等和预警)、预应力张拉压浆数据监管系统(实时监控预应力张拉压浆情况及预警)、构件二维码存储系统(墩柱、梁片等构件信息二维码)、工地党建等 8 个专业管理系统,并预留未来扩展的空间和接口,实行省市行业监管部门、各参建单位高效统一、规范协调,对主要区域、重点部位、关键数据全天候、多元化远程监管。

所有长大隧道配备电子门禁、视频监控、安全广播,试点监控量测数据自动监测,远程上传,自动预警。在长门大桥、沙埕湾大桥、安海湾大桥、风洞山隧道、尖峰山隧道等工程应用建筑信息模型 BIM 技术。重大装备也逐步推进信息化应用。

(4) 提升绿色环保实效

结合绿色公路创建工作,通过水土保持、生态修复、循环利用、永临结合、旅游融合等系列举措,扎实做好高速公路建设范围内的生态环保工作,提升绿色环保实效。

加强施工过程中的植被与表土资源保护和利用,鼓励占用耕作地的表土利用与当地土地整治相结合,有效利用清表土用于碎落台、中分带和互通区的绿化。落实环境保护、水土保持要求,做好临时用地的生态恢复,注重全线绿化、美化效果,做到通车前"不露白"。在环境敏感区域施工,制定生态环保施工专项方案,降低施工对环境的影响。完善拌和站污水处理措施,全面推广使用砂石分离设施,有效处理废弃混凝土,实现砂石循环利用。在泉厦漳联盟路、沙埕湾项目试点废弃泥浆集中处理设施,减少弃土场用地,实现泥浆再生利用。

对隧道洞口转向车道、绿化与路面结构的"永临结合"和驻地、场站、便道、临时用电、取弃土场等与当地发展规划的"永临结合"进行专题研究论证,试点推行。充分发挥我省生态、旅游资源优势,探索设置多元化服务设施,拓展公路旅游功能,打造"生态路"、"旅游路"。在武夷绕城、沙埕湾、莆炎项目试点设置观景台、汽车露营地、旅游服务站等特色设施,为公众个性化旅游出行提供便利。

(5) 提升党建融合作用

全面推行支部建在工地上。项目业主牵头抓总,提升党建融合作用。首创工地党建"6432"工作模式,以强化建设项目内非隶属关系党组织之间工作协同、加强流动党员教育管理、发挥党员先锋模范作用、建立项目工地党建长效机制为着力点,即以"六有"(有机构、有人员、有场所、有制度、有载体、有经费)为前提,以"四亮"(亮身份、亮党旗、亮承诺、亮作为)为手段,以"三化"(属地化、协同化、信息化)为抓手,以"双融"(融入建设标准化管理体系、融入当地社会发展与治理体系)为要求,强调党建统领中心工作,对外和谐共建,对内关怀激励,有效促进工程建设管理。

7.3.2 均质化管控跃升

福建高速公路认真落实交通强国建设部署,不断探索新发展理念下的精品建造和精细管理,创新提出高速公路路面均质化理念。道路行驶的安全性和舒适性是满足人民群众美好出行需要最基本的要求,而路面工程质量是道路使用状况和性能最直观的体现,也与广大司乘人员的行车体验息息相关,一直是全社会关注的焦点。从以往高速公路建设及运营情况来看,项目交工验收时沥青路面各项质量技术指标均满足规范要求,但局部段落仍会出现跳车现象,行驶体验感不良。有的项目通车使用1—3年后,虽然路面技术状况总体仍保持优良,但局部位置仍会出现松散、坑槽、车辙、泛油等早期破坏现象,同一条路的不同路段、不同车道行驶体验感不同,甚至差异较大。这些问题成为公路行业高质量发展的重要制约因素,急需加以解决。

《交通强国建设纲要》提出:"要推进精品建造和精细管理,增强设施耐久性和可靠性";《质量强国建设纲要》也提出:"要加强先进质量管理模式和方法高水平应用,打造品质工程标杆",为我们进一步推进行业高质量发展提供了根本遵循。目前,随着高效、连续、无损、快速等路面工程检测新技术、新方法的推广应用,以及路面施工"拌和—运输—摊铺—碾压"信息化管控手段的普及,已基本能够实现路面施工质量全过程实时管控及事中、事后关键评价指标全覆盖检测,为新的管控方式方法提供了有利条件。

1. 概念内涵

均质化管控的概念源于工业产品制造行业,是指通过运用科学的理念、程序和方法,采用先进的管理技术和手段,形成不同环境条件下产品品质趋于一致、质量保持稳定可靠的过程。对高速公路路面而言,均质化管控是指在一定地域环境、生产条件、建筑材料、施工器械、班组水平和项目管理等多元因素综合作用下,采取一系列管控措施,消除或约束超出容许指标范围的质量异常点,实现路面质量和性能的均匀、可靠、耐久。类似"水桶效应",只有路面工程所有的点、段落质量均为优良,整条高速公路才能实现优质、安全、舒适,保持行驶全过程的良好体验,得到社会认可。此外,按照现行《公路路基路面现场测试规程》(JTG 3450－2019),以路面平整度指标为例,平整度计算中允许剔除检测数据特异值(大体占总样本量的5%),导致反映实际质量状况的实测值丢失,渗水系数等其他检测指标也有类似情况。而路面均质化把检测数据特异值也纳入管控范畴,是对现行公路工程质量检测评价体系的更新提升。

2018年,福建省在全国率先提出高速公路路面工程质量均质化管控理念:即通过一系列措施,使得路面工程质量均匀稳定,品质趋于一致,并可以量化评价。2019至2021年,先后印发了《关于推进高速公路路面工程质量均质化发展的指导意见》和《关于进一步推进高速公路建设项目路面工程均质化管控的通知》等指导文件,在全省全面推行路面均质化管控。期间,也邀请了国内权威专家以现场推进会、技术沙龙等多种形式开展交流研讨,并结合现行标准规范和施工实践,通过对沥青路面各项质量特征参数进行系统研究,筛选出平整度、压实度、渗水系数、沥青路面结构层厚度、沥青混合料拌和质量等5项对高速公路路面结构安全、耐久性和使用功能起控制性作用的指标。同时,对大量建设项目路面质量数据进行分析,提出其严于现行标准规范的阈值和极值规定。

2022年,福建省高指联合福州大学等单位发布《高速公路沥青路面均质化管控规范》,进一步推动公路沥青路面工程均质化管控体系更加完整可靠。

2. 均质化管理推广成效

通过推行路面均质化管控,近年福建省高速公路通车项目路面工程质量和使用状况得到有效提升,成效显著。

（1）交工验收关键指标分析。2018年以来,我省高速公路路面均质化各项评价指标总体保持高标准,极值点占比不断下降,如:面层平整度标准差均稳定保持在0.6 mm左右,＞1.2 mm及＞1.5 mm的极值点占比分别由1.06%、0.28%降至零;面层压实度合格率提升2.5个百分点;面层平均渗水系数逐步降低,面层总厚度合格率有所提升,保持均衡稳定;沥青混合料拌和质量持续提高,施工过程中实际沥青用量、矿料级配等与目标配合比偏差率逐步减小,实时总体报警盘占比由8.4%降至约0.1%,降幅明显。

（2）运营期间使用状况分析。从2018年推行路面均质化管控后通车运营路段看,随着路面使用年限的增加,路面使用性能(PQI)、破损指标(PCI)、平整度指标(RQI)、车辙指标(RDI)等4项技术指标呈现小幅下降趋势,符合路面使用规律,但总体处于优级水平,大部分指标均在95以上。与未开展均质化管控之前同龄期项目相比,2019年通车路段运营4年间,较2017年通车路段的PQI、PCI、RQI指标平均提高了1.3、2.8、0.6,且路面性能各指标衰减更为缓慢。

（3）成本与适用性分析。福建省推行的路面均质化管控指标体系,均是在现行规范要求和指标体系的基础上对施工过程进行细化完善,并未额外提出新的质量评价指标,且路面均质化管控理念的核心是控制路面工程质量的异常点,保持路面质量的全量优良、均匀稳定,因此不管是高速公路还是普通公路,沥青路面还是混凝土路面,均质化管控理念在公路行业具有很好的普遍适用性。同时,路面均质化管控过程中也不需要采取额外的措施或增加额外的机械设备,基本没有增加建设成本。

3. 均质化管理经验总结

（1）完善管理制度

① 招标管理。在招标文件中纳入《高速公路沥青路面均质化管控规范》,在合同条款中明确均质化管控目标、考核奖惩措施等。项目完成招标后,项目业主及时组织路面施工单位编制路面工程均质化管控实施方案,方案经评审后方可实施,实施过程中,项目业主督促路面施工单位结合工程特点、试验段内容、施工条件等因素进行动态调整。

② 施工管理。施工单位按照既定的实施方案抓好落实,强化技术交底,抓好责任分工,细化施工组织。原则上,沥青上面层施工时工作面连续长度不得少于单幅10 Km,施工前应向监理单位报备该段落下卧层的自检报告,报告应包含下卧层平整度、压实度、弯沉等关键指标检测结果,并由监理单位组织不小于20%比例的复核抽检,合格后方可进行上层施工。

③ 检查管理。监理单位根据施工进度,抓好日常过程监督,督促施工单

位结合自检,并结合第三方抽检情况,梳理施工过程中存在的问题,以问题为导向,逐点筛查整改,进行销号闭合。省市高指、项目业主结合季度检查、日常督查等对路面质量均质化管控实施情况进行调研指导,确保均质化管控取得实效。

④ 考核管理。项目业主结合路面工程质量专项提升、百日攻坚等劳动竞赛,指定路面质量均质化管控考核细则,并完善相关制度以促进实施方案落地,如"零污染"管控制度、平整度异常点控制、超高缓和段施工、班组规范化管理等配套奖惩措施。同时,采取严厉措施保证落实均质化目标,如,路面平整度标准差极值超过 1.5 mm 的,必须返工该测点代表的 100 米段落全幅。

(2) 落实精细管控

① 强化原材料管控。路面施工单位明确料场应进行登记建档,明确各料场集料使用数量、层位,进行全过程跟踪,确保路面集料稳定性;沥青材料执行留样制度,加强质量检验手段,制定责任追究机制;原材料应全覆盖检测,建立不合格台账与清退场影像留存,确保实际使用材料质量 100% 合格。

② 加强混合料生产管理。认真总结试验路铺筑成果,优化生产配合比,结合福建省高速公路建设监管一体化平台,实时监控路面混合料生产配合比状态,通过热筛分等方式进行混合料级配偏差复核;路面铺筑后及时进行质量自检,严格按照标准化指南中的级配偏差处置方式进行处置。

③ 切实保障层间黏结力。按照标准化指南要求抓好"零污染"管控,严格落实施工作业面端部洗车池应用;水泥砼交接面抛丸(或精铣刨)处置应满足全断面砼粗骨料外露,并加强工艺控制;沥青粘层施工应掌握好时机,确保界面洁净、干燥且满足破乳时间要求。

④ 严控平整度异常点。平整度采取逐层控制,强化平整度控制难点预判与专项处置,隧道水泥砼路面、桥面铺装砼按标准化指南要求进行平整度验收(标准差不大于 1.2 mm);临时伸缩缝填筑工艺应进行专项设计,在招标文件规定由路面施工单位实施;在沥青层施工阶段应对下卧层平整度标准差大于 1.0 mm 段落采用三米直尺复查,对异常点进行精铣刨调平;沥青面层摊铺过程中加强碾压组合控制,消除碾压时的推移拥包现象。

(3) 提升专业管理水平

① 强化人员培养。各地市高指、项目业主采取加强对路面技术管理人员的培养、锻炼,通过经验交流、强化学习总结等方式,提升对路面工程理解、管控水平。各路面在建项目业主公司至少应配备 1 名 5 年以上实践经验的高级工程师负责高速公路路面工程管理工作,并配备相应熟悉路面工程的专业技术人员。施工单位应结合企业管理特色,总结凝练班组管理经验,建设品质班

组,实现现场技术人员、机械操作手、辅助工人等梯队管理。

② 做好技术交底。路面工程开始施工前,针对不同班组进行系统路面施工体系交底,明确各分项工程中的施工注意事项。尤其是路面排水系统,加强缝隙式排水沟底部盲沟与侧部渗水槽、中分带立柱底部包封、桥梁伸缩缝迎水端横向泄水槽、超高缓和段路表排水等的技术交底;水稳层施工完成后对集水井进行注水,检验横向排水管通畅情况,出现排水阻断的待整改到位方可进行下一工序。

③ 用好信息化手段。项目业主均配备专职信息化管理人员,负责针对日常采集数据、预警信息等进行统计、分析,协调落实施工单位整改,充分发挥信息化手段的时效性。各项目结合项目特性,建设路面施工过程管控系统,并接入一体化平台,实现沥青混合材料拌合、运输、摊铺、碾压全过程数据实时上传,通过及时分析路面施工状态,有效处置异常情况,确保路面施工质量。

④ 鼓励"四新"创新应用。项目业主通过激励措施,鼓励参建单位积极引进先进设备或工艺工法,进行小微创新提升。例如,环保型沥青拌合站、双拌锅(振动)水稳拌合楼、大断面摊铺机、SBS含量检测仪、自动化渗水系数测定仪、无损检测压实度仪、智能压路机、智能摊铺机等设备,及连续压实实时检测技术、超高缓和段单路拱施工等工艺工法。

⑤ 加强总结分析。项目交工验收完成后,市高指、项目业主组织监理、施工单位结合交工验收报告进行路面工程建设成效总结,形成总结报告报备福建省高指。福建省高指统筹分析全省路面质量均质化管控情况,总结推广好的经验做法,各参建单位的管控落实情况也与信用考核挂钩。

7.4 标准化管理典型案例

在福建高速公路建设中,制定形成了一系列较为完整的建设管理制度,对工程涉及的施工技术、管理制度、安全生产、工程质量、工程监督等各方面内容和问题,明确设置符合实际、符合规范的标准要求。如今无论是建设管理者还是一线施工技术人员,人手必备一套《福建省高速公路施工标准化管理指南》,并要求做到通读会用。同时,要求各项标准落实到各节点、部位、阶段,形成"实施有规范、操作有程序、过程有控制、结果有考核"的标准化管理体系。自此,标准化管理便成了福建逐步解决高速公路建设任务日益繁重与管理力量相对有限这一矛盾的有力举措,也是同步抓好质量安全、工期和廉政的有限途径。

1. 细节入手,从严管控

近年来,福建不断探索制定能够有效提高施工管理水平,推进工程施工管理实现制度化、规范化的各项标准、规范,作为福建省高速公路建设推行标准化管理的指导思想、技术支撑和有力保障。目前,管理行为、工地建设、施工工艺、过程控制和建设成果五方面标准化已在福建省高速公路建设中全面推行。

在管理行为方面,从 2009 年开始,将标准化管理的有关要求写入招标文件,并专门设立标准化施工专项费用并单独计量支付,强制施工单位执行。同时,按照每个标段 6—10 个亿合同价的原则进行标段划分,保证每个标段具备一定的规模,避免以往标段规模小、工程量不集中,导致施工单位投入少、标准化程度低的现象,使施工单位消除推行标准化管理的资金瓶颈,更好的发挥集中作业、集中管理的优势。并在 2010 年将推行标准化管理的内容纳入信用考核中去,促使从业单位和人员提高对推行标准化管理的重视程度。

(1) 在工地建设方面,从 2009 年下半年开始重点抓好新开工项目的"三个集中",每个合同段原则上设置一个大型拌和站和一个大型钢筋加工场,对合同段内的混凝土进行集中拌合,对桥梁、隧道、涵洞等结构物的钢筋进行集中机械自动加工配送。同时,每个预制场生产的梁片数量不少于 300 片,路基排水工程的水沟盖板、防护工程的各种预制块、隧道边沟盖板及其他小型构件均进行集中预制。充分发挥集中施工及集中管理的优势,消除以往零散施工、管理分散、质量难控的弊端,为后续标准化施工打下坚实的基础。

(2) 在施工工艺方面,2010 年 5 月编制并出版《施工标准化管理指南》,对每个分项施工工艺提出具体要求,路基标准化施工严格控制好压实度、平整度、厚度、宽度和横坡度"五度"等;沥青路面推行"零污染"施工;隧道施工严格执行"二衬台车准入制"、推广"零开挖进洞"等;桥梁施工严格执行"模板准入制"、钢筋采用胎膜化安装等,让每个管理人员、技术人员有据可依,减少施工过程的随意性。并在每个项目工程开工前,对每个从业人员进行培训宣贯,开展标准化管理知识考试,真正把标准化管理的要求宣贯到每一个人员、每一个班组中去。

(3) 在过程控制方面,委托有资质的检测单位对隧道每段初支进行雷达扫描检测,合格后方可进行二衬施工;对结构物台背回填、高填方处、陡坡填挖交界处等地段采用瑞雷波仪检测;检测锚索抗拔力和锚索长度,保证锚固工程质量等等,通过各种有效的质量检验手段进行质量控制,充分发挥"第三方"监控检测的作用,将各种质量、安全隐患消灭在施工过程中,确保最终工程的安全可靠。

(4) 在建设成果方面,要求在规范的基础上适当提高各分项工程质量抽检合格率要求,并做到通车时绿化覆盖率达 100%;混凝土、砌体结构无明显气泡、蜂窝麻面、缺角掉块、裂缝、空洞等外观缺陷;隧道二衬外观实现"六无"(无错台、无漏浆、无冷缝、无气泡、无色差、无渗漏),使每项工程都达到优质工程的标准。

2. 多措并举,合力推进

当《福建省高速公路建设标准化管理指南》一书正式出版时,福建省领导就专门对该书作出批示,充分肯定其价值,并要求相关工程技术人员通读会用。

如何做到通读会用呢?福建省也拿出了一套办法。

(1) 统一思想,形成共识。俗语说,领导重视好推广。福建从省委、省政府主要领导,到分管省领导,再到交通运输部门领导,逢会必强调。省交通运输厅厅长、福建省高指总指挥李德金再三强调,要全面推行高速公路标准化管理,提升高速公路管理水平,并逐步在全省交通建设项目全面推行标准化建设、规范化管理。为此,省交通运输厅、福建省高指专门印发了全面推行高速公路建设标准化管理的实施意见,层层部署,贯彻落实。2009 年以来,每年组织召开现场会,互相学习、观摩、树立典型,以点带面。同时,利用报刊、电视网络等,广泛宣传推行标准化管理的重要性、紧迫性以及有关要求,使各参建单位和人员对标准化管理工作从耳熟能详、到逐步接受再到广泛认同,思想逐步统一。

(2) 强化责任,抓好贯彻落实。地市高指、项目业主均成立了推行标准化管理领导小组,作为推行标准化建设管理的第一责任人,制定完善适合本地区、本项目的标准化管理推进计划和措施。省交通运输厅、福建省高指则通过季度检查、明察暗访、分片区管理等方式,重点检查标准化管理推行情况,对检查发现的问题,提出整改要求、整改时限,落实整改责任人,确保整改到位。

(3) 鼓励创新,推广应用新技术、新工法。鼓励各参建单位、人员积极借鉴其他省份、其他行业先进的管理方式和施工工艺,结合福建省实际,勇于探索、试验,积极开展标准化管理工作创新。2009 年以来,先后涌现出了钢绞线自动穿索、预制梁片检测台、钢筋机械绑扎、采用瑞雷波仪检测台背回填质量等新工艺、新办法,持续提升了标准化管理水平、提高了施工工效和实体工程质量。

(4) 完善考核评价体系,加强考核。福建省交通运输厅、福建省高指将各参建单位推行标准化管理情况纳入市高指、项目业主绩效考核及施工监理单位信用考核范畴,制定标准化管理成效的专项考核评价办法,通过信用考核手段,对各项目、各标段推行标准化管理情况进行考核,有效促进标准化管理的全面推行。

(5) 加强培训，准确掌握。建立标准化管理培训机制，把《标准化管理系列指南》作为标准化管理培训教育的重点教材，分级组织培训，重点加强对市高指及新开工项目的业主管理人员、项目经理、总工、总监等人员进行培训，并组织开展标准化管理考试，对考试成绩进行分类排名，考试不合格的不允许上岗，促进各从业人员全面理解和准确掌握标准化管理的内容和要求。

(6) 客观约束，持续推进。采取合同约束、政策约束、行政约束等手段，从客观上促进各参建单位推行标准化管理。充分发挥福建省高速公路建设以地市为主的优势，通过政策约束和行政约束，充分调动市高指和项目业主的积极性，加强标准化管理；通过合同约束，促使施工单位严格执行标准化管理的要求，持续推进标准化管理。

3. 强化落实，成效显著

福建省高速公路建设项目已全面推行标准化管理，取得了较好成效。

(1) 建设速度明显加快。通过钢筋集中加工，运用钢筋笼滚焊机、钢筋数控弯曲机等先进机械和钢筋胎膜化安装，施工效率大为提高，以前制作一个钢筋笼需要4—5人花半天时间，现在运用钢筋笼滚焊机只需要2人花半小时就能加工一套。梁片集中预制，施工班组分工明确，形成流水作业，有效提高了T梁的预制效率，工程建设总体进度也明显加快。

(2) 施工现场整洁文明。以往施工现场较为杂乱，混凝土现场分散拌合、钢筋零散加工，设备简陋，粉尘飞扬的情况比较多，通过"三场"集中工厂化生产，由户外作业转到场内作业，在集约的环境中完成各个生产环节，各生产工序间无缝联接，最大限度地减少了中间转运，生产环境大大改善。总监办、项目部驻地建设严格按照标准化建设要求，布局合理，创建花园式驻地，大大提升了企业形象。

(3) 质量安全控制有效。通过推行标准化管理，工程质量得到有效控制。通过混凝土集中拌合，有效杜绝混凝土配合比和拌合随意性较大的现象，也有效地控制了原材料、砂石料的规格质量，确保了混凝土的质量。将边沟盖板、防护砌块小型构件进行工厂化集中生产，模具由厂家统一制作，混凝土由拌合站集中供应，预制出来的构件内实外美，成品合格率明显提高，消除了施工管理的一大盲点。通过先进机械进行钢筋集中加工，极大地提高了钢筋加工的精度和成品合格率，基本消除了钢筋加工偷工减料的现象。桥梁预制梁片钢筋采用胎膜化安装及使用高强砂浆保护层垫块，极大提高了钢筋安装精度。隧道施工采用雷达检测初期支护质量，合格后才能进行二衬施工，杜绝了以往钢支撑间距过大、初喷混凝土厚度或强度不足、空洞等现象。涵台背回填、高填方段落采用瑞雷波仪检测压实度,保证了填筑质量。沥青路面推行"零污染"施工,有效消除了层间污染,极大减少了交叉施工的影响,保证了沥青路面的施工质量。边坡生态恢复施工通过规范不同边坡形式、地理位置、季节气候变化等采用不同的绿化防护形式,达到了快速成活的绿化效果,也使植被成活率大幅提高。通过模板准入制度的严格执行,确保模板有足够的平整度、刚度,有效保证了混凝土外观质量等等。通过统一临边防护、高空作业、临时用电等安全施工和防护标准,施工现场安全设施、安全防护严格按照标准化要求搭设,布局统一,安全网挂设到位,安全爬梯样式统一,安全防护到位,施工操作安全规范,有效保证了施工安全。

(4) 施工效益收获良多。钢筋集中加工采用钢筋数控弯曲机等先进机械,钢筋合理下料,钢筋损耗明显减少,以前钢筋人工加工损耗率约3%左右,采用集中机械加工后,损耗率普遍低于1.5%,经济效益可观。效率提高的同时也有效缓解当前用工紧张的局面,减少了人工成本投入。制梁效率的提高,使模板周转率也相应提高,每个梁场不仅可以少配备模板,而且可以减少一定数量的预制台座,减少占地和设备投入,节约了施工成本。

(5) 建设市场健康发展。通过标准化管理的高标准、严要求,如拌合站面积要达到10 000平方米、钢筋加工厂面积要达到2 000平方米、每个预制场至少生产300片梁片等,以及集中作业、集中管理的标准化管理要求,切断了项目部将工程量进行切块分包的根源,使那些施工技术差、力量薄弱的施工队伍难以进入高速公路施工市场。同时,有实力的施工企业也通过标准化管理,大大提高了企业的形象和市场竞争力,有效推动了高速公路建设市场健康有序的发展。

第 8 章　福建省高速公路生态文明建设管理

福建省高速公路的建设管理始终立足于时代需求，践行绿水青山就是金山银山的先进理念，坚持资源节约、环境保护与绿色发展道路，坚持融合生态文明发展理念，最大限度减少施工对当地生态环境和群众生产生活的影响，推动形成人与自然和谐发展的现代化建设新格局，以满足新时代人民日益增长的优美生态环境需要。

纵观 30 多年的发展历程，福建省高速公路生态文明建设形成了从工程项目到工程系统、从环境保护到生态文明、从施工现场到区域协同的系统性思维范式，提出了工程管理与区域发展、绿色创新、自然环境以及人文健康相协同的行为范式，在文明施工、生态保护、表土利用、三废处理、民生服务、地方发展等方面取得了丰富的理论与实践成果。

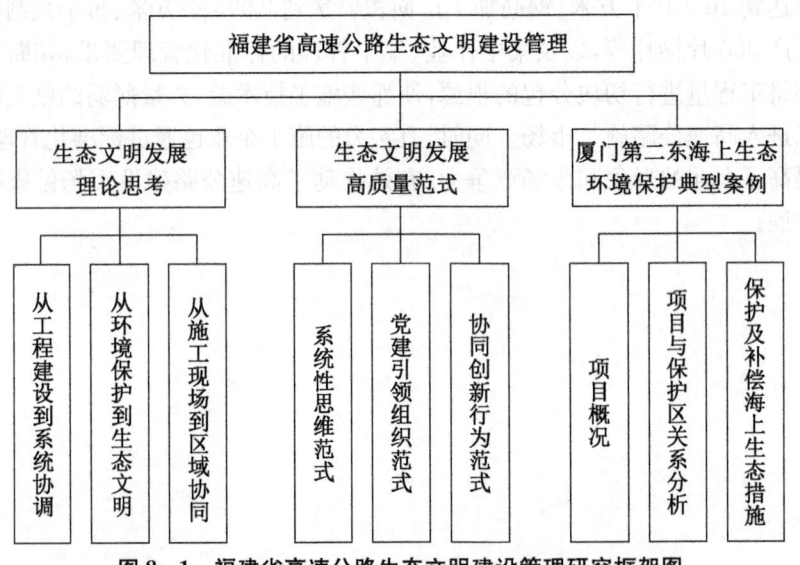

图 8-1　福建省高速公路生态文明建设管理研究框架图

8.1 生态文明发展理论思考

8.1.1 从工程建设到系统协调的系统性发展

福建省高速公路工程生态文明建设管理全面遵循党的十九大精神,在《交通强国建设纲要》、《推进交通运输生态文明建设实施方案》、《国家综合立体交通网规划纲要》等重要政策文件的指引下,呈现出从工程建设到系统协调的系统性特征,具体表现在以下几个方面:

(1) 福建省高速公路近30年的发展历程,贯穿始终的是立足于时代需求,立足于本省及周边区域的经济、社会、自然环境的发展态势,立足于国家、省、市的系列规划,逐步地、整体地、一体化地统筹规划。截至2019年底,福建省已完成高速公路通车里程5 535公里,"三纵八横"主要骨架已经基本形成,已全面实现县县通高速,设区市间四小时可到达,共有16个出省口,高速公路路网密度居全国第二,里程数居全国前十;2020年,全省续建高速公路里程达680公里,其中建成9个项目(路段),完成投资230亿元,新开工4个项目。到2050年,福建省高速公路路网计划实现"七纵十横",即7条纵线、10条横线、18条联络线和12条支线,规划总规模约8 050公里。这正是跨方式、跨网络、跨区域、跨产业的综合交通规划的系统思维产物,也是立足新发展阶段、贯彻新发展理念、构建新发展格局的客观要求。

(2) 福建省高速公路是一个开放的系统,与经济系统、社会系统、自然环境系统或其子系统存在着千丝万缕的联系。高速公路的规划和建设在"全省一盘棋"的系统思维下,综合考虑铁路、公路、水运、民航、邮政等系统,考虑高速公路设施与运输服务、信息、能源、产业等系统的统筹融合。当前,我国全面建成小康社会,开启了全面建设社会主义现代化国家的征程,大步地由交通大国向交通强国迈进,高速公路路网作为我国综合交通的重要组成部分,更应该抓住当前的发展机遇,在福建省已经取得的建设成就基础上,更加谨慎、更加超越地统筹好交通与经济社会发展之间的关系,科学布局,高效衔接,从而实现高速公路的高质量、高效益发展要求。例如,作为甬莞高速重要组成部分的福建沙埕湾跨海高速公路,是串联闽浙沿海重要通道,全长2 054米的沙埕湾跨海大桥是其中一道壮丽的风景线,也是福建高速公路生态文明建设的典范。2021年1月18日,沙埕湾跨海高速公路建成通车,通车之始,对福鼎旅游产业的赋能效应就迅速凸显,高速公路互通口直接落地沙埕港附近,带动了沿海渔村旅游兴起,周边企业通过对现有渔排的升级改造,打造集垂钓、聚餐、娱乐、观光为一体的海上民宿。沙埕湾跨海高速公路串起福鼎山、海、渔业资源,促进"旅游+海洋"跨界融合,让生态资源优势转化为发展胜势。

(3) 福建是'一带一路'建设的重要节点,通过港口和内陆铁路运输,连接起中国与'海丝'沿线国家和地区,深入欧亚大陆,促进了'大流通'。步入"十四五",福建省高速公路建设要在服务国家构建新发展格局中有所作为和发挥独特作用,要充分发挥福建省区位枢纽优势,科学谋划构建大通道、发展大流通、开拓大市场,建设交通强省、构建省内"211"交通圈,健全完善投资促进机制,把扩大消费同改善人民生活品质结合起来,让更多人、技术和项目集聚进来,让更多的福建产品集散出去。2021年福建省政府工作报告指出,建设"交通强省",将从三个"大"发力:打造国内大循环的重要节点,加快推进福州机场二期、厦门新机场、福厦客专、温福高铁、龙龙铁路、昌福(厦)高铁等重大项目,拓宽"陆海空"大通道;大力发展海铁联运、内河航运、港区物流,推广多式联运"一单制",促进大流通;积极对接京津冀、长三角、泛珠三角、粤港澳大湾区,用好省际合作平台,提高闽货市场占有率,开拓大市场。

只有坚持系统思维、统筹融合,才能充分发挥高速公路建设管理在构建新发展格局中的支撑保障作用,才能将顶层设计有效落实到规划实践,进而补短板、强弱项、堵漏洞,构建与新发展格局相适应的交通网络布局,以高质量交通供给引领和创造新需求。

8.1.2 从环境保护到生态文明的动态性发展

福建省高速公路的建设与发展,始终伴随着对环境、对生态的思考与实践。从国家层面来说,随着经济社会的不断发展和不断进步,人们都生态文明的认知也在不断提升与不断丰富,从新中国成立初期的"摸着石头过河"阶段,到建立三大政策和八项管理制度,到可持续发展战略,到环境友好型战略,再到生态文明战略,始终随着时代的进步而动态演变,对我国高速公路的建设管理也产生了重要的影响,一代代工程人在国家战略的指引下积极探索,追寻适应时代发展的高速公路建设和管理方法。

从福建省的层面来说,在遵循国家战略原则的基础上,深度结合本省的特色,创造性地提出适应福建省本土发展的生态文明战略,动态地跟进国家大战略、大方向,在国家发展的大局面上构建属于福建省的独特作用。例如,2014年,《福建省交通运输"十三五"发展规划研究》中提出"资源节约环境友好"的发展方向;2015年,《福建省交通运输现代化行动纲要》中提出"提高资源利用水平;提高交通低碳发展水平"与"加强交通污染防治;加强生态保护和修复"

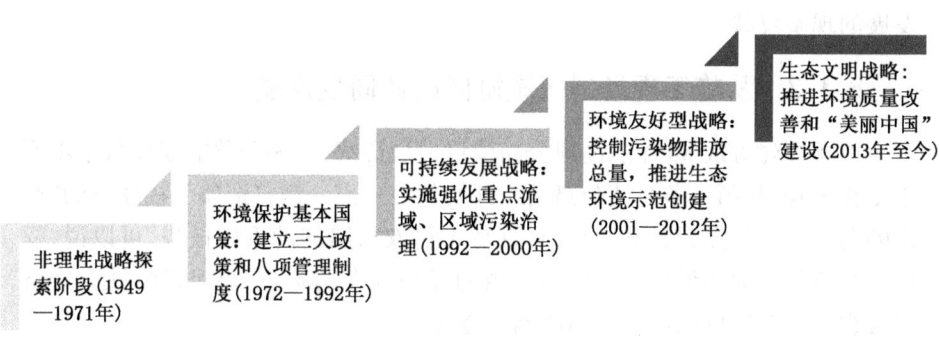

图 8-2 生态文明理念的演进过程

的重点任务;2016 年,《福建省"十三五"综合交通运输发展专项规划》中提出"坚持绿色发展",并要求"紧紧围绕生态文明先行示范区建设,大力发展绿色交通,推进生态公路、绿色港口和绿色交通城市创建,积极引进和推广应用节能减排交通运输技术和装备";2017 年,在承接交通运输部《推进交通运输生态文明建设实施方案》、《关于实施绿色公路建设的指导意见》、《生态文明意见》等相关文件的基础上,福建省重点强调推进绿色基础设施创建、实施交通廊道绿化行动、开展交通基础设施生态修复等任务;2018 年,福建省提出《关于促进福建省国有林场道路持续健康发展的贯彻意见》,并在中共中央、国务院印发的《乡村振兴战略规划(2018—2022 年)》基础上,结合本省特色,提出《福建省"四好农村路"建设三年行动方案(2018—2020 年)》,并建立 2018—2020 年农村公路"百乡千村"路网提升工程项目库;2020 年,《福建省乡镇便捷通高速工程实施方案(2020—2022 年)》中明确指出"坚持绿色交通发展理念,集约节约利用资源,通过提质改造、局部优化,提升通畅能力",要让"更多乡镇、产业园区、旅游景区等重要节点 30 分钟内上高速";2021 年,《福建省交通强国先行区建设实施方案》中提出"绿色交通更加低碳环保",要"推动绿色交通生态环境'高颜值'"。

随着时代的不断进步,生态文明建设的内涵一定会不断丰富和提升,生态文明的建设理念、建设方法、建设路径也是不断发展和更新的,是一场没有终点的"长跑"。这就意味着,高速公路的生态文明建设也是一场与时俱进、不断尝试、积极创新、勇于探索的征程,尤其是对于福建省来说,地势西北高,东南低,呈"依山傍海"态势,境内山地、丘陵面积约占全省总面积的 90%,地跨闽江、晋江、九龙江、汀江四大水系,自然资源异常丰富,在大规模建设高速公路路网的同时就更需要注重生态文明的建设。纵观福建省生态文明建设理念的更新历程,从环境保护到生态文明,也正是"绿水青山就是金山银山"这一理念发展的现实反映。

8.1.3 从施工现场到区域协同的协同性发展

回顾福建省近 30 年的高速公路建设发展历程,高速公路的建设从来不囿于工程本身,从第一条高速公路动工开始就在一点一滴打造属于福建省的"交通圈",一步一步完成县县通高速、百乡千村农村路网的重要任务,可以说,福建省高速公路的建设伴随着所属区域的经济社会的腾飞,福建省的社会经济发展也离不开区域内高速公路路网的逐步完善。

2015 年,《福建省交通运输现代化行动纲要》中提出"加快推进北、中、南闽台输运通道布局建设;全方位拓展闽台运输服务功能与范围;扩大双向合作开放"的促进闽台融合重要任务;2016 年,《福建省"十三五"综合交通运输发展专项规划》中提出要"积极主动融入国家发展战略,充分发挥独特对台优势,当'一带一路'建设的排头兵,推进军地兼容的交通基础设施建设",且要"强化综合交通运输对新型城镇化发展和产业转型升级的支撑和引领作用,推动交通基础设施与城市群、产业群联动发展";2018 年,实施"百乡千村"路网提升工程,着力于乡镇和沿线人口密集的建制村的运输供给能力提升,加快推进通乡三级路、通建制村公路"单改双"等惠民生项目建设,进一步改善通乡镇、建制村公路"畅"的问题,为农村经济社会发展提供更好保障,更好服务乡村振兴战略,让广大人民群众共享交通运输改革发展成果。

2020 年,《福建省乡镇便捷通高速工程实施方案(2020—2022 年)》中提出要"通过新增高速公路出入口、改造既有高速公路互通及接线、新增规划高速公路等,全力推进全省陆域乡镇以及既有的省级工业园区、省级高新技术产业园区、省级经济开发区、国家森林公园、国家地质公园、省级以上风景名胜区、4A 级及以上旅游景区、机场、县级及以上铁路站场、重要港区等重要节点 30 分钟内上高速,使高速公路网络更趋完善,路网整体效率和服务水平显著提升。"2021 年,《福建省交通强国先行区建设实施方案》中提出"加速形成 21 世纪海上丝绸之路核心枢纽、国家区域经济联动发展战略支点、海峡两岸融合发展战略支柱、两大协同发展区高质量发展战略支撑,实现'一核三支'战略目标",到 2035 年建成"'三纵六横两联'综合立体交通网主骨架,形成福建'211'交通圈,融入'全国 123 出行交通圈'、'全球 123 快货物流圈',建成'21 世纪海上丝绸之路'核心枢纽和两岸往来的便捷枢纽,为我省基本实现全方位高质量发展超越和'机制活、产业优、百姓富、生态美'新福建新局面提供坚实交通基础保障"。

随着党的十九大和十九届二中、三中、四中、五中全会精神的不断贯彻,习近平总书记重要讲话重要指示批示精神的不断落实,福建省高速公路的建设管理紧紧围绕党中央、国务院关于交通强国建设的决策部署,始终把"建安全、便捷、高效、绿色、经济的现代化综合交通体系"作为重要目标,这正是系统思维下从施工现场到区域发展的协同性特征体现。

8.2 生态文明发展高质量范式

8.2.1 生态文明发展思维范式:系统性思维

生态文明是经济社会发展理念、道路和模式的重大进步,指引着高速公路建设方式、管理方式、价值观念等多方面的变革,是践行高速公路高质量发展的全新选择。从广义角度看,生态文明是人类社会继原始文明、农业文明、工业文明之后的新型文明形态,是以人与自然协调发展作为基本准则,通过建立新型的技术、经济、社会、法制和生态机制,实现经济、社会与自然环境的可持续发展;对高速公路的建设管理来说,生态文明更加强调的是从技术、制度和文化等方面对传统施工工艺、管理办法等方面进行调整和变革。从狭义的角度来看,生态文明是与物质文明、政治文明以及精神文明相并列的文明形式之一,其强调的是人类在处理与自然的关系问题时所要遵循的基本准则,对高速公路的建设管理来说,重要的是如何实现绿色公路与区域可持续发展。不论是广义角度,还是狭义角度,生态文明的建设都离不开人与自然的和谐共生,不管是理念层面、制度层面,还是技术层面,对高速公路生态文明的构建也离不开这三个层面。

福建省高速公路生态文明建设始终遵循理念引领,在"人与自然和谐共生"的核心观念下开展生态文明的构建工作。所谓"人与自然和谐共生"是建立在人类社会经济系统是自然生态的子系统认知基础之上的,而高速公路系统正是人类社会经济发展的重要组成,即高速公路系统是"人造系统",是人类社会经济系统的子系统,是自然生态系统的"孙"系统,生态系统若被破坏,则高速公路系统就失去了存在的意义。因此,在高速公路的建设管理过程中,要尊重生命、尊重自然界,在发展的过程中强化对生态的认知,谋求人造系统与自然生态系统的全面协调统一,即"以人为本"与"以生态为本"的统一。

回顾福建省高速公路的建设管理历程,始终紧跟党和国家对于生态文明发展的重要指示,从环境保护、可持续发展,到生态文明,始终坚持人与自然的协调发展,注重高速公路体系构建的同时,强调高速公路的建设管理要服从生态规律,在一次次思想碰撞与具体实践中探索形成"统筹资源、科学规划、系统设计、绿色品质"的生态发展理念,形成从理念到行动方案,到制度,再到标准的福建省高速公路建设管理的"高质量生态文明范式"。

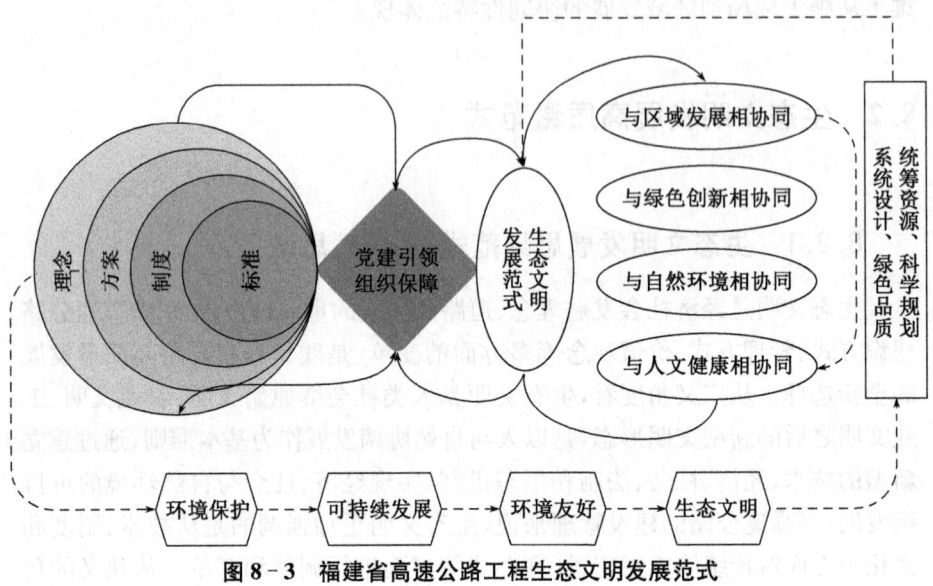

图8-3 福建省高速公路工程生态文明发展范式

8.2.2 生态文明发展组织范式:党建引领

福建省高指坚持党建工作和业务工作"两手抓、两促进",不仅推动基层党支部带头巩固落实标准化施工要求,还创新思路,促进适合项目的质量安全、文明施工标准化新举措、新成果发挥作用。例如,漳武高速公路南靖段大部分地处山区,环保要求高。为此,漳武公司党支部牵头成立项目绿色公路品质工程创建领导小组,制定"少占耕地、永临结合、多集中"的标准化场站建设原则。如拌合站设置绿色环保处理系统,集砂石分离机、污水处理压滤机为一体,并由党员轮流至一线工作站带班,紧盯关键节点,保障绿色施工技术的标准化建设及监督管理,营造了文明绿色的施工环境。

"十三五"期间,福建省"六纵十横"高速公路网规划落地实施,完成建设投资1458亿元,新增里程1000公里,高速公路总里程突破6000公里,绿色公路、品质工程双创工作扎实推进,得到交通运输部高度肯定。并于2019年9月,在第五届全国绿色公路技术交流会上作经验交流。其中,莆炎高速公路永泰梧桐至尤溪中仙段项目被列为交通运输部第二批绿色公路建设典型示范工程项目。

厦门第二东通道项目A2标项目施工过程中,因水电管线改迁常常要停水停电,按照要求,工地只能在每天23时之后施工,但无法避免的噪声就容易影响居民休息,项目此前收到了不少投诉。厦门路桥集团联合厦门市城市管理行政执法支队、项目周边社区居委会和施工单位党支部,在施工现场设置"民情驿站",成为建设单位与社区居民沟通的有效渠道;听取居民意向建议,并向居民介绍建设开发带来的长久之利,邀请保险公司对受影响的居民进行理赔、及时整改不到位的施工工艺。心贴心谈、实打实干,居民投诉率下降了95%以上,有力促进工程建设向前推进。该项目聘用社区退休老党员任项目文明施工监督员,联合共建单位持续开展垃圾分类等党建共建活动,党组织成为建设者和沿线群众之间的纽带,营造了和谐的施工氛围。

2017年至2020年,福建省在建高速公路项目硬化与地方路网衔接的施工便道509条,长637公里,不仅改善了群众出行难题,更畅通了当地农作物的运输通道;新开工项目的91个项目部有65个利用当地闲置的学校、厂房、村部和乡镇旧址,改造成为办公场所,待项目建成后将连同设施设备无偿交给地方作为养老院、社区活动中心等,实现路地共赢;各在建项目普遍建立民生台账,将村内的孤寡老人、留守儿童、困难党员等帮扶对象进行建档,适时协助开展助学助老、当地用工等,共帮扶约8 999人次,投入经费约692万元。在坚持不盲目投入、不盲目承诺的前提下,福建省高指以工地党建抓好民心工程,有力履行企业社会责任,增强当地群众在高速公路建设中的获得感、幸福感和安全感。

福建省在建高速公路项目还有效融入地方社会治理体系,与当地加强联防联治,共创共建安定、和谐的工地周边环境。2017年至2020年,全省各施工单位共参与地方各类抢险救灾464次,与地方开展治安联防联动活动588次。

8.2.3 生态文明发展行为范式:协同创新

党的十九大提出"建设生态文明是中华民族永续发展的千年大计",首次将"建设美丽中国"作为社会主义现代化强国的目标之一;党的十九届五中全会强调要"守住自然生态安全边界","建设人与自然和谐共生的现代化"。2020年9月,习近平主席宣布"中国将提高国家自主贡献力度,采取更加有力的政策和措施,力争2030年前二氧化碳排放达到峰值,努力争取2060年前实现碳中和";12月,进一步宣布"到2030年,中国单位国内生产总值二氧化碳排放将比2005年下降65%以上,非化石能源占一次能源消费比重将达到25%左右"。

交通运输是国民经济中基础性、先导性、战略性产业和重要的服务性行业,而高速公路的规划、建设与管理又是交通运输行业的重要支柱,必须全面贯彻落实绿色发展理念,为实现生态文明建设目标提供有效支撑。纵观福建省高速公路近30年的发展历程,始终坚守党和国家的顶层规划设计,立足时代发展阶段,贯彻最新的生态理念,形成"生态优先,绿色公路"的发展道路,强化建设过程中的生态保护与修复,统筹资源集约利用,实现低碳发展,在政策、规划、设计、建设、运营等方面围绕生态保护、节能降碳、污染防治以及资源集约等维度全方位、全地域、全过程构建"与区域发展协同、与绿色创新协同、与自然环境协同、与人文健康协同"的绿色发展道路。

图8-4　正在施工的高速公路

1. 工程管理与区域发展相协同

福建省高速公路的建设管理始终遵循"统筹资源,科学规划,系统设计,绿色品质"的顶层设计,在规划之初就充分考虑渔村、山、海、石、厝、村、路相融一体,真正将高速公路的建设深入到村、镇、县、市、省,以及与周边区域的经济社会发展之中。

"十三五"时期,福建省综合交通运输跨越发展,夯实了福建省高速公路高质量建设发展的重要基础。2019年12月,交通运输部公布福建省交通运输厅、厦门市交通运输局等为交通强国建设试点单位。为深入贯彻推进《交通强国建设纲要》、《国家综合立体交通网规划纲要》和交通运输部关于福建省试点工作意见等重要部署,落实省委、省政府关于全方位推动高质量发展超越的决定,加快推动交通强国先行区建设,福建省交通运输厅和福建省发展改革委在深入研究论证、广泛征求意见、不断修改完善的基础之上于2021年联合印发《福建省交通强国先行区建设实施方案》(以下简称《实施方案》)。

作为福建综合交通运输未来发展的指导性文件,《实施方案》中提出"一个目标""三个阶段""七大任务"。"一个目标"是指,以"一核三支"为战略引领(海上丝绸之路核心枢纽、国家区域经济联动发展战略支点、海峡两岸融合发展战略支柱、两大协同发展区高质量发展战略支撑),打造"三纵六横两联"综合立体交通主骨架,构建福建"211"交通圈(各设区市间2小时通达,福州、厦漳泉两大都市圈1小时通勤,设区市至所辖县、各县至所辖乡镇1小时基本覆盖)。"三个阶段"是指,到2025年,福建省完成交通强国建设试点示范任务,全面建成"两纵五横"大通道;到2035年,福建省建成交通强国先行区,建成"三纵六横两联"主骨架,形成福建"211"交通圈;到21世纪中叶,福建省全面建成人民满意、保障有力、国内一流的综合交通运输体系,全民服务和保障社会主义现代化强国建设,人民享有美好交通服务。"七大任务"主要包括七方面内容。一是着力建设布局完善、立体互联的综合交通网络。建设"高品质、大容量"交通快速网,建设"强引领、多支撑"交通干线网,建设"广覆盖、惠城乡"交通基础网,构筑"多层级、一体化"综合交通枢纽。二是着力打造面向全球、互利共赢的开放合作通道。加快"一带一路"主通道建设,深化闽台交通融合发展。三是着力构建便捷舒适、经济高效的运输服务体系。提升优质经济出行服务,发展绿色高效现代物流,创新发展新业态新模式。四是着力发展集约环保、数字引领的绿色智慧交通。推动绿色交通生态环境"高颜值",强化前沿关键科技研发应用,大力发展智慧交通。五是着力健全完善可靠、反应快速的安全保障体系。提升设施本质安全水平,完善交通安全生产体系,强化交通应急救援能力。六是着力完善规范高效、便民惠民的行业治理体系。进一步优化营商环境,创新驱动行业改革。七是着力推进先行先试、积极探索福建新经验。积极推进交通强国试点示范,全面推动交通基础设施高质量发展试点示范。

《福建省交通强国先行区建设实施方案》的正式发布,为福建省高速公路整体发展奠定了高质量的规划基础,充分关注到福建全省各区域的均衡、长期的可持续发展。另外,通过这样的顶层设计与规划,高速公路的建设能够更好地带动、融合当地的特色产业,统筹交通、文化、生态和风景旅游等多维度"共融共通",实现"跨界"的合作共赢,进一步地推动当地经济社会的发展,进而助力实现"交通强国"。以国道G358线新罗区小池至上杭古田五龙段公路为例,就是典型的高速公路+"红色文化",以红色文化和乡村振兴为亮点,在山体开挖坡度较大的护坡地进行红色宣传标语、红军雕塑、图案装饰改造,景观设计结合当地红色文化元素,使公路与沿线历史人文相融合。再比如,全面推行桥梁、护栏、涵洞通道及水沟盖板等构件标准化设计,既满足了简化施工工艺、降低工程造价、提高养护便利化水平的工程需求,也从另一侧面推动了构件相关产业的进步,实现产业链的整体性协同发展。

2. 工程管理与绿色创新相协同

中共中央、国务院印发的《国家综合立体交通网规划纲要》(以下简称《规划纲要》),提出了未来我国综合立体交通网建设的总体要求、布局方案、重点任务和保障措施。《规划纲要》要求注重科技创新赋能交通发展,积极贯彻落实国家创新驱动发展战略,着力推进科技创新和新技术在交通运输领域的应用和发展,促进国家综合立体交通网的建设更加合理、完善、高效。《规划纲要》指出,信息技术正在推动交通运输信息化和数字化进程,并使交通运输系统出现了智能化和网联化的趋势。同时,《规划纲要》提出:到2035年,基本建成智能先进的国家综合立体交通网,交通基础设施智能化水平居世界前列。到21世纪中叶,交通领域新技术广泛应用,实现数字化、网络化、智能化、绿色化。提升智慧发展水平,推进交通基础设施数字化、网联化。加快既有设施智慧化,利用新技术赋能交通基础设施发展,促进交通运输提质增效。

20世纪80年代之前,交通运输变革的主要动力来源于载运工具的发展,特别是动力系统的技术进步。但20世纪80年代之后,对交通运输发展影响最大的是信息技术的进步。福建省高速公路工程建设管理近30年的发展历程,正是追随这一发展趋势,牢牢抓住"标准化"+"信息化"两大抓手,在《福建省交通强国先行区建设实施方案》中提出推动绿色交通生态环境"高颜值",强化前沿关键科技研发应用,大力发展智慧交通,即"绿色交通更加低碳环保、智慧交通更加创新融合"的重要任务。

福建省高速公路工程管理与绿色创新的协同主要体现在施工工艺创新、施工材料创新以及智慧交通布局等方面。总体上,福建省高速公路建设鼓励项目建立自动化、数字化、信息化、网络化等监控和管理系统。充分发挥BIM技术在精细化建模、构件碰撞检查、施工模拟与控制等方面的优势,积极探索使用BIM技术进行道路辅助设计。

第8章　福建省高速公路生态文明建设管理

图8-5　福建高速工程管理与绿色创新协同

3. 工程管理与自然环境相协同

福建省高速公路生态文明建设中，工程管理与自然环境相协同主要体现在两个方面：一是对水土等环境资源的保护，福建省陆域面积12.4万平方千米，海域面积13.6万平方千米，可谓"依山傍海"，自古有"八山一水一分田"的说法，自然资源极为丰富，其中水资源蕴藏量居华东地区首位，森林覆盖率居全国首位，并且作为沿海经济圈的重要增长极，旅游资源得天独厚，福建省拥有如此优势的同时，必然就对自身的生态环境及资源合理利用提出了更高的要求，特别是高速公路的规划与建设更是要将生态环境的保护放在重要地位；二是将生态元素融入到高速公路的规划设计中，打破高速公路本身的限制，站在更高层次、更高平台、更广范围来进行高速公路的规划设计。

一方面，在规划选址、布局选线上减少对原生态环境的扰动，充分考虑生态环境的健康和谐、可持续发展。众所周知，福建山多地少，如何统筹利用有限的土地资源，实现集约发展就显得尤为必要。福建高速公路坚持党建引领，在新发展理念的指引下，统筹利用资源，如建成的龙岩东环高速利用高架桥缓解高速公路建设与沿线城镇发展土地和空间资源紧张的矛盾，探索利用桥下空间发展提供公共服务的基础设施，在部分经过城区段落高架桥下建设"口袋公园"、停车场，充分集约利用土地。沙埕湾高速沙埕湾跨海大桥在桥梁两侧预留人行通道、非机动车通道，满足行人、非机动车通行需求，为大桥两岸乡镇通行提供便利；同时在工程路线方案的选择上，采用生态选线，临海路段通过平、纵指标的合理选用，避开养殖区，主桥主跨采用"一跨过江"，避免桥塔对沙埕湾海域的干扰，做到近海又不占海，有效利用海滨的自然景观，同时保护海洋生态环境。

另一方面，在工程建设阶段，高度重视环境敏感点的保护。福建高速公路路线常常涉及江河湖泊、国家生态保护区等，施工环境环保、水保要求更高。为此，福建在建高速公路项目引进环保、水保"管家"，建立健全生态环境保护管理体系，对生态敏感（脆弱）区域进行重点监测、重点防护，推进建设项目全线100%履行生态环境保护主体责任、沿线植被及河滩地工后100%修复、敏感区内污染零废排放、原生表土利用率达100%，现场扬尘、噪音得到有效控制，实现公路建设与生态环境协调发展的目标。如在建的宁上高速霞浦至福安段东吾洋特大桥桩基施工海域养殖了大量黄鱼，通过桩位5 km范围内，每间隔500 m布置1个水下声音检测站，实时观测施工过程噪声对黄鱼的影响，并以声测数据整理得到声暴露级与距离的曲线关系，改进施工工艺，降低噪声影响范围，不仅保护了黄鱼养殖区的生态环境，同时节约了施工迁移成本约31 360万元，是践行绿色环保施工理念的生动实践。

4. 工程管理与人文健康相协同

人文健康是高速公路生态文明建设不可避免的重要任务，在高速公路的建设管理过程中不仅仅要关注施工人员、监理人员、材料加工人员、设计人员、管理人员等参与工程项目或相关的"自然人"，更要关注承包商、供应商、监理单位、业主单位、生产厂商等众多的"社会人"，换句话说，就是要关注项目相关的个人行为以及企业或组织行为，实现所有"人"的健康发展。从空间上说，不论是"自然人"，还是"社会人"，都是在施工现场、在项目区域、在相关市场这些子系统内进行交互，进而涌现出工程管理与人文健康的高度协同，如图所示。

第8章 福建省高速公路生态文明建设管理

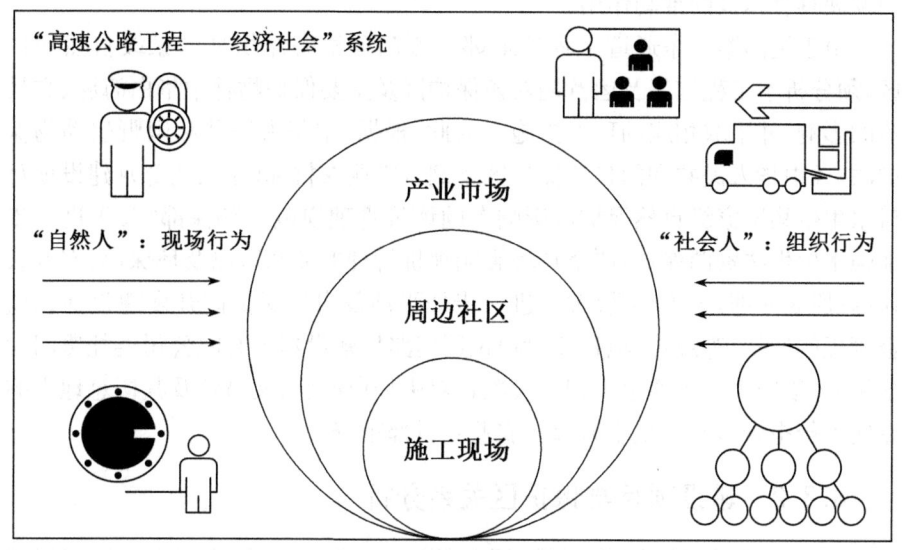

图8-6 高速公路工程与人文健康相协同

如上所述,高速公路工程的不同参与组织构成"社会人"子系统,不同的系统主体有不同的组织结构、组织文化、行事准则等不尽相同的利益诉求,这些利益诉求的冲突或协调直接影响工程的质量、进度以及管理难度,如何更好地协调这些冲突的组织行为,更好地发挥不同组织的主观能动性,更好地配合福建省高速公路标准化、信息化等新的理念、方案的实施,就成为管理者必须面对与思考的重要难题。

8.3 厦门第二东海上生态环境保护典型案例

8.3.1 厦门第二东通道工程项目概况

厦门第二东通道工程,是在建的厦门第二西通道工程的东延伸段。全长12.3km,全线设互通4座,主线收费站1处;其中跨越海域的主桥段长度约为4.2km。本项目是厦门市城市道路交通网络布局中本岛与大陆腹地跨海通道的重要组成部分,也是厦门市进出岛交通网络规划中重要的跨海通道之一。本项目将辐射、带动和服务岛外翔安、海沧地区发展,进一步缩小岛内外差距,有力促进区域经济一体化,推动城市社会经济的全面可持续协调发展。本项目的建设,对构建我国东南沿海和海峡西岸综合运输枢纽,促进区域社会经济的发展具有积极的推动作用。

由于厦门第二东通道工程选址邻近厦门珍稀海洋物种国家级自然保护区，须分析本工程施工及运营期对该保护区及主要保护物种中华白海豚、文昌鱼的影响，并采取相应的环保措施。为此，根据《中华人民共和国野生动物保护法》《中华人民共和国自然保护区条例》，农业农村部（原农业部）《建设项目对水生生物国家级自然保护区影响专题评价管理规范》，环保部《关于进一步加强水生生物资源保护，严格环境影响评价管理的通知》，以及环保部、农业农村部（原农业部）等十部委《关于进一步加强涉及自然保护区开发建设活动监督管理的通知》等规定，项目建设单位厦门路桥建设集团有限公司委托厦门大学编制《厦门第二东通道工程建设项目对中华白海豚、文昌鱼及其栖息地影响专题评价报告》，并上报主管部门农业农村部审查。

8.3.2 建设项目与保护区关系分析

2000年4月，经国务院批准（国办发〔2000〕30号），原中华白海豚省级自然保护区、白鹭省级自然保护区、文昌鱼市级自然保护区整合为"厦门珍稀海洋物种国家级自然保护区"。

根据《中华人民共和国自然保护区条例》第三十二条，"在自然保护区的外围保护地带建设的项目，不得损害自然保护区内的环境质量；已造成损害的，应当限期治理"。根据《厦门珍稀海洋物种国家级自然保护区总体规划》，本工程占用海域部分和码头前沿停泊水域不在中华白海豚核心保护区范围内，但紧邻核心保护区范围线。

厦门第二东通道距中华白海豚保护区核心区的最短距离约200 m。工程施工过程可能会对中华白海豚及其栖息地产生影响的主要有工程占用海域施工产生的悬浮泥沙入海的影响、工程运营期车辆通行产生的噪声，桥梁建设后水文动力变化对中华白海豚的影响。虽然工程所处位置不在厦门中华白海豚保护区的核心区内，但现状调查结果显示，施工范围内有中华白海豚的分布和活动，工程施工对中华白海豚的影响及其保护方案仍必须引起施工单位、保护区及相关部门的高度重视，并及时采取有效的预防和补救措施。

根据《福建省海洋环境保护规划（2011—2020年）》，本工程用海穿过"同安湾旅游环境保护利用区"、"刘五店港口与工业开发监督区"，工程区周边的海洋环境分级控制区主要有"同安湾湾口中华白海豚重点保护区""厦门西海域中华白海豚重点保护区""厦门西海域港口与工业开发监督区""五缘湾旅游环境保护利用区""厦门岛东部海域生态廊道保护利用区""大嶝岛控制性保护利用区""大嶝工业与城镇开发监督区"。本项目建设应符合上述海洋环境功能区的海洋环境保护与环保管理要求,确保不影响目标海域环境质量目标的可达性。此外项目建设应当不影响《厦门市环境功能区划(第三次修订)》对项目周边区域环境空气质量、声环境质量和水环境保护的相关要求。

本项目的环境保护目标是工程区附近的海水水质和海域沉积物质量可以满足海洋环境分级控制区的环境质量目标,工程施工期及营运期产生的污染及生态影响因素不影响海洋生态及水生生物的栖息环境,不影响项目邻近功能区的主导功能发挥。本项目海域水环境影响主要为施工期的悬浮泥沙、施工废水以及营运期路面径流的排放。

8.3.3 建设项目保护及补偿海上生态环境措施

1. 避让措施

为减少疏浚过程对海洋生态环境的影响,,除减少各施工工程对海水水质的影响措施外,各施工工程还应尽量避开浮游生物、鱼卵、仔稚鱼及鱼类繁殖生长旺盛的季节。

(1) 减轻对中华白海豚及其栖息地影响的生态保护措施

桥梁工程施工对中华白海豚的潜在影响主要表现为:可能挤占海豚适宜生存的环境区域、可能影响底栖生物及渔业资源进而波及海豚的食物链、施工噪声及夜间施工的光污染可能影响海豚的正常生活、船舶污油及意外碰撞可能伤害海豚、钻孔桩弃渣及泥浆处理不当可能污染海豚生活的水体,以及上述影响的叠加。总体看与目前正在施工的岛隧工程相比,影响程度要轻微得多。采取以下措施后,完全可以达到保护中华白海豚的目的。

① 组织管理措施

a. 成立中华白海豚保护领导小组,统一负责工程项目实施期间的保护工作;

b. 关键作业点及船舶均配备中华白海豚观察员,并经保护区管理局培训、考核,持证上岗;

c. 制定中华白海豚保护专项方案及应急预案,提交保护区管理局;

d. 建立健全中华白海豚保护管理制度,检查、监督和责任追究制度,确保措施落实到位;

e. 严格执行生态保护设施与主体工程同时设计、同时施工、同时投入使用制度;

f. 优化施工部署、工艺方案和施工流程,采取新技术、新工艺,在保证安全、质量的前提下,抓紧施工进度,尽量缩短水上作业时间。中华白海豚繁殖期不安排对其影响明显的作业或高密度作业;

g. 配合海事部门加强水上交通管理,避免发生碰撞、沉船、溢油和物料泄漏等事故;制定漏油专项应急措施;

h. 加强环境保护、中华白海豚及其他海洋生物保护宣传教育工作,加大对《野生动物保护法》《渔业法》等法律法规的宣传力度。具体采取以下措施:邀请中华白海豚主管部门对全体施工管理人员和作业人员、中华白海豚专(兼)职观测人员进行培训,并取得相应的上岗证;编印宣传资料,并利用电视、广播和报纸等大众舆论宣传工具,向施工人员大力宣传《野生动物保护法》、《渔业法》等法令;对施工人员进行中华白海豚及其他海洋生物保护的重要性教育,提高有关人员的自然保护、海洋生物、野生动植物保护意识;在现场树立广告牌,图文并茂介绍中华白海豚及其他海洋生物知识和保护措施;

i. 出现任何可能影响中华白海豚的异常情况,都应查明原因、果断处理、及时上报。

② 施工及邻近水域的船只限速管理措施

在厦门中华白海豚的分布区,机动船已经被认为是一个非常严重的干扰因子,国内已有多个不同水域发生过中华白海豚被船只误伤甚至致死的事件,因此近岸的船只应该小心谨慎地行驶,并且需要建立"慢速区"来限制船只行驶速度。具体措施如下:

a. 船舶进入作业区域作业前,安排观察员在船上视野开阔处值班(挖泥船和打桩船周围设立半径不少于 500 m 的监视缓冲区),使用望远镜搜索施工区及船舶周围 360°范围,持续观测时间应至少 5 min(4—8 月份应至少 10 min),没有中华白海豚出现在监视范围内方可开工,保持与白海豚保护领导小组的联系通畅;

b. 合理规划工期,配置大型、高效施工船舶、设备,以减少同一区域同一时段施工船舶和作业机械数量,并保持船舶和机械性能状态良好,减少施工噪声及累加效应,降低与相邻区域其他工程等同时施工的叠加影响;

c. 制定施工船舶及配合施工的交通运输船舶相对固定的航线,缩小航行影响范围;船舶进入中华白海豚保护区,限制航速在 10 km 以下,防止船舶撞击、降低噪声滋扰;

d. 船舶在施工、航行过程中,发现中华白海豚在船舶 500 m 范围内出没,立即减速慢行或避让或停工,直至白海豚游离到安全距离外(或采取温和的驱赶措施)。

厦门目前的规定是在厦门中华白海豚自然保护区内活动时,内港航速不得超过 8 节/小时,同安湾海域航速不得超过 10 节/小时,但对小型快艇限制较难,而小型快艇由于船速较高,中华白海豚没有足够的反应时间采取适当的躲避行为,可能会对中华白海豚造成撞击、螺旋桨打伤等直接伤害。建议安装海上测速装置,对超速行为进行严厉惩罚。同时,大力宣传保护中华白海豚的相关规定和奖惩机制,着重对海上作业人员,包括渔民、工程作业人员以及船只、快艇驾驶员,实施中华白海豚保护及救助方面的宣传和培训,提高他们对白海豚的关注度及责任感。

③ 施工过程环境管理措施

a. 选择具有良好资质和相关工程经验的施工队伍,提高施工人员对中华白海豚的保护意识。将环境保护要求(含对中华白海豚的保护要求)列入招标文件。

b. 施工阶段采用有效的综合地质预报技术,进一步探明地层状况,制定有针对性的施工方案,避免发生海底坍塌、涌水,降低海底施工风险。

c. 严禁污水直接排海。

d. 严控钻孔灌注桩及挖泥施工导致泥浆泄露污染水域;

e. 加强水面施工平台的照明管理工作,施工时在灯泡外安装灯罩,最大限度减小对水面构成直接光污染;

f. 对施工区域开展水下噪声监测等工作,并观察对中华白海豚的不利影响,必要时立即采取措施(如利用船只对中华白海豚进行声学驱赶),甚至暂时停止施工。

g. 定期检查防污屏,对于破损部分及时更换。

h. 在开始施工时,注意观察施工船舶周围区域是否有白海豚出入,若发现有白海豚,应进行驱赶后再施工,避免机械突然开动对海豚造成的惊吓,以及螺旋桨和机器对海豚的直接击伤。

i. 钻孔钻渣按海洋部门审批的指定区域倾倒,对施工设备及设施、施工过程等实施动态监督管理;规范船舶污染物、废弃物及垃圾处理,防止船舶操作性污染事故的发生;船舶废油水、垃圾和废弃混凝土渣、生活垃圾等集中收集,统一回收、处理。

④ 白海豚繁殖期特殊保护措施

a. 4—8月份是白海豚繁殖高峰季节,原则上避免集中、大型及敏感的施工作业活动;特殊情况下必须进行相关施工作业活动时,应制定更严格、有效、可操作的白海豚专项保护方案和应急处置措施,特别是控制噪声对白海豚交配活动和幼豚的影响;

b. 各类施工船舶白海豚观察员的监视、搜索时间延长至 10 min;

c. 合理划分施工水域并调整航道,有效降低保护区内船舶数量;严格执行船舶定航制度,避免发生海上事故;

d. 控制大型打桩船等的作业时间及作业密度,进一步限制悬浮物扩散范围;

e. 加装消声器、挡音板、隔音罩等措施,进一步降低施工船舶、机械设备噪声污染。

(2) 减轻对文昌鱼及其栖息地影响的生态保护措施

① 加强施工期污废水管理,应统一收集集中处理,严禁污废水直接排海。

② 加强文昌鱼人工繁育和养殖技术的研究,实施人工增殖放流。

③ 严禁人为破坏文昌鱼栖息地,禁止海上采沙。

④ 禁止水产养殖水、工业污水、农业污水和生活污水流入保护区及外围保护地带内。

⑤ 合理安排工期,在文昌鱼繁殖的 6—9 月安排对海洋环境影响较小的工序处理,在离文昌鱼外围保护地带较远的区域进行施工。

2. 保护措施

(1) 施工方案优化措施

① 组织和制度保证:确立项目经理为环保第一责任人,成立 HSE 管理委员会、HSE 管理部等专职管理机构,设一名副经理(HSE 总监)代表项目经理专职落实环保管理日常事宜。在施工作业组织中配备专职(兼职)环保员,对施工作业过程全程监视。系统建立环境保护制度,分解管理目标,层层落实责任,定期检查考评;

② 科学规划工期,编制合理的施工方案;广泛采用新的环保工艺和技术、大型高效的船机设备(减少同时施工的船机设备数量及在场时间)及绿色环保材料,有效减小施工对环境的影响;

③ 开工前对所有进场施工设备进行严格检查,禁止尾气排放、噪声监测不合格或漏油、漏泥设备进入施工现场;对所有进场设备进行 HSE 评审及注册登记、标识;

④ 严格落实环境保护措施。定期进行检查、定期召开环境保护工作会议;加强教育培训,通过专题会议及生产例会,对职工进行环保教育,提高环保意识;对施工现场运输道路、散料堆场统一管理,防止扬尘污染空气;统一安排垃圾回收船收集施工区船舶垃圾、工程废料及其他废弃物;

⑤ 高度重视中华白海豚保护工作;密切监视白海豚活动情况及死亡、搁浅数据的变化趋势;

⑥ 制定环境保护应急预案并进行演练,一旦发生环境污染事故,立即启动应急预案;

⑦ 对环境影响较大的施工作业项目,如挖泥、桩基施工等,实施重点

监控。

⑧ 在桥位东南侧和西北侧方向设置防污帘减少泥沙对白海豚保护区的影响,防污帘长度应保证施工悬浮泥沙不进入保护区,防污帘可根据实际挡泥效果设置2—3层。

⑨ 尽可能减少桥墩数量。

(2) 施工期水环境保护对策措施

① 减少桩基施工对海洋环境影响的措施

在施工过程中采用GPS与常规定为技术相结合的方式,准确定位每根桩基,确保海上打桩快而准确,避免重复操作。桩基钻孔是在钻孔平台采用冲击钻在钢护筒内进行,为防止钻孔泥浆流失和清孔过程对施工海域水环境产生影响,钻孔泥浆循环使用,钻渣经过滤后收集于施工船中,所有泥沙和废渣必须直接投入运泥船,经干化后外运至相关处置点,接收城市管理部门监督。

② 减轻疏浚过程对海域环境影响的环保措施

a. 开工前对所有的施工设备,尤其是泥舱的泥门进行严格检查,发现有可能泄漏污染物(包括船用油和开挖泥沙)的先修复后才能施工;在施工过程中密切注意有无泄漏污染物的现有,如有发现,立即采取措施。

b. 严禁泥驳未到达指定区域便在中途倾倒泥沙,并防止船运泥沙外溢现象发生,必要时安排相应人员,配置必要的监测仪器(如船位自动回报系统AIS装置)进行监控,以免对海水水质、海洋生态系统造成严重的影响。

c. 泥驳在抛泥完毕后,及时关闭舱门,并确定舱门关闭无误后方可返航,否则泥舱关闭不严,在航行沿途中由于泥浆的泄漏将会导致污染事故的发生。同时在疏浚物倾倒作业期间,加强同当地气象预报部门的联系,在恶劣天气条件下,提前做好防护准备并停止挖泥和倾倒作业。

d. 疏浚区东南侧应设置防污帘,防止泥沙扩散;并定期巡查和跟踪监测,一旦发现防污帘破损,应立即停止施工,抢修防污帘,待防污帘维修好之后方能继续施工。

③ 施工船舶机舱含油污水和生活污水处理措施

a. 按照海事局的要求,实施船舶污水的铅封管理。严格遵守《船舶污染物排放标准》(GB 3552-1983),船舶产生的油类、油性混合物及其他污水,船舶垃圾、废弃物和其他有毒有害物质收集后上岸处理,严禁排放入海。加强舱底检查,防止舱底漏水。

b. 施工船舶加强管理,经常检查机械设备性能完好情况,对跑、冒、滴、漏严重的船只严禁参加作业,以防止发生机油溢漏事故。甲板上机械出现设备漏冒油时,立即停机处理,使用吸油棉及时吸取,并迅速堵塞泄水口,防止油水流入海中。

c. 严禁施工船舶向施工海域排放废油、残油等污染物；不得在施工区域清洗油舱和有污染物质的容器；

d. 海上施工船上的粪便污水收集在船上的卫生设施中，统一运往周边港区由有资质单位负责接收处理。

e. 施工船舶垃圾禁止随意扔入海域。

④ 施工机械含油污水处理措施

a. 鉴于本工程工期较长，机械修配和汽车保养站站内施工机械修配和汽车保养工作量较大，在施工机械修理站和运输车辆停放及维修站四周设置排水沟，收集的机械冲洗废水，统一进入集水沟，集水沟末端设钢板隔油池。针对本工程机修系统用水量小，含油污水排放量少的特点，选用间歇处理并定时向隔油池投加絮凝剂（聚合氯化铝）的处理方式。

b. 定期对隔油池进行清理，清理出的含油固体废物必须交由具有接收、贮存、运输危险废物经营许可证的单位接收处理，或送往专业工业固废处理中心处置。

c. 本工程施工期含油废水处理执行《污水综合排放标准》（GB 8978－1996）一级排放标准，含油污水在池中投药后至少经 4 h 的絮凝沉淀达标后方可外排。

d. 施工车辆设备冲洗和维护保养废水主要含有 SS、COD、石油类等水污染物，为防止废水直接入海产生污染，该部分废水将设置隔油、沉淀池处理后回用于场地抑尘和机械冲洗等。

⑤ 施工人员生活污水处置的环保措施

施工人员的生活污水主要产生于施工营地。本项目依托主体工程设置的施工营地，一处位于环岛东路互通区的绿化带，一处位于翔安侧的滨海东大道互通区，污水可以纳入城镇污水管网和相关处理设施，加强施工过程的环境管理，避免施工污水随意排放，污染海水。

(3) 施工期固废环境影响减缓措施

① 在施工场地和施工人员生活区指定地点设置设临时垃圾桶和垃圾箱，配置运输车，安排专人负责定时分类收集垃圾。对生活垃圾应回收利用或与工程区附近集中处理，禁止倒进附近海域。对施工过程产生的弃渣弃土进行分类，能回收利用的尽量回用于陆域回填，达到建筑固废的减量化；不能回收利用的事先征得有关环保部门的同意，及时清运至合适地点实施回填或进行临时堆存，不得长期堆积或随意丢弃，以免占用土地。

② 施工船舶垃圾及机械保养产生的固体废弃物不得随意倒入海域，由施

工船舶配备的垃圾收集装置统一收集。目前厦门港共有海上垃圾处理船3艘,本项目施工船舶垃圾由它们接收处理。

(4) 运营期水环境保护对策措施

运营期的水环境保护对策措施主要是禁止运输危险化学品(含油罐车)等车辆上桥,同时桥面两边设置雨污水收集系统,收集后引向大桥两端处理,桥面雨污水不直接排放入海。

3. 生态补偿与修复

(1) 严格避开该保护区主要保护对象饵料生物的繁殖期,尽量降低施工对渔业资源的影响,使对渔业资源的损失降低到最小;

(2) 预留部分渔业资源损失补偿金作为该保护区专项费用,主要用于保护区的养护和管理(如增殖放流和环境监测等);

(3) 渔业资源的损失进行经济补偿应纳入环保投资,主要用于渔业主管部门增殖放流、渔业资源养护与管理,以及进行渔业资源和渔业生态环境跟踪调查等,使渔业资源得到尽快恢复和可持续利用;

(4) 完善环保设施,尽量减少对海洋环境质量的影响,对突发性事故,及时与有关渔业主管部门联系,并采取积极的措施,将对渔业损失的污染影响程度降低到最小。

(5) 生态修复措施上,加大对中华白海豚文昌鱼科学研究的投入,包括第二东通道运营期中华白海豚监控系统及网络建设、桥梁跨径监测和工程设计技术研究以及厦门湾生态环境变化(涉海工程累计性影响)对中华白海豚及栖息地的影响研究等;此外,还可开展厦门东、西海域和重点湾区、主要入海江河等实施综合整治,开展海域清淤、滩涂红树林种植、湿地公园建设、物种增殖放流等生态修复建设,改善海洋生态环境,提升中华白海豚等珍稀海洋物种的生存环境质量。同时,可以开展厦门湾生态环境变化(涉海工程累计性影响)对文昌鱼及栖息地的影响研究、文昌鱼栖息地水环境质量(包括海底水质环境和剖面水质调查)与文昌鱼种群数量及生态特征研究以及文昌鱼栖息地生态修复示范研究工作,为文昌鱼和中华白海豚资源的恢复和保护提供理论和技术支持。

参考文献

[1] 陈波宇.坚持绿色公路理念铺筑品质高速工程[J].智库时代,2018(51).

[2] 陈礼彪,邬晓光,苏兴矩,等.厦蓉高速公路改扩建工程交通组织方案研究[J].工程管理学报,2020,34(03).

[3] 陈礼彪.现代高速公路建设管理经验与创新——以福建省为例[J].运输经理世界,2022(25).

[4] 陈礼彪.智能建造数字管理[J].中国公路,2023(15).

[5] 陈理.深刻理解把握新发展理念的由来、内涵和要义[J].当代世界与社会主义,2021(03).

[6] 陈奕鑫,叶士琳,齐永杰.高速公路对县域经济发展的空间效应及其异质性——基于福建省的实证研究[J].地理研究,2024,43(01).

[7] 陈岳峰,徐剑,陈礼彪,等.福建高速公路沥青路面排水体系数值分析[J].公路交通科技,2019,36(10).

[8] 程书萍.重大基础设施工程管理中的适应性选择原理与策略[J].运筹与管理,2017,26(02).

[9] 方文婷,滕堂伟,陈志强.福建省县域经济差异的时空格局演化分析[J].人文地理,2017,32(02).

[10] 福建交通强国建设五大试点闯出新路[N].中国交通网,2022-12-2(02).

[11] 福建省交通厅.福建省交通运输厅信息化管理办法(试行)[Z].2015-09.

[12] 福建省交通厅.福建省"十三五"综合交通运输发展专项规划[R].2016.

[13] 福建省交通运输厅.福建省"十四五"综合交通运输发展专项规划[R].2021.

[14] 福建省交通运输厅.福建省综合立体交通网规划纲要[R].2022.

[15] 福建省交通运输厅.公路水路交通运输信息化"十二五"发展规划[R].2011.

[16] 葛晓鹏,王庆云.交通运输系统供给侧结构性改革探讨[J].宏观经济管理,2017(05).

[17] 洪惠娜.福建高速公路"一市一公司"管理体制改革探究[J].企业改革与管理,2020(20).

[18] 胡莉莉.建筑企业信息化管理的应用与展望[J].水利水电技术(中英文),2021,52(S2).

[19] 胡韫频,高崇博,田靖民.重大工程项目投资控制机制构建与评价[J].统计与决策,2011(17).

[20] 黄建洪.绿色发展理念:绿色经济社会治理的新范式[J].北京师范大学学报(社会科学版),2021(04).

[21] 黄玲青.福建省高速公路资产经营模式探索[J].福建财会管理干部学院学报,2010(03).

[22] 加快数字化发展建设数字中国[N].人民日报,2021-10-15(09).

[23] 简一军,方宁.高速公路工程建设阶段投资控制与管理[J].交通科技与管理,2023,4(21).

[24] 交通运输部.公路水路交通运输信息化"十二五"发展规划[R].2011.

[25] 金磊,胡亮,王博.沿海地区高速公路网与国土空间、生态环境协调优化策略[J].交通企业管理,2022,37(04).

[26] 李宝成,易真真,彭晨,等.高速公路绿色生态文明示范建设标准研究[J].黑龙江交通科技,2022,45(08).

[27] 李济琛.实事求是是马克思列宁主义、毛泽东思想、邓小平理论的精髓[J].社会科学研究,1998(3).

[28] 李猛.新发展理念:全面建成社会主义现代化强国的方法论创新[J].江苏社会科学,2021(05).

[29] 李名良.构建高质量综合运输通道:时代要求与发展对策[J].学习与实践,2020(10).

[30] 林晶晶.福建高速公路公司的发展战略与财务规划研究[D].厦门大学,2020.

[31] 林卿,谢孝荣,叶文振,等.高速公路建设与区域经济发展——以福建三明为例[J].福建农林大学学报(哲学社会科学版),2005(03).

[32] 林松涛.永泰县的"绿色长廊"——福建莆炎高速公路永泰梧桐至尤溪中仙段建设纪实[J].中国公路,2020(16).

[33] 卢春房,张航,陈明玉.新时代背景下的交通运输高质量发展[J].中国公路学报,2021,34(06).

[34] 马东影.基于拔尖创新人才培养的本科教育改革——新加坡南洋理工大学的案例研究[J].比较教育研究,2023,45(09).

[35] 习近平.决胜全面建成小康社会 夺取新时代中国特色社会主义伟大胜利——在中国共产党第十九次全国代表大会上的报告[R].2017.

[36] 任保平.新时代中国经济发展道路自信基础上的发展理论自信[J].经济问题,2020(05).

[37] 盛来运.建设现代化经济体系 推动经济高质量发展——转向高质量发展阶段是新时代我国经济发展的基本特征[J].求是,2018(1).

[38] 盛昭瀚,程书萍,李迁,等.重大工程决策治理的"中国之治"[J].管理世界,2020,36(06).

[39] 盛昭瀚.大型复杂工程综合集成管理模式初探——苏通大桥工程管理的理论思考[J].建筑经济,2009(05).

[40] 盛昭瀚.管理理论:品格的时代性与时代化[J].管理科学学报,2019,22(04).

[41] 盛昭瀚,梁茹.基于复杂系统管理的重大工程核心决策范式研究——以我国典型长大桥梁工程决策为例[J].管理世界,2022,38(03).

[42] 盛昭瀚,刘慧敏,燕雪,金帅,邱聿旻,董梁.重大工程决策"中国之治"的现代化道路——我国重大工程决策治理70年[J].管理世界,2020,36(10).

[43] 盛昭瀚,苏全科,高星林,等.复杂工程系统管理理论与港珠澳大桥工程管理实践[M].科学出版社,2023.

[44] 盛昭瀚,薛小龙,安实.构建中国特色重大工程管理理论体系与话语体系[J].管理世界,2019,35(04).

[45] 盛昭瀚,游庆仲,陈国华,丁峰.大型工程综合集成管理苏通大桥工程管理理论的探索与思考[M].科学出版社,2009.

[46] 盛昭瀚,游庆仲,程书萍,姚蓓.苏通大桥工程系统分析与管理体系[M].科学出版社,2009.

[47] 盛昭瀚,于景元.复杂系统管理:一个具有中国特色的管理学新领域[J].管理世界,2021,37(06).

[48] 盛昭瀚.重大工程管理基础理论[M].南京大学出版社,2020.

[49] 施益军,周姝天,陈伟.新常态下高速公路服务区经营管理模式探索——以福建贡川高速公路服务区为例[J].综合运输,2017,39(11).

[50] 孙百亮,宋琳.交通强国建设的历史、理论和实践逻辑[J].人民论坛,2020(36).

[51] 孙文侠,王志文."智慧工地"在公路工程中的应用研究[J].公路,2019,64(08).

[52] 孙绪娜.福建高速公路推行运营服务标准化探究[J].福建交通科技,2012(06).

[53] 汪光焘,王婷.贯彻《交通强国建设纲要》,推进城市交通高质量发展[J].城市规划,2020,44(03).

[54] 汪鸣,向爱兵,杨宜佳."十四五"我国交通运输发展思路[J].北京交通大学学报(社会科学版),2022,21(02).

[55] 王家远,邹小伟,张国敏.建设项目生命周期的风险识别[J].科技进步与对策,2010,27(19).

[56] 王金秀."政府式"委托代理理论模型的构建[J].管理世界,2002(01).

[57] 王珺.以高质量发展推进新时代经济建设[J].南方经济,2017(10).

[58] 王小军,王少飞,涂耘.智慧高速公路总体设计[J].公路,2016,61(04).

[59] 吴文武.工程管理的两种思维方式及工程管理的检验标准[J].科技进步与对策,2009,26(21).

[60] 吴志刚,林宁.信息共享、业务协同的前提——数据标准化[J].信息技术与标准化,2003(Z1).

[61] 伍洲.生态文明理念下山区高速公路选线分析[J].交通世界,2023(20).

[62] 习明星.公路建设应优先考虑生态文明[J].中国公路,2020(15).

[63] 向爱兵,何世伟,宋瑞.中国交通运输百年发展成就、演进逻辑与基本经验[J].北京交通大学学报(社会科学版),2023,22(02).

[64] 谢森玺.生态文明背景下努力构建美丽乡村带,助力乡村振兴高质量发展——以惠安县高速铁路、高速公路沿线环境综合整治专项行动实践为例[J].福建建设科技,2019(03).

[65] 徐兴博,胡方俊,陈建军,金磊杰."交通强国"战略下公路交通建设可持续发展投融资政策研究[J].财政科学,2021(04).

[66] 许晟,李文键,熊慧.重大基础设施工程的环境红利及作用机理分析[J].价值工程,2022,41(26).

[67] 杨传堂,李小鹏.以新的发展理念引领现代综合交通运输先行发展[J].求是,2016(23).

[68] 杨中杰,朱羽凌.绿色工程项目管理发展环境分析与对策[J].科技进步与对策,2017,34(09).

[69] 游庆仲,何平,吴寿昌,盛昭瀚.苏通大桥工程管理实践与基本经验[M].科学出版社,2009.

[70] 张劲文,盛昭瀚.重大工程决策"政府式"委托代理关系研究——基于我国港珠澳大桥工程实践[J].科学决策,2014(12).

[71] 张劲文,张起森,王康臣,等.高速公路建设项目管理现状及对策研究[J].中南公路工程,2003(03).

[72] 张涛,李均超.以新发展理念引领中国式现代化建设[J].中国社会科学院大学学报,2024,44(03).

[73] 张晓萍.高速公路工程造价控制管理措施[J].运输经理世界,2024(18).

[74] 郑谨坤.福建高速区域公司运营管理体制改革探析[J].企业改革与管理,2016(20).

[75] 中共环境保护部党组.构建人与自然和谐发展的现代化建设新格局——党的十八大以来生态文明建设的理论与实践[J].求是,2016(12).

[76] 中华人民共和国国务院新闻办公室.中国交通的可持续发展[N].人民日报,2020-12-23(010).

[77] 中华人民共和国交通运输部.公路"十四五"发展规划[R].2022.

[78] 周汝佳.高速公路工程项目投资成本控制研究[J].运输经理世界,2023(25).

[79] 周正祥,戴红梅,查嫣媛.数字交通赋能经济高质量发展的困境及对策研究[J].中国软科学,2023(09).

后 记

本书系统性地梳理了党的十八大以来福建高速公路建设工程的发展历程，反映了福建高速在积极实践"创新、协调、绿色、开放、共享"五大发展理念，推进交通强国建设、办好人民满意交通等方面取得的显著成绩，以及在探索现代工程管理范式方面取得的宝贵经验与理论创新。从宏观全景与微观专题相结合的视角，总结提炼出福建省高速公路建设管理"战略决策、投资控制、科技创新、标准化管理、生态文明和信息化"等基本范式，突破现代工程管理"五化"静态理念，提出现代工程管理的时代性与时代化的重要认知。

本书是新时代福建省高速公路建设管理的阶段性总结，对于全面、深刻理解新时代我国交通行业高质量发展的内涵，创新推进交通强国建设实践，扎实做好"十四五"高速公路建设工作具有积极的示范效应与启发意义，为我国高速公路高质量发展提供了宝贵的福建经验。

感谢南京大学出版社的唐甜甜编辑为本书正式出版提供的宝贵支持和细致指导。

图书在版编目(CIP)数据

现代工程管理探索与实践：高速公路建设管理福建范式／现代工程管理探索与实践——高速公路建设管理福建范式编委会著. -- 南京：南京大学出版社，2025.5(2025.6重印) -- ISBN 978-7-305-29180-7

Ⅰ. U412.36

中国国家版本馆 CIP 数据核字第 2025DU5137 号

出版发行　南京大学出版社
社　　址　南京市汉口路 22 号　　邮　编　210093
书　　名　**现代工程管理探索与实践——高速公路建设管理福建范式**
　　　　　XIANDAI GONGCHENG GUANLI TANSUO YU SHIJIAN
　　　　　——GAOSU GONGLU JIANSHE GUANLI FUJIAN FANSHI
著　　者　《现代工程管理探索与实践——高速公路建设管理福建范式》编委会
责任编辑　唐甜甜　　　　　　　　　　编辑热线　025-83594087
照　　排　南京南琳图文制作有限公司
印　　刷　江苏凤凰数码印务有限公司
开　　本　710 mm×1000 mm　1/16　印张 14.25　字数 256 千
版　　次　2025 年 5 月第 1 版　2025 年 6 月第 2 次印刷
ISBN 978-7-305-29180-7
定　　价　88.80 元

网址：http://www.njupco.com
官方微博：http://weibo.com/njupco
官方微信号：njupress
销售咨询热线：(025) 83594756

* 版权所有，侵权必究
* 凡购买南大版图书，如有印装质量问题，请与所购
　图书销售部门联系调换